天津市哲学社会科学规划项目“新时代天津市产业工人政治认同问题研究”
（项目编号:TJDJ19-006）课题成果

张水勇——著

产业工人文化素养提升研究

——以企业文化构建为中心

南开大学出版社　天津社会科学院出版社

图书在版编目（CIP）数据

产业工人文化素养提升研究 ：以企业文化构建为中心 / 张水勇著. -- 天津 ：南开大学出版社 ：天津社会科学院出版社，2022.12
ISBN 978-7-310-06341-3

Ⅰ. ①产… Ⅱ. ①张… Ⅲ. ①产业工人－文化素质教育－研究 Ⅳ. ①F272.921

中国版本图书馆CIP数据核字(2022)第220633号

产业工人文化素养提升研究：以企业文化构建为中心
CHANYE GONGREN WENHUA SUYANG TISHENG YANJIU:
YI QIYE WENHUA GOUJIAN WEI ZHONGXIN

南开大学出版社
天津社会科学院出版社　出版发行

出版人：陈　敬

地址：天津市南开区卫津路94号　邮政编码：300071
营销部电话：(022)23508339　营销部传真：(022)23508542
https://nkup.nankai.edu.cn

天津午阳印刷股份有限公司印刷　全国各地新华书店经销
2022年12月第1版　2022年12月第1次印刷
787毫米×1092毫米　16开本　17.5印张　276千字
定价：78.00元

序　一

天津职业技术师范大学的张水勇老师是我的博士生，他勤奋好学、治学严谨，产业工人队伍建设是近年来他一直耕耘的研究课题。在其最新成果《产业工人文化素养提升研究——以企业文化构建为中心》即将出版发行之际，我很高兴能够为他作序。该书是他博士论文研究的继续，主要是从企业文化建设的视角探究新时代产业工人政治思想的提升，主题鲜明、内容丰富、结构合理、阐述全面，倾注了他大量心血，是一部研究新时代产业工人思想文化建设的力作。

当前，我们正奋斗在以中国式现代化全面推进中华民族伟大复兴的新征程上，需要一批批高素质产业工人不断涌现，而他们政治思想水平高低影响深远。调动产业工人积极投身中国式现代化，需要不断加强思想文化建设，持续提高他们的政治认同。在全面推动实施《新时期产业工人队伍建设改革方案》之际，张水勇老师的著作可谓恰逢其时。

张水勇老师立足新时代我国高素质产业工人队伍建设的现实需要，以加强企业文化建设、产业工人政治思想水平提高、产业工人队伍人才培育三者契合为逻辑起点，重点论述产业工人的思想文化建设不断提升、企业文化建设推进和产业工人政治认同不断提高之间的相辅相成的逻辑关系。该书以研究构建具有较高政治素养的产业工人队伍为主要目标，遵循理论研究—现状分析—案例实证—历史经验借鉴—现实对策的基本研究思路，采用案例分析法、比较研究法等研究方法，系统、详实地探讨了新时代具有较高政治素养的产业工人培育的重大现实问题，系统总结了以构建企业文化为中心提升新时代产业工人政治思想的基本路径：加强社会主义核心价值观引领；将工匠精神融入企业文化建设；加强校企联合培养高技能人才；发挥工会维护产业工人利益的作用。本书详细论证了工匠精神在激励产业工人，培育企业文化建设方面的作用和路径，脉络清晰，实证性强，是指导工匠精神实践的一本好书。

通读全书，我认为该书政治站位高，内容详实，是一部企业文化建设亟须的的重要理论著作，对破解高校培育大学生工匠精神与现实需求之间存在的结构性矛盾，打造高素质产业工人后备人才，有一定理论和实践价值。同时，也是新时代产业工人队伍建设的一项有重要价值的研究成果，可以为各级党和政府、制造企业等相关主体推进实施《中国制造 2025》提供有益的决策参考。

天津师范大学马克思主义学院副院长

教授、博士生导师

2023 年 9 月于天津

序　二

产业工人是创新驱动发展的骨干力量，也是实施制造强国战略的有生力量。我国是制造大国还不是制造强国，究其原因，除了制度、环境、发展阶段等因素外，包括产业工人队伍在内的制造业人才队伍工匠精神不足也是一个重要因素。天津职业技术师范大学马克思主义学院张水勇老师近年来围绕产业工人队伍建设开展研究，该书《产业工人文化素养提升研究——以企业文化构建为中心》是作者对相关课题研究成果的总结。该书立足新时代我国制造业高质量发展的现实需要，以研究构建高素质产业工人队伍为主要目标，遵循理论分析—现状分析—案例研究—经验借鉴—对策研究的基本思路，综合采用理论研究和实证研究相结合、定性研究与定量研究相结合的研究方法，系统、深入地探讨新时代高素质产业工人培养这一重大现实问题。

新时代落实《产业工人队伍建设改革方案》，培养高素质产业工人队伍，必须加强工匠精神培养，把工匠精神作为必备的素养之一，将工匠精神融入产业工人培养的全过程。本书特色是从建构企业文化视角，提升产业工人的文化素养，建设现代企业文化，把培育和提升产业工人工匠精神作为企业文化建构的重要内容，在培育工匠精神过程中提升产业工人的思想文化水平，提高其政治认同。

本书系统总结了新中国成立初期天津产业工人思想建设经验；以构建企业文化为中心，提出新时代产业工人政治思想水平提升的基本路径：在产业工人中推行社会主义核心价值观教育，要提高产业工人的政治觉悟水平；将工匠精神融入企业文化建设，发挥其在激励产业工人艰苦奋斗精神，提升产业工人为现代化强国建设和民族复兴奋斗的使命感和责任感；加强校企联合，提高产业工人的劳动技能和创新意识，在高职院校开展产学研结合、校企合作等教育模式打造产业工人后备力量；发挥工会、法治等在维护产业工人利益方面的作用，提高产业工人的归属感和主人翁意识。

产业工人作为工人阶级的主体，是中国特色社会主义新时代产业结构升级、实施制造强国战略的人才保障，是强国建设的生力军。本书属于开展产业工人队伍改革建设研究，研究目标是为提升产业工人队伍素养、夯实党的阶级基础、保障中国特色社会主义建设事业主体力量。

该书扎根中国大地，具有鲜明的时代性和实践性。全书的研究思路清晰，结构合理，内容丰富，方法得当。具有一定的理论创新，丰富并深化了产业工人培养相关领域的理论研究；在实践指导方面，为有关部门和企业事业和职业院校等提供较好的决策参考。

天津大学马克思主义学院副院长
教授、博士生导师

2023 年 10 月于天津

前　言

产业工人文化素养高低关系到工业强国战略的实施。天津作为我国典型的工业城市,国有大中型企业众多,产业工人比较集中。新时代大背景下,天津的企业结构、职工构成、社会组织多元化趋势明显,企业内部劳动关系日趋复杂,就业形式多样,工人思想活跃积极,工人在法律意识、利益诉求等方面更加多样、更有品质、也更强烈。因此,推进产业工人队伍建设,强化产业工人思想政治引领,不断提升其文化素养,引导产业工人坚定不移听党话、跟党走,巩固党执政的阶级基础和群众基础,是重大的时代课题。本书以天津为例分析新时代产业工人文化素养现状和文化素养提升面临的挑战,考察了产业工人文化素养提升的历史经验。

产业工人文化素养建设应坚持三个基本原则,即坚持马克思主义指导、坚持中国共产党的领导和坚持中国特色社会主义道路原则,探索以构建企业文化为中心提升新时代产业工人文化素养的基本路径:加强工业企业生产中产业工人社会主义核心价值观引领,提高产业工人政治认同感;将劳动精神、劳模精神和工匠精神等融入企业文化建设,加强产业工人价值引领;加强校企合作,联合培育职业院校大学生工匠精神;从经济、社会、法治等视角完善产业工人合法权益保障机制;推进新时代产业工会工作创新发展,充分发挥工会的作用,提升产业工人文化素养,维护工人切实利益的作用,建设高素质产业工人队伍。

本书特点:

第一,学术思想新颖,提出厚植优秀传统工匠文化,发扬现代工匠精神,提升产业工人的文化素养,构建现代企业文化。

第二,内容范围独特,涵盖工业企业一线产业工人的思想文化素养提升,又包括职业院校大学生工匠精神的培育。

第三，读者对象广泛，是职业院校大学生工匠文化教育读本，是企业提高产业工人福利待遇的责任书，又是国家和社会加强分配制度改革、法律权益维护机制建设等的倡议书。

第四，写作上多视角分析，从现实经济利益、法律权利和企业文化等多方面展开。在导论部分，详述了本书的选题依据和研究意义，对当前产业工人思想觉悟弱化问题及其影响从理论和现实两方面进行阐述，在梳理国内外学者的相关最新研究成果基础上，提出了需要进一步研究的方向。

第一章，导论部分，交代了本书的选题意义、写作背景、结构框架、写作方法和创新点等。

第二章，综合考察企业文化建构的理论基础。分析了企业文化的内涵及基本结构，以及企业文化建构的意义。

第三章，论述企业文化建构的理论渊源。分析了企业文化建设存在的问题，企业文化建构的影响因素。阐述马克思主义经典作家的相关论述。

第四章，通过分析天津档案馆的历史资料，考察分析产业工人思想建设的历史经验：经济上的改善、政治上的权利保障和文化上的提高是重要的策略，就新时代加强产业工人政治认同、提升文化素养，从经济利益的维护、政治权利的保障以及产业工人技能培训等方面尝试提出了本书观点。

第五章，理论分析企业文化建设的价值引领，传承劳动精神，加强产业工人劳动教育。

第六章，以构建现代企业文化为中心，通过弘扬劳模精神，对产业工人进行价值引领；学习劳动模范作为提高新时代产业工人文化素养的基本路径。

第七章，在产业工人队伍建设中，大力弘扬工匠精神，进行工匠精神教育，建设具有较高文化素养的产业工人队伍。

目　录

第一章 导 论

第一节 选题的依据和意义

工人阶级是我们国家的领导阶级，“产业工人”①是工人阶级的主体力量。中国特色社会主义进入新时代，中国经济、社会等各方面都取得了举世瞩目的发展成就，工业化建设正在由制造大国向制造强国迈进，这与中国几代勤劳、智慧的产业工人的艰苦努力是分不开的。随着社会的快速发展，党和国家开启了向第二个百年奋斗目标——全面建成社会主义现代化强国的新征程，制造业转型升级步伐加快，产业工人队伍面临着巨大的转型压力。产业工人思想文化素养状况事关制造强国建设，产业工人队伍思想文化建设亟待提升。如何提高产业工人的思想文化水平，不但关乎国家新型工业化战略实施，关乎实现经济高质量发展，而且关乎巩固党长期执政的阶级基础和群众基础。

开展新时代产业工人思想文化建设，要正确认识和把握产业工人队伍思想的深刻变化、产业工人思想政治工作的时代特征以及产业工人思想建设方式的新变化，实现产业工人思想文化建设创新发展。

---

① 所谓产业工人，传统意义上指在现代工厂、矿山、交通运输等企业中从事集体生产劳动，以工资收入为生活来源的工人。2017 年，《新的使命和担当——〈新时期产业工人队伍建设改革方案〉解读》一书中指出，我国产业工人主要指在第一产业的农场、林场，在第二产业的采矿业、制造业、建筑业与电力、热气、燃气及水生产和供应业，以及第三产业的交通运输、仓储及邮政业与信息传输、软件和信息技术服务业等行业中从事集体生产劳动，以工资收入为生活来源的工人。目前，超过八成产业工人集中在第二产业，近八成产业工人集中在制造业和建筑业。摘自推进产业工人队伍建设改革协调小组办公室编. 产业工人队伍建设改革职工知识 50 问[M]. 中国工人出版社，2022：3. 为了研究方便，本书主要关注工厂、制造企业里的产业工人。

在中国共产党成立100周年之际,中共中央、国务院印发《关于新时代加强和改进思想政治工作的意见》。产业工人思想政治工作是党的思想政治工作的重要组成部分,谋划和推进新时代产业工人思想建设,要坚持以习近平新时代中国特色社会主义思想为指导,正确认识和把握我国产业工人队伍的深刻变化,正确认识和把握产业工人思想政治工作的时代特征,正确认识和把握产业工人思想建设方式的新变化,切实采取有效措施,实现产业工人思想文化素养的大发展。

一、现实依据和理论依据

本书选题研究新时代产业工人思想文化素养提升研究源于以下现实和理论两方面的依据:

(一)对建设新型产业工人队伍的现实关怀

随着全面深化改革的逐步推进,在经济领域的改革对产业工人产生了很大影响,当前,产业工人队伍拥护党、爱国家、爱岗位、重实干,保持了积极向上、努力进取的先进性。但也要看到,由于受各种因素影响,一部分传统产业工人下岗、失业,面临着体制保障丧失、经济利益受到不同程度的损害,普遍缺乏获得感。部分产业工人也存在产业工人主人翁地位体现不出来,主人翁意识淡化;自信心不足,思想觉悟出现弱化,甚至是一定程度上思想倒退;缺乏身份认同感等问题。表现在工作不追求高精尖,不追求技术创新等。产业工人思想文化素养低迷的状况直接关系到产品质量和生产效率。解决这一问题,需要大力加强思想政治建设,充分发扬工人阶级的优良品格,不断增强工人阶级的凝聚力、向心力,引导他们听党话、跟党走,用实际行动汇聚起全面建设社会主义现代化国家的磅礴力量。加强产业工人队伍建设,不但要在经济利益、政治利益上满足产业工人的需求,还要引导其对马克思主义主导意识形态的坚定信仰。从实践效果上看,产业工人队伍建设,根本上必须将提高思想政治引领和劳动价值观引领贯穿到相关的政策制定和执行中。正因为如此,中央日益重视产业工人队伍建设改革问题。产业工人是工人阶级中发挥支撑作用的主体力量,是创造社会财富的中坚力量,是创新驱动发展的骨干力量,是实施制造强国战略的有生力量。2017 年 6 月 20 日,中共中央、国务院印发了《新时期产业工人队伍建设改革方案》,强调"要按照政治上保证、制度上落实、素质上提高、权益上维护的总体思路,改革不适应产业工人队伍建设要求的体制机制,充分调动广大产业工人的积极性主动性创造性"①,为实现"全面建成社会主义现代化"的奋斗目标、实现中华民族伟大复兴的中国梦,更好地发挥产业工人队伍的主力军作用。中央对产业工人队伍建设日益高度关切。

针对社会上出现产业工人地位下降的现实,习近平总书记曾在 2015 年4 月 28 日全国劳动模范和先进工作者表彰大会上指出,一定要发展社会主义民主,切实保障和不断发展工人阶级和广大劳动群众的民主权利。要坚持工人阶级的国家领导阶级地位,依法保障工人阶级在管理国家和社会事务的参与权,在社会经济发展和文化建设等方面民主管理权力。还强调:"我国工人阶级是我们党最坚实最可靠的阶级基础。……那种无视我国工人阶级主力军作用的观点,那种以为科技进步条件下工人阶级越来越无足轻重的观点,都是错误的、有害的。……我们党全心全意依靠工人阶级的根本方针都不能忘记、不能淡化,我国工人阶级地位和作用都不容动摇、不容忽视。"②这表明中央一贯坚持产业工人作为国家领导阶级的政治立场没有变。工业是立国之本,工人阶级要有民族复兴大业的历史担当,尤其产业工人处在生产制造领域的最前沿,对革新攻关、创新创效作用重大。在改革开放过程中,工人阶级艰苦奋斗,"研发生产我们自己的品牌产品,形成我们自己的核心竞争力,推动国家繁荣富强,工人阶级要把这个历史责任承担起来"③。

① 中共中央、国务院. 新时期产业工人队伍建设改革方案[N]. 人民日报,2017 - 06 - 20(01).

② 习近平. 庆祝"五一"国际劳动节暨表彰全国劳动模范和先进工作者大会讲话[N]. 人民日报,2015 - 04 - 29(01).

③ 习近平. 坚定不移全面深化改革开放,脚踏实地推动经济社会发展[N]. 人民日报,2013 - 07 - 23(01).

党的二十大报告指出:“建设现代化产业体系。坚持把发展经济的着力点放在实体经济上,推进新型工业化,加快建设制造强国、质量强国、航天强国、交通强国、网络强国、数字中国。”①加快制造强国、质量强国使新时代产业工人有了展示自己精湛技艺的平台。为支撑社会主义现代化强国战略,就要造就高素质产业工人队伍。产业工人是中国特色社会主义建设的中坚,是社会创新和发展的主力军,是创造社会财富的主要力量,在产业结构升级、实施创新战略、提高企业核心竞争力等方面发挥关键作用。为此,党的二十大上提出了“加快建设国家战略人才力量,努力培养造就更多大师、战略科学家、一流科技领军人才和创新团队、青年科技人才、卓越工程师、大国工匠、高技能人才”②的要求,彰显了广大工人在新时代社会主义建设中的地位和价值,是对广大产业工人的充分肯定和伟大号召,新时代要认真贯彻落实《新时期产业工人队伍建设改革方案》,“加强和改进产业工人队伍思想政治建设,构建产业工人技能形成体系,创新产业工人发展制度,拓宽产业工人发展空间,完善产业工人劳动经济权益保障机制”③,建设一支政治觉悟高、守社会主义信念、掌握先进技术、具有创新精神、有担当有责任、甘于奉献的高素质产业工人队伍,依法保障产业工人的合法权益,提升产业工人的获得感。

(二)缘于推进产业工人队伍建设改革学术研究的初衷

思想建设是产业工人队伍建设改革的重要一环,对产业工人进行思想政治教育和劳动价值引领,是提升产业工人的思想政治觉悟的需要。

新中国成立初期④,即从 1949 年到 1956 年底。产业工人的政治觉悟提升

---

① 习近平.高举中国特色社会主义伟大旗帜 为全面建设社会主义现代化国家而团结奋斗——在中国共产党第二十次全国代表大会上的报告[M].北京:人民出版社,2022:30.

② 习近平.高举中国特色社会主义伟大旗帜 为全面建设社会主义现代化国家而团结奋斗——在中国共产党第二十次全国代表大会上的报告[M].北京:人民出版社,2022:36.

③ 本报评论员.建设高素质的产业工人队伍[N].人民日报,2017-06-20(01).

④ 长期以来多数学者使用建国初期的概念,2017 年 10 月 24 日中国共产党第十九次全国代表大会通过《中国共产党章程(修正案)》把建国修订为新中国成立.

很快,对党和国家认同程度处于比较好的时期。产业工人对中国共产党认同对工业生产的迅速恢复和发展具有重要作用,巩固了新生的人民政权。“它不但是新国家实现社会整合的需要,同时也是国家工业化的战略目标使然。”①借鉴历史经验,对新时代提升产业工人思想文化素养有重要借鉴意义。

本书从企业文化建设的视角对当前产业思想觉悟现状进行分析,对产业工人思想文化建设存在的问题和开展思想引领与价值引领等路径开展研究,研究视角和结论将丰富和深化产业工人队伍建设改革理论。

新时代,产业工人思想文化状况受多种因素制约,这和工人阶级的先进性要求存在较大差距,与国家“全心全意依靠工人阶级”的社会需求而言,提升产业工人的思想觉悟显得迫切。本书研究成果可进一步丰富产业工人文化建设改革理论,指导新时代产业工人队伍建设改革实践。

二、选题意义

(一)理论意义

第一,有助于深化中国共产党执政规律探索。加强产业工人的思想文化建设,造就高素质产业工人队伍是推进新型工业化建设的重要人才保障。作为中国特色社会主义事业的主心骨,中国共产党在新时代面临“四大考验”和“四大风险”。探索党执政规律对于全面建设社会主义现代化国家的宏伟事业具有重要意义。本书就如何加强对产业工人的思想引领和价值引领,提高他们的思想文化素养,所得出的成果必将丰富和深化中国共产党执政规律认识,提高党建设现代化国家的领导力和执行力。

第二,有助于丰富产业工人思想文化建设理论。对产业工人开展思想文化素养培育,对其进行思想政治教育是最直接的方式。本书除了加强产业工人的

① 林超超.新国家与旧工人:1952 年上海私营工厂的民主改革运动[J].社会学研究,2010(2):83.

思想文化引领外，还开辟了用工匠精神推动产业工人思想觉悟提升，通过注入产业工人工匠精神，打造精益求精、乐于奉献的高素质工匠型产业工人队伍。这种大胆尝试丰富了产业工人思想文化建设的路径。

第三，有助于深化产业工人队伍建设改革理论。《新时期产业工人队伍改革方案》主要改革举措之一就是加强产业工人思想文化建设，产业工人思想文化素质弱化问题是随着中国的产业结构调整、社会的急剧变革以及生活方式开始多元化而出现的。本书通过引导产业工人传承劳动精神、工匠精神、奋斗精神、拼搏精神，提高他们的文化素养的探索，有助于深化产业工人队伍建设改革理论。

（二）现实意义

开展产业工人思想建设研究，立足于打造一支高素质产业工人队伍，为推进全面建成社会主义现代化强国新征程提供人才动力。本书探讨加强和改进产业工人思想建设，具有重要的现实意义。

第一，有助于建设高素质产业工人队伍。加强产业工人思想建设是提高产业工人队伍整体素质的重要举措之一。适应新时代对人才的迫切需要，提升产业工人队伍思想政治素养，推动全社会重视劳动、尊重劳动者；对产业工人的思想建设从经济收入、思想文化、权利保障等方面开展具体工作，切实提高他们的政治地位，使其享有实打实的获得感，对产业工人进行劳动价值观教育，开展劳模精神、工匠精神培育，本书对这些现实问题的研究成果能为当前加强知识型、技能型、创新型产业工人队伍建设提供现实指导。

第二，有助于稳固党长期执政的阶级基础。巩固党执政的阶级基础和群众基础是产业工人思想政治工作的根本任务。对产业工人进行思想素质提升和引导，及时传达党对产业工人的关心关爱，及时反映产业工人的愿望诉求，能促进产业工人统一思想、达成政治共识、凝聚人心。

“中国共产党是中国工人阶级的先锋队，同时又是中国人民和中华民族的先锋队。”①工人阶级是党的阶级基础,是党长期执政的依靠力量。加强和提高产业工人的思想觉悟水平有助于获得工人阶级对中国共产党长期执政的广泛支持和积极拥护,进一步稳固党的长期执政。

第三,有助于推进新时代企业文化建设。积极向上的企业文化为现代企业做大、做强、做优提供精神动力和智力支持。提高产业工人的文化素养,传承劳模精神,打造工匠型产业工人队伍对于提高企业生产效率、提高产品和服务质量具有重要意义,具备工匠精神能够激发产业工人生产劳动积极性,能主动地参与企业技术革新,为现代企业文化建设提供实践基础和榜样的示范效应。

第二节 研究任务

产业工人思想建设具有鲜明的时代性,同时代的脉搏紧密相连。伴随中国特色社会主义进入新时代,产业工人思想文化素养提升亦需适应时代发展的需要。

一、研究主题

第一,牢牢把握团结引领广大产业工人为实现中华民族伟大复兴的中国梦而奋斗的中国工运时代主题。我国工人运动是在党的领导下发展起来的,始终把实现党在不同历史时期确立的目标作为自身的历史使命和时代主题。必须牢牢把握这个主题,紧紧围绕思想文化素养提升主阵地,不断调动产业工人的积极性和创造性,以劳动和实干托起中国梦。

第二,紧紧围绕造就一支有理想守信念、懂技术会创新、勇担当讲奉献的宏

① 本书编写组. 毛泽东思想和中国特色社会主义理论体系概论(2015 修)[M]. 北京:高等教育出版社,2015:276.

大的产业工人队伍。《新时期产业工人队伍建设改革方案》以“突出产业工人思想政治引领”为专章对加强产业工人思想政治引领做出部署。产业工人思想建设是推动产业工人队伍建设改革的重要举措,必须找准结合点,着重在“有理想守信念”“敢担当讲奉献”上下功夫,引领广大产业工人做改革发展的坚定支持者、维护者。

第三,切实抓好培育和践行社会主义核心价值观的任务落实。当前,年轻一代产业工人受教育程度高,接触信息渠道多元化,思维活跃。产业工人思想建设要用社会主义核心价值观凝聚共识、汇聚力量,使其融入广大产业工人的政治立场、价值追求、职业操守、精神境界等各个方面。

第四,着力营造尊重劳动、崇尚劳动的社会氛围。广大劳动者用踏实的劳动,创造了无数发展奇迹,锻造了伟大的劳模精神、劳动精神、工匠精神。产业工人思想建设必须弘扬“三种精神”,推动全社会崇尚劳动、造福劳动者,引领广大职工群众进一步焕发劳动热情、释放创造潜能,通过劳动创造更加美好的生活。

二、写作逻辑

第一,产业工人思想文化建设是个系统工程,需要以构建现代企业文化为依托,加强和改进新时代职工思想文化素养,坚持以产业工人为中心的工作导向,丰富内容形式、创新方式方法,在解决突出问题上下功夫。

第二,突出思想武装,深入引领凝聚产业工人。要坚定不移用习近平新时代中国特色社会主义思想武装产业工人头脑,用中国特色社会主义事业的伟大成就教育产业工人。深入开展“中国梦·劳动美”主题宣传教育,通过产业工人喜闻乐见的方式,把党的创新理论讲生动、讲深刻。广泛开展理想信念教育,变灌输说教为激励引导,从思想深处打动职工、赢得产业工人。

第三,强化服务意识,在解决实际问题中解决思想问题。适应新的劳动关系形式,提高企业党组织凝聚力、思想引领力。以实际需求为牵引,为广大产业工人提供具有时代特色的普惠性、常态性、精准性服务，把思想文化素养提升融入服务产业工人的日常工作中。努力推动关于产业工人教育培训、提高技术工人待遇等方面的政策落实，不断拓宽产业工人成长成才通道。

第四，坚持以文化人，培育健康文明、积极向上、全员参与的工人文化。要把思想教育寓于产业工人文化活动，引导产业工人主动承担自身所肩负责任，自觉将远大抱负落实到立足岗位建功立业实际行动。创新载体形式，充分利用企业工会、工人书屋等宣传文化阵地，创作更多反映产业工人生产生活的优秀作品，培养一支专兼结合的工人文艺队伍，展现产业工人积极向上的精神风貌。

第五，注重典型引领，为产业工人文化素养注入源源不断的活力。在典型选树方面，要注重基层一线的产业工人典型选树，选树培养身边看得见、摸得着、学得上的先进典型。在典型宣传方面，通过组织媒体集中采访、现场报告、巡回宣讲、网上多媒体展示等方法，把典型的先进事迹总结好、宣传好。在为典型服务方面，要为他们提供良好的工作环境和发挥作用的舞台，真心实意关心典型，带动全社会形成崇尚先进、学习先进、争当先进的良好氛围。

创新引领方式，打造亿万产业工人清朗的网上精神家园。要深入研究互联网对青年工人的影响，走好网上群众路线，牢牢把握共享经济领域思政工作的主动权。加强面向职工的网上阵地建设，增加年轻产业工人喜闻乐见的网络文化产品供给。推进“互联网＋”企业党组织的普惠性服务，通过面对面、键对键加强与产业工人的交流互动，做好网上引导服务工作。注重品牌建设，持之以恒建设维护好“中国梦·劳动美”主题宣传教育、“网聚产业工人正能量　争做中国好网民”等工会工作品牌，不断提升品牌工作在产业工人群众中的影响力。

三、产业工人队伍建设研究文献综述

自2017年《新时期产业工人队伍建设改革方案》通过以来，产业工人队伍建设研究呈现快速上升趋势。关于产业工人队伍建设的学术研究硕果累累,报纸发表文章量最大,其次是期刊文章。学界研究主要集中在以下几个方向:第一,关于产业工人队伍的现状、不足和建设路径探索。第二,如何提高产业工人技能和素养?第三,加强产业工人的职业培训和技能提升。学者李里丁专注建筑业的发展以及建筑劳务分包管理等问题,研究了建筑业劳动力的改造和管理,并提出自己相关主张。① 学者李军红主要从政府和企业两个维度研究产业工人素养提升的十个路径,包括:第一,加强政府对产业工人的就业培训政策。第二,为提升产业工人多元化技能而拓宽渠道,积极组织开展各类技术创新活动和职业技能竞赛、岗位练兵等活动。第三,改革创新技术工人技术等级和职称评定等政策,开辟产业工人实现技能提升的快捷通道。第四,创新产业工人培训制度。第五,充分发挥劳模在产业工人中的示范引领作用。第六,加强产业工人素质培训配套措施。第七,建立健全企业对产业工人的激励机制。第八,建立学习型企业。第九,创建尊重产业工人的良好社会氛围。第十,增强产业工人融入城市社会的适应能力。② 学者李晓霞在对新疆少数民族产业工人的现状进行调研后,发现他们长期处于数量少、水平低的状态。③ 学者吕国泉认为,推进产业工人队伍建设改革,需要构建合力协作的工作格局,整合各方资源,突破部门界限,实现产业工人建设与宏观政策、产业政策、社会政策以及就业政策的联动。④ 学者王美英以 A 公司实践项目为例,从探索 MOOC 和产业工人职业培训的适宜性入手,探讨 MOOC 在产业工人培训中所面临的困难,分析其发生的原因,并提炼出相关的经验和启示。⑤ 学者伍慧玲的观点是,“新时代产业工人队伍建设与高职思想教育具有耦合的需求和基础,其关键是完善适应产业工人队伍建设要求的高职意识形态教育方式,创新适应

① 李里丁. 对建筑产业工人队伍重建与管理的思考[J]. 建筑经济,2012(1):12-14.

② 李军红. 产业工人素养升级路径研究[J]. 经济研究参考,2016(64):68-72.

③ 李晓霞. 新疆少数民族产业工人队伍发展及现状分析[J]. 北方民族大学学报(哲学社会科学版),2015(4):32-37.

④ 吕国泉. 推进产业工人队伍建设改革落地见效[J]. 中国党政干部论坛,2017(7):103-104.

⑤ 王美英. MOOC 应用于产业工人职业培训的困境与对策——基于 A 公司实践案例[J]. 中国人力资源开发,2015(20):30-38.

产业工人队伍建设的高职意识形态教育路径。”[①]何舰研究员主张将工匠卓越的职业素质和敬业精神融入技能人才培养的全过程，努力提高技能人才素质，充分发挥技能人才作用，彰显工匠精神的时代价值，是向工业强国转变的关键，也是我国产业工人队伍建设和改革的主要举措。[②] 袁国敏和王飞从政府作为职业培训服务购买者的角度研究产业工人培训新机制，提出运用外部职业技能培训替代原有企业内部培训的方式，解决目前劳动力短缺的问题及稳定性问题。同时，鉴于企业内部竞争日趋激烈，学界大多数人并不认同原有的“学徒制”正在消亡的观点，应在企业内部建立一种新型的“学徒制”。[③] 学者燕晓飞分析了我国供给侧结构性改革与产业工人队伍建设改革的关联性。其逻辑出发点是提高产业工人的劳动生产率，并提出提高员工的工作满意度和素质是提高产业工人劳动生产率的重要途径。工人对其收入水平的满意度直接影响其工作满意度；有针对性地提高工人技能培训水平，同步进行产业工人培训制度改革与人才引进。[④] 陆宇正和刘晓两位学者从建立健全职业教育治理体系、加强劳动者保障和支持、扩大高校学生多元化以及激发多方协同等视角，认为应当加强产业工人素养提升，不断提升新时代产业工人队伍的建设水平。[⑤] 刘晓和钱鉴楠两位学者认为，在建设技能型社会的背景下，职业教育助推产业工人队伍建设，应进一步？明确职业教育本科人才培养定位，优化职业本科教育专业布局；增强学校职业技能培训功能，扩大技能教育职业院校群体；加强职业教育团体内部标准化建设，提高产业工人技术技能积累。[⑥]

---

① 伍慧玲. 产业工人队伍建设与高职意识形态教育的耦合及路径[J]. 求索，2017(8)：98－102.

② 何舰. 论“工匠精与技能型产业工人队伍建设[J]. 青海社会科学，2020(1)：199－204.

③ 袁国敏，王飞. 产业工人的职业技能培训途径研究——基于政府购买培训服务的视角[J]. 山东工会论坛，2018，24(2)：17－24.

④ 燕晓飞. 劳动生产水平：产业工人队伍建设改革的逻辑起点[J]. 企业经济，2019，38(12)：112－121.

⑤ 陆宇正，刘晓. 职业教育助推产业工人队伍建设：命题解析与行动路径[J]. 中国职业技术教育，2020，(18)：86－92，96.

⑥ 刘晓，钱鉴楠. 技能型社会下产业工人队伍建设与职业教育使命担当[J]. 中国职业技术教育，2021(33)：5－10.

第三节　研究设计

一、研究思路及结构框架

（一）研究思路

党的十八大之后，中国特色社会主义进入新时代，我国经济社会建设飞速发展，取得了举世瞩目的显著成就，作为制造业的主力军——产业工人，其思想文化素养低迷的状况与制造业的繁荣需求相比相对滞后，成为产业结构升级和实施制造强国战略的掣肘。本书中当代产业工人的思想文化建设界定在产业工人思想引领和价值引领两个领域，即产业工人的政治认同提升和工匠精神培育两个方面，就是一个企业文化的构建问题。因此，如何构建现代企业文化，提高产业工人的思想文化素养，是当前学界和现代企业运营亟待解决的重大课题。本书对企业文化构建做了详述，包括企业文化的含义、核心要素、意义等，详细阐述产业工人思想文化建设的理论指导和现实状况。在分析总结中华人民共和国成立初期天津产业工人思想改造经验的基础上，以企业文化建设为中心，在全面深化改革与社会加速转型的大背景下，分析我国新时代产业工人思想文化素养提升需要在培育工匠精神等方面发力，构建现代企业文化需要提高产业工人的政治认同，传承和弘扬产业工人的工匠精神、劳模精神和劳动精神。

（二）结构框架

根据思路，本书内容分为七章展开，的具体论证结构安排如下：

第一章导论部分对研究的选题依据和研究意义进行详细阐述，本书框架以及写作方法，创新点等，勾画了全书的整体框架。

第二章综合考察企业文化建构的理论基础。分析了企业文化的内涵及基本结构，以及论述企业文化建构的意义。

第三章论述企业文化建构的理论渊源。分析了企业文化建设存在的问题，企业文化建构的影响因素。阐述马克思主义主要经典作家的相关论述以及党的主要领导人相关论述是研究产业工人思想建设的理论依据。

第四章加强产业工人的思想引领。通过查询天津档案馆的相关历史资料，考察分析产业工人思想建设的历史经验：经济上的改善、政治上的权利保障和文化上的提高是成功策略，就新时代加强产业工人政治认同、提升文化素养，从经济利益的维护、政治权利的保障以及产业工人技能培训等方面提出几点建议。

第五章理论分析企业文化建设的价值引领，用工匠精神提升产业工人的获得感。传承劳动精神，加强产业工人劳动教育。

第六章以构建现代企业文化为中心，通过弘扬劳模精神，对产业工人进行价值引领；学习劳动模范作为提高新时代产业工人文化素养的基本路径。

第七章在产业工人队伍建设中，大力弘扬工匠精神，进行工匠精神教育，建设具有较高文化素养的产业工人队伍。

二、研究方法

本书采用理论研究与实地调查相结合多种研究方法，得出更为客观的结论。

（一）比较研究法

立足于马克思主义哲学社会科学基本研究方法，本书的研究还借鉴心理学、企业管理学、历史学、思想政治教育学等诸多学科研究成果，对中华人民共和国成立初期产业工人思想文化提高的基本经验和新时代产业工人文化素养困境进行比较分析和阐释，探究分析了现代企业产业工人文化素养提升的意义、提升的路径选择等。

（二）文献考证法

本书通过档案资料、报纸杂志，以及党的领导人的著作、传记、回忆录、口述史、著名企业家的名言等各种文献史料进行分类、梳理、分析概括，分析了中华人民共和国成立初期天津产业工人思想变迁的动因、过程和历史经验，历史曾经面临的问题及成功实践对今天产业工人文化素养提升提供了经验借鉴。还对有关企业经典做法进行归纳梳理，展开专题研究。

（三）问卷调查法

采用自己开发的语音问卷调查系统，主要在天津地区选取 28 家制造型企业进行调查，每家企业随机挑选 10—20 人，针对产业工人素养现状、提升路径等进行调查。这对高校对职业类大学生进行工匠精神培育也进行调研，选取天津职业技术师范大学、海运职业技术学院、天津机电职业技术学院等六所高职院校，对师生工匠精神的培育现状、存在的问题以及大学生意愿接受哪种培育方式进行了详细的资料分析，问卷都是采用语音问卷填写形式，快速便捷。

（四）案例法

选取案例进行企业文化建构个例分析，透过案例找出企业文化建构方面的问题与成功做法，本书选取格力、海尔等多家中国制造业典型代表作为案例，验证物质利益、政治参与等因素对企业产业工人政治认同的提升有何作用，如何培育产业工人的工匠精神等?

三、研究重点、难点与创新之处

开展本课题的研究，存在几个难点和挑战，研究也将重点聚焦以下几个方面：

（一）研究重点

用工匠精神引领产业工人价值观，提升产业工人的获得感、幸福感，用工匠精神推进企业文化建构，提升产业工人文化素养。

（二）研究难点

1. 关于文化素养的含义

用工匠精神诠释产业工人文化素养，用产业工人思想文化觉悟的提高诠释企业文化建构过程。

2. 调查研究的局限

本书成稿的过程，恰好是经济下行的三年，给调查研究工作带来了难以想象的困难，调查对象上班不正常开工，对问卷问题的回答有影响，产业工人的评价标准主观性很大，调研的结论难免客观性受影响，课题论证难以绝对周全。

（三）创新之处

在现有的研究基础上，本书的研究将在研究内容、研究视角两个方面对产业工人文化素养提升问题有所创新。

1. 深化产业工人队伍建设理论研究

本书从企业文化建设的视角对当前产业思想觉悟现状进行分析，对产业工人思想文化建设存在的问题和开展思想引领和价值引领等路径开展研究，研究视角和结论将丰富和深化产业工人队伍建设改革理论。

2. 尝试新的研究视角

对产业工人思想文化的研究，本书从建构企业文化视角，把培育和提升产业工人工匠精神作为企业文化建构的重要内容，产业工人以工匠精神为核心的文化素养状况影响着企业文化建构。尝试本书在企业文化构建过程中提升产业工人的思想文化水平。

第二章　产业工人与企业文化建设

随着我国综合国力不断攀升，我国企业参与全球竞争更加深入，制造业领域亟须建立现代企业制度，以应对全球化的激烈竞争。只有不断提升产业工人的思想文化素养，推动现代企业文化建设，打造独具特色的企业文化，加强产业工人对企业的归属感和主人翁意识，最终才能达到优化企业管理，提高企业凝聚力，从而达到增产增效的目的。

第一节　新时代的产业工人

一、产业工人的界定

（一）何为产业工人

传统意义上，产业工人是指在现代工厂、矿山、交通运输等企业中从事集体生产劳动，以工资收人为生活来源的工人。《辞海》中解释为："在现代工厂、矿山及交通运输等类型的企业中，从事集体劳动生产并以工资作为主要收入来源的工人。"①全国总工会党组书记、推进产业工人队伍建设改革协调小组组长李玉赋认为："我国产业工人主要是指在第一产业的农场、林场，第二产业的采矿业、制造业、建筑业与电力、热气、燃气及水生产和供应业，以及第三产业的交通

① 朱永跃，张书凤等. 新时代工匠型产业工人培养研究[M]. 北京：科学出版社，2021：11.

运输、仓储及邮政业与信息传输、软件和信息技术服务业等行业中从事集体生产劳动，以工资收入为生活来源的工人。”①

然而，目前学界对产业工人的界定还没有达成一致。有学者将产业工人定义为在制造业从事一线生产的工人作为狭义上的产业工人。② 但随着职业分工的细化及我国第二产业、第三产业的转型和发展，建筑工人及运输业和服务业的就业人员也满足了“集体劳动生产”“以工资作为主要生活来源”的定义条件。同时，类似快递业、餐饮仓储等行业的产品已经包含了服务，那么其从业人员也理应纳入产业工人的范畴。此外，由于农民工已经成为产业工人的主体，还有学者将针对产业工人的研究聚焦于农民工群体。有学者就认为出生于20世纪八九十年代的第二代农民工群体是新生代的产业工人主体。③ 还有学者认为：“进城就业的农村劳动力已成为产业工人的重要组成部分。”④综合以上观点学界认为，产业工人的界定应该坚持以下标准，即从事有组织的集体劳动，以工资作为主要收入来源，直接面对生产资料和劳动产品，以体力劳动为主等。因此，总体而言学界倾向于对产业工人作如下界定：在生产、制造、运输和服务等领域及航空航天产业、IT产业、物流行业、跨境电商、家政社会服务等岗位一线，熟练掌握专门知识和技术，具备精湛的操作技能，并在工作实践中能够有效解决关键技术和工艺操作性难题的人才。⑤

本书认为产业工人是指在现代工厂、矿山、交通运输等企业中从事集体生产劳动，以工资收入为生活来源的工人。目前，超过80%产业工人集中在第二产业，近80%产业工人集中在制造业和建筑业。产业工人是先进生产力的代表者，他们最富于组织性、纪律性和革命性的坚定性、彻底性，是党坚实可靠的阶级基础，最能代表工人阶级的特性，是工人阶级的主力和骨干。产

① 李玉赋. 新的使命和担当——《新时期产业工人队伍建设改革方案》解读[M]. 北京：中国工人出版社，2017.

② 郭靖，周月容. 新生代产业工人的心理特征分析. 中国临床心理学杂志[J]. 2015(3)：503.

③ 刘程. “世界工厂”与青年产业工人的利益抗争. 当代青年研究[J]. 2013(4)：31.

④ 李辉敏. 农民工是工人阶级的重要组成部分. 中国特色社会主义研究[J]. 2006(2)：47.

⑤ 朱永跃，张书凤等. 新时代工匠型产业工人培养研究[M]. 北京：科学出版社，2021：12.

业工人是民族精神的传承者、弘扬者，是时代精神的创造者，也是社会新风的培育者、引领者。

（二）新时代产业工人精神风貌

一代又一代中国产业工人以实际行动塑造了工人阶级的伟大品格和劳模精神、劳动精神、工匠精神。党的十八大以来，广大产业工人积极投身技术革新和经济发展，在供给侧结构性改革、产业结构升级中切实发挥了主力军作用。广大产业工人围绕“一带一路”建设、京津冀协同发展、中部崛起、长江经济带发展等国家战略，积极参加劳动和技能竞赛、技术革新、技术协作、发明创造、合理化建议等活动，为推动经济保持中高速增长、产业迈向中高端水平建功立业。2020 年，我国创新指数世界排名第十四位，是唯一进入全球创新指数前三十名的中等收入经济体；专利申请量等指标继续位居第一位；具有世界先进水平的重大科技创新成果不断涌现，一批分布在高端装备、战略性新兴产业、信息化等方面的重大工程惊艳全球。特别是在港珠澳大桥、天眼、蛟龙愚子号、神舟、高铁、北斗、大飞机等重大项目工程中，广大产业工人锐意创新、争创一流，在伟大新时代新征程中镌刻了工人阶级的历史丰碑。

我国是人民当家作主的社会主义国家，党和国家始终坚持全心全意依靠工人阶级的方针，始终高度重视工人阶级和广大劳动群众在党和国家事业发展中的重要地位，始终高度重视发挥劳动模范和先进工作者的带动作用。在中国共产党的领导下，我国工人阶级和广大劳动群众与祖国共成长，与时代齐奋进，奏响了“咱们工人有力量”的主旋律，各条战线英雄辈出、群星灿烂。特别是进入新时代以来，我国工人阶级和广大劳动群众在实现中国梦伟大进程中拼搏奋斗、争创流、勇攀高峰，在产业结构升级迈入制造强国过程中，以及全面建成社会主义现代化国家征程中发挥了主力军作用，并用智慧和汗水营造了劳动光荣、知识崇高、人才宝贵、创造伟大的社会风尚，写了“中国梦 · 劳动美”的新篇章。

进入新时代，产业工人牢牢把握为实现中华民族伟大复兴中国梦而奋斗的时代主题，大力弘扬劳模精神、劳动精神、工匠精神，彰显了工人阶级主力军的先进本色。

1. 李家琦：雕琢时光的匠人

天津有这样一位大师，工作室内一身整洁的蓝色工服，头发中夹杂些许白发，一双戴着花镜却炯炯有神的眼睛，聚精会神地注视着半人多高的雕花机床工作台。操作台上他熟练掌控着一个硬币大小的手表机芯，在雕刻刀的旋转移动中，机芯上渐渐显露出精美绝伦的图案。方寸之间，一款设计新颖、通透美观的雕花镂空手表机芯就这样诞生了。

这位给钟表机芯画龙点睛的人，正是国家级钟表大师、全国劳动模范、全国“最美职工”——天津海鸥表业集团高级技师李家琦，被誉为雕琢时光的匠人。

1963 年，李家琦出生在一个知识分子家庭，崇知向上的家庭氛围，使他看待事物平和而质朴。凭借高超技艺和丰富经验，30 年间李家琦斩获了无数荣誉：2012 年获评天津市五一劳动奖章；2013 年被评为全国轻工行业劳动模范；2014 年荣获中国钟表大师称号；2015 年被评为全国劳动模范；2016 年入选首批十大“津门工匠”，同年被授予“全国技术能手”荣誉称号；2019 年 4 月，李家琦又被评为全国“最美职工”……

2003 年，集团开始尝试研发镂空腕表。李家琦成为技术带头人，从造型设计、编程、设备调试、样件试制、手工打磨直到最后的机芯组装，他都坚持亲力亲为。新颖别致的造型、镂空雕琢的机芯内部机械动态之美，迅速征服了消费者，被国内外众多品牌选用，机芯销售价格也比同款非镂空机芯提高了 189%。时至今日，这款镂空机芯仍持续生产，年均订单量达十几万只。

李家琦工作室的门外挂着一幅生肖虎的腕表设计图，这款蕴含着中国历史文化内涵的设计是他的得意之作。集团总经理王钢说：“经李家琦设计制造的机芯雕花镂空设计，已经有 80 多款上市销售，5 年时间创造了 9000 多万元的销售额。他本人拥有国家授权专利 108 项，为海鸥赢得了赞誉也收获了效益。”

2016 年，李家琦劳模创新工作室正式挂牌。功成名就的他丝毫没有大师的架子，想得更多的是竭尽所能让工匠技艺和精神薪火相传，为国家培育出更多优秀的产业工人。目前,无论是海鸥天津总部,还是烟台、大连、石家庄分公司,都有李家琦带出来的徒弟。他们大都成为关键岗位上的骨干力量,也开始培养出更多技工人才,如今已经开始有人向李家琦叫“师爷”了。

李家琦用匠心匠艺雕琢着时光,雕琢着美丽的匠人之梦,绽放着精彩的人生!

(参见《天津日报》2019 年 5 月 8 日)

2. 胡双钱:给国产大飞机“把关”

胡双钱是中国商用飞机上海飞机制造有限公司数控机加车间钳工组组长。人称为“航空手艺人”。曾获全国劳动模范、全国“五一”劳动奖章、上海市质量金奖等荣誉称号。

“每个零件都关系着乘客的生命安全。确保质量,是我最大的职责。”这是中国商飞胡双钱经常挂在嘴边的一句话。

胡双钱从 2003 年参与 ARJ21 新支线飞机项目,对质量有了超高的要求。他深知 ARJ21 是民用飞机,承载着全国人民的期待和梦想,又是“首创”,风险和要求都高了很多。胡双钱让自己的“质量弦”绷得非常紧。不管是多么简单的加工,他都会在干活前认真核校图纸,操作时小心谨慎,加工完毕多次检查,他经常念叨:“慢一点、稳一点,精一点、准一点。”凭借多年积累的丰富经验和对质量的执着追求,胡双钱在 ARJ21 新支线飞机零件制造中大胆进行工艺技术攻关创新。他先后高精度、高效率地完成了 ARJ21 新支线飞机首批交付飞机起落架钛合金作动筒接头特制件、C919 大型客机的特制件等加工任务。在 30 年的航空技术制造工作中,他经手的零件上千万,没有出过一次质量差错。

2015 年 10 月 13 日,第五届全国道德模范评选被授予全国敬业奉献模范称号。2019 年 4 月,荣获“最美职工”称号。

(参见《天津日报》2020 年 11 月 24 日)

3. 巨晓林：全国劳动模范

巨晓林是中国中铁电气化局集团第一工程有限公司接触网高级技师、工匠技师，全国总工会兼职副主席、国家监察委特约监察员。他1962年出生于陕西省岐山县杜城村。1987年，他成为北同蒲铁路电气化工地的一名农民工。铁路电气化接触网施工涉及电力、电机、机械等专业技术知识，刚到工地，看着犹如"天书"的图纸，高中学历的巨晓林心里直发怵。"既然干上这一行，就得勤学苦练，闯出名堂！"在学通专业知识的基础上，巨晓林把目标瞄准了技术创新。经过三十多年锲而不舍地努力，巨晓林从一名普通农民工成长为知识型企业职工的优秀代表、大国工匠，他先后参与了大秦线、京郑线、京沪线、京秦线、哈大线、石太线等几十项国家铁路重点工程建设。累计创新施工方法143项，给公司创造经济效益超过两千万，他用拼搏和汗水谱写了人生的精彩华章。他主编的《接触网施工经验和方法》，被配发给数千名接触网工作者作为工具书。他荣获全国五一劳动奖章、中华技能大奖、中央企业优秀共产党员、火车头奖章、全国创先争优优秀共产党员全国劳动模范、改革先锋等称号。中华人民共和国成立70周年之际，他被评为新中国"最美奋斗者"。

（参见《中国组织人事报》2018年3月29日）

4. 卢仁峰：大国工匠年度人物

卢仁峰，汉族，中共党员，1963年出生，内蒙古第一机械集团有限公司大成装备制造公司高级焊接技师。第9届全国技术能手中焊接界仅有的一位"中华技能大奖"获奖者。他左手残疾，仅靠右手练就一身电焊绝活，并追求焊接技术革新。手工电弧焊单面焊双面成型技术堪称一绝：微束等离子弧焊接、火花塞电极板与电极杆熔融技术、钨极氩弧焊焊接技术；各类管道和容器所产生的泄漏的顶压补焊，压力容器焊接缺陷返修合格率为百分之百；各种有色金属和低、中、高合金钢的焊接及大型铸铁，铸钢的补焊，被誉为"独手焊侠"。

2009年，作为国庆阅兵装备的某型号轮式车辆首次批量生产，在整车焊接蜗壳部位过程中，出现了技术问题，致使平面度受到影响，严重影响整车的装配质量和进度。卢仁峰接到任务后，立即投入紧张的研究。从焊丝的型号到电流大小的选择，他和工友们反复研究细节，确定操作步骤，最终利用焊接变形的特性，采用“正反面焊接，以变制变”的方法，使该产品生产合格率一下子由60%提高到96%。

卢仁峰带出了四十多名徒弟，个个都成了技术上的骨干。他带出的徒弟有“全国劳动模范”“五一劳动奖章”和“全国技术能手”获得者、内蒙古第一机械集团公司高级技师王文山，有“全国技术能手”“内蒙古劳动模范”、内蒙古第一机械集团公司高级技师翟兴刚，有兵器工业集团技术能手付阿什等。

2019年4月，中央宣传部、中央文明办、全国总工会在中国文明网向全社会公开发布卢仁峰等10位“最美职工”的先进事迹。

（参见《中国劳动保障报》2019年7月10日）

5. 张黎明：与时俱进的“蓝领工匠”

张黎明，国家电网天津滨海新区供电分公司运维检修部配电抢修班班长，负责天津滨海新区八十余万用户电力故障抢修及10千伏高压故障处理。自1987年参加工作以来，他爱岗敬业，工作30多年来始终奋战在电力抢修一线，累计巡线八万多公里，完成故障抢修作业近两万次，被誉为电力抢修的“活地图”、电力“蓝领创客”。他勇于创新，先后实现技术革新四万余项，二十多项填补电力行业空白，是知识型、技能型、创新型劳动者的杰出代表。他先后荣获全国劳模、全国优秀共产党员、时代楷模、改革先锋、全国职工职业道德建设标兵、全国岗位学雷锋标兵等多项荣誉称号。他是党的十九大代表，三次受到习近平总书记亲切接见。2019年1月17日，习近平总书记在津考察期间，张黎明汇报讲解了带电作业机器人、智慧电网、车联网平台等创新工作，习近平总书记高度评价了张黎明的创新贡献，对他的创新精神给予充分肯定。

张黎明从技校毕业生到技能专家，从普通工人到全国劳模，他用实际行动生动诠释了习近平总书记“劳动最光荣、劳动最崇高、劳动最伟大、劳动最美丽”

的重要思想，谱写了新时代的劳动者之歌。

2018 年，张黎明被中共中央宣传部授予“时代楷模”称号。2019 年，被评为新中国“最美奋斗者”。

（参见《天津日报》2018 年 5 月 24 日）

中国特色社会主义现代化建设的历史进程已经孕育产生了李家琦，胡双钱、卢仁峰、巨晓林、张黎明等一批又一批时代楷模、大国工匠。他们为中国精神注入了强大能量，成为广大产业工人的光辉榜样，带动了广大产业工人的积极性、主动性、创造性，成为产业工人争相学习的标杆，在产业工人队伍中激起“努力攀高峰、建功新时代”工作干劲，成为实现中华民族伟大复兴的中国梦的宝贵的精神动力。

当前，产业工人队伍拥护党的领导、热爱社会主义祖国、爱岗敬业、务实肯干，保持了锐意进取、敢为人先的进步性。但也要看到，由于产业结构升级、社会变革加快，给传统产业工人造成了一定冲击。部分产业工人出现了主人翁意识淡化、人生信心萎靡、缺乏职业身份认同感等问题。这就需要大力加强思想政治建设，充分发扬工人阶级的优良品格，不断增强产业工人的思想觉悟，提高他们的凝聚力、向心力，引导产业工人永远做好党执政的坚实的执政基础，用实际行动汇聚起全面建设社会主义现代化国家的磅礴力量。

二、产业工人队伍建设改革

《新时期产业工人队伍建设改革方案》明确：为贯彻习近平总书记重要指示精神，适应新形势新任务新要求，进一步巩固党的执政基础，实施制造强国战略，全面提高产业工人素质，制定《新时期产业工人队伍建设改革方案》。

（一）产业工人队伍建设改革的意义

第一，推进产业工人队伍建设改革，是巩固党长期执政的阶级基础和群众基础的迫切需要。工人阶级是我国的领导阶级，产业工人是工人阶级中发挥支撑作用的主体力量，是党最坚实最可靠的执政基础。不断深化产业工人队伍建设改革，加强对产业工人队伍的思想政治引领，健全保证产业工人主人翁地位的制度安排，坚定产业工人听党话、感党恩、跟党走的自觉信念，对巩固党的执政基础、扩大党的群众基础，有着极为重要的作用。

第二，推进产业工人队伍建设改革，是实施制造强国战略、推动高质量发展的迫切需要。产业工人是创造社会财富的中坚力量，是创新驱动发展的骨干力量，是实施制造强国战略的有生力量，在加快产业转型升级、推动技术创新、提高企业竞争力等方面具有基础性作用。努力打造一支宏大的高素质产业工人队伍，为高质量发展提供强大的人才支撑，对经济社会持续健康发展具有重要作用。

第三，推进产业工人队伍建设改革，是满足广大工人群众对美好生活向往的迫切需要。共同富裕是全体人民的富裕。实现高质量发展、促进共同富裕，就是要通过深化产业工人队伍建设改革，回应广大产业工人对美好生活的期待，多渠道助力产业工人享有更稳定的工作、更满意的收入、更可靠的社会保障、更富足的生活福利、更丰富的精神文化生活，切实增强广大产业工人的获得感、幸福感和安全感。

（二）企业是产业工人队伍建设改革的主体

1. 产业工人以弘扬企业文化为己任

产业工人作为企业中的一员，对弘扬企业文化肩负着不可推卸的责任。产业工人能积极参与企业文化建设，企业文化建设自然就能够获得更好更快的发展。产业工人要想做到将弘扬企业文化视为己任，必须从以下三个方面着手。

第一，必须在心中树立起“主人翁”意识。有些产业工人可能曾经对于企业文化没有全面的认识，认为企业文化建设是企业的事情，于是摆出“事不关己高高挂起”的姿态，没有主动参与到企业文化建设活动中去。企业文化的弘扬与企业中每个员工的命运都息息相关，产业工人应将企业文化建设与自己的岗位工作等而视之，肩负起建设企业文化的责任，把建设企业文化当作自己分内的工作，为弘扬企业文化贡献自己最大的力量。

第二，坚持思想和言行始终与企业文化的核心理念相一致。弘扬企业文化并不仅仅是将企业的理念挂在嘴上去宣传，更要求产业工人以实际行动去体现。产业工人必须在多个方面通过行动展现出自己的言行与企业文化的核心理念保持一致。一是调整自己在工作中的价值观，与企业核心价值观保持统一；二是坚守企业文化中需要我们所恪守的企业道德标准；三是严格执行企业制度；四是发扬光大企业文化所传达的责任心与使命感；五是以实际行动展现企业文化中所弘扬的优秀品质。

第三，全身心投入到传播和弘扬企业文化的各项活动。企业为了在产业工人之间宣传和弘扬企业文化，都会定期或不定期举办企业宣传活动。如，开展企业文化座谈会，设立企业文化宣传月，开展产业工人集体拓展活动等。产业工人要切身参与到企业文化的各种宣传活动中，更深刻地理解、感受企业文化，从而对如何弘扬企业文化有更丰富的切身体验，也能够产生更新颖、更丰富的关于企业文化发展的新想法。

企业文化就是企业的灵魂，只有企业文化得到弘扬和发展，企业才可能有更长足的发展，产业工人也才能够得到更广阔的发展空间。

2. 造就一支有理想守信念、懂技术会创新、敢担当讲奉献的产业工人队伍

产业工人队伍建设改革的主要内容和目标任务是什么？产业工人是支撑中国制造、中国创造的重要力量。《新时期产业工人队伍建设改革方案》的改革的目标任务是把产业工人队伍建设作为实施科教兴国战略、人才强国战略、创新驱动发展战略的重要支撑和基础保障，纳入国家和地方经济社会发展规划，通过改革，产业工人队伍不断壮大、综合素质明显提高，保障产业工人地位的制度更加健全，产业工人合法权益进一步实现，劳动光荣、技能宝贵、创造伟大的时代风尚更加浓厚，造就一支有理想守信念、懂技术会创新、敢担当讲奉献的宏大的产业工人队伍。

加强和改进产业工人队伍思想政治建设是落实改革目标的主要举措之一。要从思想政治教育、社会主义核心价值观培育和培养工匠精神等几个方面提升产业工人的思想文化素质。

3. 落实产业工人队伍建设改革任务的“最后一公里”

如何打通产业工人队伍建设改革最后一公里?《新与期产业工人队伍建设改革方案》要求突出重点、着力在支柱产业、战略性新兴产业和骨干企业中推进改革、发挥国有企业的要动作用。

企业是落实产业工人队伍建设改革任务的主体和“最后一公里”,产业工人队伍建设改革的政策举措必须首先得到企业的重视,并认真加以实施,才能真正落地落实,产业工人才能真正得到实惠。各级将积极推动和发挥企业的改革主体作用,全国总工会将联合国务院国有资产监督管理委员会研究出台《关于充分发挥国有企业在推进产业工人队伍建设改革中带动作用的意见》,积极推动非公企业特别是上市公司、民营企业 500 强、头部企业的产业工人队伍建设改革工作,努力打通改革“最后公里”。展望未来,改革将不断为产业工人实现更好发展提供有力支持。

三、产业工人思想文化建设

适应新时代产业工人队伍的建设改革要求,《新时代产业工人改革方案》强调要加强“产业工人思想政治引领”,在产业工人中开展思想文化建设。具体内容是:加强理想信念教育,引领团结产业工人提高政治认同,自觉践行社会主义核心价值观,坚定不移听党话、跟党走。强化职业精神和职业素养教育,大力弘扬劳模精神、劳动精神、工匠精神,引导产业工人爱岗敬业、甘于奉献,培育锐意进取、昂扬向上的职工文化,在精神文明建设中发挥示范导向作用。突出思想政治工作先导作用,多措并举探索产业工人思想政治工作路径。加强法治教育,提高产业工人法律素养和诚信意识,引导产业工人依法理性有序表达利益诉求，坚决维护产业工人队伍团结统一和社会和谐稳定。

党的十八大之后，中国特色社会主义进入新时代，广大产业工人的政治素质和思想道德素质大大提高，他们拥护党、爱国家、爱岗位、重实干，站在产业调整和技术进步的第一线，为中国成为世界第二大经济体做出了突出贡献。当前，广大产业工人对中国特色社会主义的信念和信心坚定，具备正确的劳动观念，比较认同积极向上的劳动价值取向，产业工人队伍总体上呈现出积极向上、努力进取的态势，全社会弘扬劳模精神、劳动精神、工匠精神的氛围不断形成。但是也要看到，由于受各种因素影响，一些产业工人主人翁意识淡化，职业自信心不足，缺乏对产业工人身份的认同感和自豪感，在非公有制企业中“为人打工，低人一等”的心理较普遍；社会上普遍认为工人这一职业的吸引力不强，没有前途，甚至连一些劳模都不愿子女当工人。

在中国特色社会主义制度条件下，劳动者是国家的主人，社会的主人、企业发展的主人。加强理想信念教育，就是要引领团结产业工人自觉践行社会主义核心价值观，坚定不移听党话、跟党走，这是对产业工人进行思想引领的最关键、最首要任务；就是要用中国梦和社会主义核心价值观凝聚共识、汇聚力量，增强产业工人的国家意识、法治识、道德意识、社会责任意识、生态文明意识。

要深入研究如何在产业工人群众中培育和践行社会主义核心价值观，不断发展工人阶级先进性问题。要重视加强青年产业工人的理想信念教育，把社会主义核心价值观贯穿融入经社会发展各领域和社会生活各方面。通过教育引导、舆论宣传、文熏陶、行为实践、制度保障，使社会主义核心价值观内化为产业工的坚定信念，外化为产业工人的自觉行动，增强产业工人的道路自信、理论自信、制度自信、文化自信。

要用正确的世界观、人生观、价值观引领产业工人，大力弘扬劳动精神、劳模精神和工匠精神，在全社会树立辛勤劳动、诚实劳动、创造性劳动的理念，广泛宣传劳动创造财富、创造价值，突出劳动在国家经济社会中的主导作用，凸显产业工人的社会贡献与价值和在改革发展稳定中的主体地位，在全社会形成劳动光荣、技能宝贵、创造伟大的主流价值观。宣传文化部门在政策制定、资金划拨、评审评优等方面，更多地向反映当代产业工人的风采、讲述产业工人故事的作品倾斜，鼓励文艺工作者创作出更多宣传劳动者的优秀作品。中央和地方主流媒体应将宣传“工人伟大、劳动光荣”作为重大的政治任务，在重要版面、黄金时段和优秀栏目中加大宣传力度，巩固发展积极向上的主流思想舆论。要强化职业精神和职业素养教育，注重通过中小学教育教学中劳动意识和习惯的养成，强调职业教育中职业精神和职业素养的融入。着力培养产业工人执着专注、精益求精、一丝不苟、追求卓越的职业素养，引导产业工人树立爱岗敬业、甘于奉献的职业精神，以健康文明、昂扬向上的职工文化，彰显产业工人在精神文明建设中发挥的示范导向作用。

按照党中央、国务院加强对产业工人思想政治引领工作的要求，要研究制定加强和改进产业工人思想政治工作具体办法，突出思想政治工作先导作用，改变职工思想政治工作传统模式，以创新的思想政治工作思路理念和方式方法，充分运用“互联网＋”、微博、微信等新媒体，用生动活泼、灵活多样、喜闻乐见的方式，潜移默化地做好产业工人的思想政治工作。要建立和完善产业工人思想状况定期调查制度，搭建产业工人广谏良策、表现自我、展现才智的平台；加强对产业工人的人文关怀和心理疏导，实施产业工人心理援助项目，开展社会关怀活动，通过调查走访、热线电话、心理咨询、文体活动等方式帮助他们缓解工作和心理压力，提高应对挫折的能力；深入开展群众性精神文明创建活动，努力建设先进企业文化、职工文化，开展产业工人喜闻乐见的文体活动，不断满足产业工人日益增长的物质文化需求，引导产业工人与企业结成利益共同体、事业共同体、命运共同体，增强产业工人对企业的认同感和归属感。

法治教育是依法治国、建设社会主义法治国家重要的基础性工作。它的根本目标是提高全民的法律素质。要以提高产业工人的法律素养为目标，加强面向产业工人的法治教育，引导广大产业工人牢固树立大局意识、国家意识和法治意识，识大体，顾大局，正确认识我国的基本国情和现阶段社会发展特征，正确认识和处理个人利益和集体利益、个人利益和企业利益、局部利益和整体利益、当前利益和长远利益的关系，正确认识当前出现的新情况、新矛盾和解决问题的长期性、复杂性，帮助解疑释惑，学会按照法律程序，理性有序表达利益诉求，依法行使民主权利，保护自己的合法权益，促进劳动关系和谐，自觉维护产业工人队伍团结统一和社会和谐稳定。

第二节　现代企业文化建设概述

企业文化是企业观念的管理文化，是现代企业的精神支撑。建构现代企业文化是现代企业有效运转的基础，起着团结工人向同一方向凝聚其思想和行为的作用。企业文化在工人中渗透越深、扩散越广，企业的工人队伍的凝聚力、向心力就越强。

一、现代企业文化的含义

什么是企业文化？“企业文化是在社会主义文化发展的大背景下，在企业发展的过程中，企业职工在企业价值观的影响下，在一定的组织形式和活动方式中形成的，并为多数职工所共同遵循的整体价值观、信仰追求、道德风尚、行为准则、风俗、习惯的总和。”①本书企业文化建设一方面包括推动企业发展的文化建设，如人本文化、企业精神文化、企业生产文化、职工文化等；另一方面包括推动产业工人素质发展的文化建设，如职业技能文化、思想觉悟、主人翁文化、工匠文化、劳模文化、团队文化等。

企业文化是企业职工共同遵循的基本信念、价值标准和行为规范。职工明

① 王荣成．工会与企业文化［M］．北京：清华大学出版社，2017：1.

白怎样做是对企业有利的，而且都自觉自愿地这样做，行为决定习惯，久而久之便形成了一种习惯；经过时间的积淀，习惯变成了自然，成了人们头脑里一种牢固的"观念"，而这种"观念"一旦形成，又会反作用于（约束）大家的行为，逐渐以规章制度、伦理道德的形式成为职工的"行为规范"。本书探讨企业文化主要限定在企业里生产一线产业工人的企业文化。

建构企业文化，并在企业内被产业工人所认同，就会形成企业的具有某种特性的精神，在企业发展中产生一种强大的向心力和凝聚力。此外，企业文化还要反映一个企业的个性，能够让它在众多同行企业中脱颖而出，成为某一行业的代表。这种文化的建构是企业建设中不可或缺的一部分。企业文化是推动企业长久稳定发展的重要动力。随着市场经济改革的深入发展，企业文化逐渐成为企业增强实力、提升核心竞争力的手段和策略，是关乎企业生存和发展的重要因素。

企业文化是保障一个企业长久发展的重要基石，建设企业文化，是完善现代企业管理体系的重要组成部分，不单支撑着企业管理制度规范，也是企业运行、发展的灵魂。企业文化对员工起到凝聚人心的作用，企业文化使产业工人对企业有强烈的归属感立，立足于自己的岗位，着眼于职业发展，把个人的价值和个人的发展有效地融入到企业的发展当中去，与企业发展同频，同企业的发展目标同向。

企业文化是一个企业全体员工和管理人员共同遵循的核心价值体系，以及在此基础上共同遵循的共同意识、共同价值观共同的职业道德行为规范和准则的总和。具有延续性的共同的认知系统。企业文化是员工之间最大的共识，形成心理契约，自觉遵守企业的目标，清楚企业追求什么，反对什么，自己怎样行为才能达到企业的内在规范要求。这种带有共识的文化，即使不认同的人也不能视而不见，进而演变成真的散漫，就任其自然了。把伪装积极变成发自内心的积极就是企业文化特有的功能。

从另一个角度看，企业文化是全体员工都认同接受的习惯性行为方式。"习"就是通过经验学习获得的，"惯"就是一种定式，一种惯性的东西，所以这种习惯性行为方式是全体员工所认可的、是习以为常的，不是制度或法律。这种基于文化所迸发出来的约束力量，比起一般企业管理的那种命令、惩罚、监督、建工等所展示的力量更有效，更有牵引力、凝聚力、约束力，更有活力和推动力。法律是人的行为要达到的最低标准，文化是引领人的行为要达到最高标准。例如一个人没有义务为他人谋福利，但文化或道德则引导人们去为他人谋福利。企业文化给员工以生活的希望，指明在企业工作的意义，使企业有前途，正是从这个意义上说，文化管理是企业管理的最高境界。在企业文化的传递、延续和变革过程中，往往是遵从企业文化要求者得到赞赏，而反叛者则受到企业制度的惩处，因此，企业文化是组织成员思想、行为的依据，是企业成功或长远发展的关键。

例如，济南九阳电器公司非常重视企业文化建设，并从物质维度、制度维度和精神维度三个维度建构企业文化，把企业的价值观念、组织信念、组织目标、规章制度、职业道德、组织情感等要素有机地结合起来，构成了独具特色的中国本土企业文化，并使九阳企业文化具有导向功能、规范功能、凝聚功能、激励功能、创新功能和辐射功能。九阳企业通过企业文化建设，使质量管理体系得到有效运行。在整个企业生产过程中，产业工人通过企业文化建设、运行得到了较好企业文化的培训，提高了员工的文化素养，这就实现了企业实施以人为本的企业文化的人本管理有效循环。

现代企业文化在企业发展和产业工人成长过程中具有多重重要功能：

（一）企业文化是产业工人团结聚力的一面旗帜

企业文化所具备的各方面的特点和内涵决定企业文化具有提高凝聚力、促进团结的作用，而凝聚力和团结正是企业文化建设的直接目的，不断凝聚产业工人的创造力、形成企业发展的各方合力，企业的综合实力方能得到快速提升。在企业内部需要营造一个公平、公正、公开、健康、和谐的氛围，加强企业内部团结精神的宣传和打造，从而促使企业的工人积极主动参与到工作中去，努力发挥自己的主动性、创造性，各方合力共同促进企业的发展和进步。总之,通过企业文化建设增强产业工人内心的归属感与认同感,将企业大家当成自己的小家来养育,产业工人之间通过手牵手、心连心的方式凝结力量是企业发展和壮大的重中之重,将保障企业在激烈市场竞争中处于不败之地。

(二)企业文化是产业工人价值判断的指南针

企业文化建设对企业员工价值观、工作理念和方法有强大导向作用,优秀的企业文化会潜移默化地影响产业工人,使职工个人价值趋向与企业价值观念趋同,给予产业工人共同的奋斗目标,企业全体产业工人为了这个目标,努力发挥个人的光和热,在全员的共同努力下实现企业发展目标。与此同时,企业文化会帮助职工树立正确的人生观,进而引导产业工人与企业同向发展。因此,企业文化建设至关重要,应从企业实际经营情况出发,科学制订企业的发展目标,指导企业和职工向合理目标前进、奋斗。

(三)企业文化是产业工人内心规范的柔性约束

企业文化对工人具有约束力。企业的制度也是企业文化的一部分,产业工人作为企业主体,必然受到企业管理制度的管理和约束,一切工作行为均要对企业负责。但是,这种约束力又并非简单对企业产业工人的硬性约束,是可以通过企业文化的建构来形成软性约束力,从价值观层面来规范企业产业工人的行为,让企业文化在企业发展中提供强大的精神力量。

(四)企业文化是产业工人工作积极性的催化剂

一个合理、有效、从实际出发的企业文化,可以从根本上改变企业产业工人的行为状态、心理状态,培养产业工人树立积极向上的理想、信念,而这种由内而发的理想信念是提升企业核心竞争力的有力武器。优秀的企业文化即应该以产业工人个人价值的实现作为目标,一个人的个人价值得到承认,会得到极大的满足感,这种满足感又鼓舞其在工作上更加努力,以期实现更高的个人价值。因此,可以说,满足这种精神需求对激发产业工人积极性是至关重要的。同时,良好的企业文化可营造和谐、良好的工作氛围,当产业工人在轻松、愉悦的环境下工作时,能够激发工人的积极性和创造性。

江西建材集团有限公司抓住工人核心关切,情系职工医疗保险,补充医疗保险暖了工人们的人心,充满温情,充满大爱,这种企业文化是工人奋进的底气,是工人努力的动力,工人们在企业有家的感觉,这会激起工人积极投身生产和技术进步,推动企业大发展。

企业文化建设可大大提升现代企业的发展动力、综合实力和核心竞争力,帮助企业在激烈的全球市场竞争中掌握主动权。在激烈的全球市场竞争中,企业应当积极、主动地从思想引领和价值引领入手,凝聚企业产业工人的向心力,打造企业归属感,让产业工人们心甘情愿为企业奋斗,在大家众志成城的努力下,企业的发展必然能够日新月异。

典型案例:工匠精神成就品质格力

百尺竿头须进步,十方世界是全身。

“工匠精神将引领中国制造浴火重生。”格力集团董事长董明珠在全国“两会”期间提到,现在是中国制造同心协力共同开拓的时候,奋斗才能赢得未来。经过近三十年的发展,格力在国内的市场份额占有率超过50%,家用空调产销量多年位居世界第一,多项国际专利引领行业前沿,让中国制造走向世界。格力的创新发展与壮大是否如董明珠女士所言,与“工匠精神”密不可分?记者就此问题对西北格力电器销售公司董事长陈夏东先生进行了专访。

格力的灵魂源于工匠精神,充盈在企业的每一个角落。

华商报:2016年3月,国务院《政府工作报告》首次提出了“工匠精神”,在说到“提升消费品品质”时,强调要“培育精益求精的工匠精神”。格力作为中国制造的代表企业,如何理解工匠精神?

陈夏东:工匠精神在我看来是一种精益求精的态度！用我们董总的话说，就是用“挑刺”的精神把每一个细节做好！打造一个品质卓越的产品要有精益求精的工匠精神，要有精密制造的匠心钻研，还要有全方位以消费者满意为宗旨的服务精神。只有将每一个环节精雕细琢，严苛把控，才能最终为消费者呈现出完美极致的品质产品。

近期，珠海格力电器两器管路分厂弯焊班荣膺中华总工会颁发的“全国工人先锋号”荣誉称号。该班组在2015年通过全员集思广益，通过完成26台设备的布局优化，使生产效率提高显著，产品从订单到发货的过程由之前的36小时提高到8小时，产生综合效益1000万元。该项荣誉的获得完美诠释了格力始终坚守自主创新、勇于突破的工匠文化。

工匠精神落实到市场销售上，就是要服务好每一个用户。“用户的每一件小事，都是格力的大事”，这是格力一贯的理念。长期以来，西北格力人一直珍视格力用户的消费需求，从消费体验，设计安装，到专业售后，于细微处让消费者全程感知一流品牌的精细服务。

所以，对格力来说，工匠精神就是灵魂，体现在从生产到销售、售后的每一个细节！

格力的底气源自产品，每款优质产品都是工匠精神的体现。

华商报:在大众眼中，格力这个品牌一直非常有底气，在国际舞台上，格力也一直被认为是中国制造业的代表，格力这种底气、自信源于何处？

陈夏东:格力的自信来源于我们对产品研发阶段的钻研创新，生产阶段的精耕细作，以及销售安装阶段的细致规范。我认为工匠精神的精髓不在说，而在于“做”！格力集团董事长董明珠女士在“两会”期间谈到“工匠精神将引领中国制造浴火重生”，现在是中国制造同心协力共同开拓的时候，奋斗才能赢得未来。从“吃亏的工业精神”到“工匠精神”，格力把这种“较真”的态度用在了产品生产的全过程，在探索核心科技的征程上，格力不断颠覆行业技术新概念，使格力产品美誉全球，走进千家万户。

众所周知，格力电器四年三获国家科技奖，引擎行业不断攀登专业制冷技术领域新高峰。其中1赫兹低频控制技术,颠覆环保节能新概念,最大限度减少压缩机的开停,不仅降低空调的耗电量,更高效、更节能,而且能保持室温恒定,使舒适感达到最理想的状态。格力双级变频压缩机,挑战空调制冷、制热极限温度,实现-30℃至54℃强劲制冷热,让你无论在严寒还是酷暑,可以尽情享受犹如春天般的舒适温度。

通常在中国的制造业内,大多数人一谈到精密制造,就会自然联想到德系工艺,它好像成了德国工业的专有词,而中国制造却成了低质、低价的代名词。实际上就差了那么一点点,那就是极致追求的工匠精神!

市场需求和消费体验是西北格力服务终端的原动力。

华商报:格力始终将消费者体验和服务放在首要位置,以消费者满意作为服务的最高目标。近些年格力在西北市场打造时尚、高端的格力全品类体验馆,看得出在市场大环境并未向好的状况下,西北格力依然发力终端,是如何做到以“工匠精神”为标准服务广大消费者的呢?

陈夏东:对于西北格力来说,最大限度地满足消费者在购买和使用过程的体验和需求是我们最重要的工作。近些年来,西北格力渠道终端形象全面升级,打造格力全品类体验馆,让消费者全方位体验格力全系产品科技魅力的同时,尊享格力一站式专家级服务的购物体验。随着市场供需的变化,县乡市场家电需求逐步放量,从去年开始,我们将渠道升级战略下沉至三四级市场,精准投放渠道网点,终端形象升级再造,让农村消费者也能体验到格力品牌文化所带来的高品质生活。

无论格力进军哪个领域,工匠精神必将是其未来发展的精髓。

华商报:“让世界爱上中国造”是格力倡导的让中国制造走向世界的宏伟愿景。众所周知,格力全系产品无论是格力空调、晶弘冰箱,还是大松生活电器,每个产品都力争精益求精。未来,格力在哪些方面还将突破创新以持续发展领先整个行业?

陈夏东:二十余年来,格力电器潜心制造,创新研发,多项革新技术引领行业前沿,比如晶弘冰箱“瞬冷冻”技术,格力自主研发的大松IH电饭煲等等，原创技术彰显国货魅力。前不久，格力大松IH智能电饭煲掀起了以“让国人爱上中国造”为主题的大松（TOSOT）IH煲零利润万人体验行动。发布会上，大松IH智能电饭煲和其他中外知名品牌的同类型电饭煲进行盲测，“中国造”电饭煲完胜国外电饭煲。正如董总所言：“提升中国造的水平是我一生的追求，为了让中国人不用到国外去买电饭煲，格力始终坚持核心科技和原创设计，用品质卓越的产品打动消费者，让国人爱上中国造，才能让世界爱上中国造。”

随着《中国制造2025》的提出和德国“工业4.0”的启示，工厂自动化、无人化生产已成为制造业发展的潮流趋势，格力电器作为全球最大的集研发、生产、销售、服务于一体的专业化空调企业，是中国空调行业中拥有专利技术最多的企业，也是唯一不受制于外国技术的企业。未来，无论格力涉足发展于哪一个领域，“较真”的工匠精神都会伴随其中，成为企业的灵魂！

（参见《华商报》2016年4月29日）

案例评析：格力电器一直很受市场青睐，原因大家有目共睹，那就是格力的质量过硬，品质一流，格力的企业文化理念就是——格力的底气源自产品，每款优质产品都是工匠精神的体现。格力的灵魂是工匠精神，充盈在从生产到销售、售后的每一个环节，每一个角落。企业文化能促进产品质量提升，打造企业品牌。

二、产业工人是企业文化建设的主体

全面建成社会主义现代化强国，进而实现中华民族伟大复兴的中国梦，既是中华儿女的共同期待，也是包括产业工人在内的全体人民的根本利益。而中国特色社会主义是当代中国发展进步的根本方向，是实现中华民族伟大复兴中国梦的必由之路，也是引领我国产业工人队伍走向更加光明未来的必由之路。作为建设新型工业化国家主体力量和先进分子的一部分，产业工人当责无旁贷地冲锋在前，在技术创新推进工业强国战略过程中，在全面建设中国式现代化国家的征程中发挥生力军作用、开拓者作用。

产业工人是推进企业文化建设的基本力量,一个生产制造企业的企业文化就是产业工人的文化,企业进步乃至经济社会发展都离不开企业文化对产业工人的激励、引导。产业工人是促企业文化建设和发展、促进企业进步的主力军,是实现企业技术进步的根本力量和动力源泉。产业工人既是企业文化建设的创造者,也是企业文化建设的参与者、践行者和评判者,更是企业文化建设的享受者、受益者。产业工人在企业文化中的参与和创造,必将使企业文化建设获得无尽生机和不竭原动力。

企业文化建设的价值追求是以产业工人为中心,企业要树立产业工人的主体地位,全心全意依靠工人创建企业、发展企业,包括依法经营、依法用工,尊重职工,保障产业权益,为产业工人全面发展提供平台。同时,产业工人要有主人翁精神,要关心企业发展、热爱企业文化,实现个人目标同企业目标同向、产业工人价值观和企业文化核心追求契合,产业工人还要树立"劳动创造幸福"的价值理念,立足岗位、创先争优、建功立业,促进企业发展,创造美好生活。企业文化建设和产业工人发展二者相互促进、相辅相成、相得益彰。

(一)产业工人是企业文化的创造者

企业文化是企业发展过程中遵从的价值观。这种价值观是通过企业管理者和产业工人的行为、习惯来体现和发展的优秀的企业文化,最终体现在激励、促进、团结产业工人进步和发展上,体现在企业的生产经营效率和提高企业的核心竞争力上。企业文化实质上是全体职工的理想信念、价值取向、工作效率、道德作风等与企业价值观互相融合共生的过程。企业文化只有深深植根于广大产业工人的思想观念上,由产业工人来培植、浇灌,才能茁壮成长并结出丰硕成果。因此,产业工人在生产劳动中创造了企业文化。

(二)产业工人是企业文化的实践者

产业工人的行为一点一滴,每时每刻都在表现企业文化的内涵,产业工人的共同追求目标就是企业发展的目标。企业发展方向最终要靠产业工人去实施,去落实发展计划。因此,产业工人是企业文化建设的的实践者。企业文化建设过程就是在企业管理者的引导下,产业工人积极认同、自觉践行的过程,产业工人在生产过程中文化建设做得如何,直接决定企业文化建设成果的优劣。

(三)产业工人是企业文化的捍卫者

产业工人的言行时刻展现企业文化,是企业形象的真实表达。真正和外界沟通、交流的是企业的职工,外界也是从企业产业工人身上得到了一个企业最直观的印象。

任何一名产业工人,总会参加一定的社会活动。这时别人最爱问的第一句话,一般是“你在哪个单位工作?”因此,每个产业工人的言行及其外在形象是企业的活的宣传大使。

在企业中,还有一些岗位的产业工人是直接与外界打交道的,如技术维修人员、质量检测人员、技术培训师等,他们的负责精神、友好态度、热情作风,时时刻刻都体验着企业文化状况。如果他们不谨言慎行,态度生硬,待人冷淡,就会直接严重损害企业形象。

因此,产业工人是企业文化的捍卫者,在企业内外都有自觉担负捍卫企业文化尊严的神圣使命,对外坚决做好企业的“形象大使”,打好企业文化品牌,自觉抵御各种不良文化的侵蚀,树立企业品牌形象。关于企业文化的功能和作用,我们来看一个案例:

典型案例:优秀的企业文化是构建和谐企业的保证

中铁一局电务公司在长期的发展中,积淀了优秀的企业文化。公司自1950年成立以来,施工足迹遍布祖国三十多个省、自治区、直辖市,五十多年的磨砺,企业逐步形成了“诚信创新,永争一流”的企业精神,以“向社会呈献建筑精品”为企业宗旨,企业文化独特,氛围浓厚,培育出了当代产业工人的杰出代表、专家型技术工人的楷模———窦铁成。

中铁一局电务公司在企业文化建设中，始终把握“彰显企业文化巨大感召力和强大凝聚力”的原则，强化“爱企敬业、诚实守信”的和谐文化建设和“精细高效，唯实唯美”的执行文化建设，调动广大员工积极性、主动性和创造性。适时展现企业文化的实力和魅力，通过媒体宣传、形象展示等，尤其是当代产业工人的杰出代表、专家型技术工人的楷模———窦铁成当作企业知名品牌，大张旗鼓地宣传，扩大企业的社会影响，把优秀的企业文化展现在社会公众面前。

在理念文化方面，公司逐步形成了“客户至上、效益第一，培养品牌、持续发展”的营销理念，从单一的经营开发向全面的市场营销上做理念转变，市场的发展方向就是公司的发展出路，用户的要求就是公司的最高目标。向社会奉献精品工程，注重品牌塑造，打造企业软实力，用营销理念统领全局，深入到施工生产、企业管理等各个环节，使企业发展的规模、速度、效益协调统一，做到又好又快和谐发展。

制度文化方面，公司管理者深知，高效的管理制度是保证企业目标实现的强有力手段和措施，是凝聚、激发职工积极性和自觉性的行为规范，能够把物质文化和理念文化有机地结合在一起。公司通过开展“标准执行年”、“流程再造年”等一系列主题活动，紧紧抓住深化管理这根红线，打造制度文化建设，强化执行力。

行为文化在生产经营、学习、科技攻关中得到淋漓尽致的展现。中铁一局电务公司培养出了一支素质过硬、作风过硬，关键时刻拿得出的顽强队伍，在重大工程、难点工程中确保了攻坚克难的战斗品质。在兰武二线铁路，职工们踩着齐膝深的雪层，翻山越岭施工电力线路；在青藏铁路，职工们克服高寒缺氧的困难，挑战生命极限顽强施工，电力银龙挥舞天路。广大职工勇于承担社会责任，努力构建社会和谐，在京珠高速公路粤北段抗冰冻雨雪灾害斗争中，职工们谱写了一曲可歌可泣的壮歌；在“5·12”汶川大地震抗震救灾中，职工们更是遇难争先，奋战在抗震救灾第一线，保障甘肃文县等地通信畅通，抢通宝成铁路新

109 隧道改线电务工程，在抗震抢险的英雄谱上争得殊荣。

物质文化方面，公司大力开展“工地生活、工地卫生和工地文化”的“三工建设”，进行营地建设和企业宣传，改善一线职工的生产和生活条件，开展各项娱乐活动，极大地丰富职工文化生活。最大程度上改善职工住房条件，美化居住环境，免除职工的后顾之忧。每年一次职工健康体检，现场医疗服务、指导日常保健，保障职工健康，关心离退休职工及职工遗属的生活，积极构建企业和谐。

施工企业有它的特殊性，一个个工程项目构成了主要工作内容，它是企业的前沿阵地，是企业一切的源泉。工程项目文化是以后企业文化建设的重点和发展方向。

精神文化、行为文化、制度文化、物质文化、廉洁文化、和谐文化是工程项目文化建设的重点，目标是构建与企业发展战略目标相统一、与现代管理发展趋势相协调、与工程项目管理和员工全面发展要求相适应的工程项目文化。通过企业文化战略在项目的执行，保证项目建设目标的实施，实现建设一项精品工程，创造一批科技成果，形成一套管理经验，培育一支过硬队伍，打造一个工程品牌。

（参见《中国企业报》2009 年 9 月 1 日）

案例评析：中铁一局电务公司建构了由精神文化、制度文化、物质文化、行为文化等为重点的企业文化，良好的企业文化滋养了产业工人和谐的工作和生活关系，这种企业文化在产业工人中起着凝心聚力的作用，是建构中铁一局电务公司和谐企业的重要保证。

三、企业文化结构

社会主义现代企业文化是以先进工人群体为代表的工人群众创造的文化。以劳模为代表的先进产业工人群体之所以能够在广大工人群众中脱颖而出，成为众多工人群众中的佼佼者，其中最根本的原因在于他们身上体现的社会主义核心价值观、劳模精神、劳动精神和工匠精神。社会主义核心价值观、劳模精神、劳动精神和工匠精神是构成企业文化的核心结构。

(一)引导产业工人践行社会主义核心价值观,加强产业工人思想政治引领

中国特色社会主义进入新时代,广大产业工人在党的思想引领下,政治素质和思想道德素质大大提高,他们拥护党、爱国家、爱岗位、重实干,站在改革开放和经济建设的第一线,为中国成为世界第二大经济体做出了突出贡献。

对产业工人加强马克思主义的理想信念教育。在新时代,就是要引领团结产业工人坚决拥护以习近平同志为核心的党中央的领导,坚决拥护习近平总书记的权威,自觉践行社会主义核心价值观,按照社会主义核心价值体系的道德标准要求自己,坚定不移听党话、跟党走,这是对产业工人进行思想引领的最关键、最首要任务;引导产业工人认真学习贯彻习近平总书记系列重要讲话精神特别是关于工人阶级的重要论述,用中华民族伟大复兴的中国梦和社会主义共同理想凝聚共识、汇聚力量,增强产业工人的国家认同、民族认同,增强产业工人的法治意识、道德意识、社会责任意识、生态文明意识。

提升产业工人的文化素养,就要突出思想政治工作的先导作用,制订加强和改进产业工人思想政治觉悟的具体方案。要加强产业工人的法治教育,提高产业工人法律素养和法治思维、诚信意识,引导产业工人依法理性有序表达利益诉求,坚决维护产业工人的合法权益,为产业工人队伍团结统一和社会和谐稳定用好法治手段。要深入研究如何在产业工人群众中培育和践行社会主义核心价值体系,不断提升产业工人的先进性。要重视加强青年产业工人的理想信念教育,加大对习近平新时代中国特色社会主义思想的学习、研究和宣传,把社会主义核心价值观贯穿融入经济社会发展各领域和社会生活各方面。通过教育引导、舆论宣传、文化熏陶、行为实践、制度保障,使社会主义核心价值观内化为产业工人的坚定信念,外化为产业工人的自觉行动,增强产业工人的道路自信、理论自信、制度自信、文化自信。

创新产业工人思想政治工作方法。要改变产业工人思想政治工作传统模式,用流行的思想政治工作理念和工作方法,加强对产业工人的思想引领。要充分运用“互联网+”、微博、微信等新媒介,用生动活泼、灵活多样、喜闻乐见的方式,潜移默化地做好产业工人思想政治工作。要建立和完善产业工人思想状况定期考核制度,在产业工人中搭建建言献策、自我展现、表现才智的平台;要对青年产业工人工作生活压力过大问题,要加强人文关怀和心理疏导,开展心理援助计划,对有心理问题的产业工人,实施社会关怀活动,通过调查走访、热线电话、心理咨询、文体活动等方式帮助他们缓解工作和心理压力,提高他们应对挫折的能力;深入开展产业工人群体性精神文明创建活动,共同建设先进企业文化、职工文化,开展产业工人擅长的、喜闻乐见的文体活动,不断满足工人们日益增长的物质文化需求、品质生活需要,引导产业工人与企业结成利益共同体、事业共同体、命运共同体,增强产业工人对企业的认同感和归属感。

社会主义核心价值观是社会主义核心价值体系的凝练表达,社会主义核心价值体系作为全社会主流价值内核,是我国社会主义意识形态的具体展现。社会主义核心价值观决定着中华民族的理想信念体系、精神依托和价值取向,是支撑社会主义社会价值判断标准,是影响、引导和统摄全社会价值体系沿着社会主义方向运行的灵魂和纽带,维系社会主义社会有序发展进步的根本保证,对社会和个人的理想、信仰、价值、伦理起到巨大的规范、引领、主导的功效,对人的个体行为有社会主义性质的指引和预判。

第一,社会主义核心价值观是团结产业工人的灵魂。用社会主义核心价值观引领企业文化建设有利于增强产业工人的向心力、凝聚力。企业不管大小和性质如何,其首要任务和本性决定了逐利性,就是追求利润的最大化,但是这个首要任务的实现靠的是人,尤其是产业工人的创造性的发挥。企业只有充分调动产业工人的积极性,才能在激烈的市场竞争中创立自己品牌,集中产业工人的合力站稳脚跟、发展壮大。越来越多成功企业的经验也表明,企业凝聚力是其健康持续健康发展的重要保证。社会主义核心价值观作为当今社会的主流价值观,是最能凝聚广大人民群众精神的价值观念。以社会主义核心价值观引领企业文化建设,可以保证企业发展的正确方向,符合社会主义国家的建设目标,进一步坚定产业工人的理想信念,形成奋发向上、团结有为的精神力量和科学发展的坚强意志,不断增强企业文化的影响力和凝聚力,促使产业工人自觉自愿地、齐心协力地为实现企业目标而努力。

第二,社会主义核心价值观是提升企业竞争力的支撑。用社会主义核心价值观引领企业文化建设有利于提升企业核心竞争力。在现代市场竞争中,优秀的企业文化是企业核心竞争力的重要组成部分。一个优秀的企业,只有以社会主义核心价值观为引领,大力弘扬先进的价值观,才能不断增强其市场竞争力。一些久不衰的百年老店、老字号,靠的就是优秀价值观的维系和传承。社会主义核心价值观是企业文化的灵魂、是企业精神的精髓、是企业核心竞争力的支撑。社会主义核心价值观能保证企业社会主义方向,符合社会主义国家发展战略。以社会主义核心价值观统领企业文化建设,有利于企业潜心打造优秀的价值观,形成正确的判断是非的标准和行动遵循的准则,引导全体产业工人树立“共同价值准则”和“共同理想信念”,进而激活生产积极性,增强凝聚力、执行力和创造力,从而提升企业核心竞争力。

第三,社会主义核心价值观是企业形象的价值坐标。用社会主义核心价值观引领企业文化建设有利于树立企业良好形象。企业形象是企业精神的一种外在表现形式,也是企业发展的百年大计,是企业持续发展的社会条件,有良好的企业形象,就能得到社会认可,企业就能获得好的发展。也就是说企业能得到全体产业工人的认同、社会公众的认可,对企业的长远发展至关重要。社会主义核心价值观作为全社会共同的价值取向,是企业树立良好社会形象的价值坐标。以社会主义核心价值观统领企业文化建设,有利于企业把社会主义核心价值观融入企业文化的核心理念,作为自身的价值追求和对外的“识别符号”,并全力践行社会主义核心价值观,为社会生产高标产品,提供品质服务,在社会主义核心价值观的引领下,企业会主动承担社会责任和社会义务,保持良好的社会信誉,从而赢得良好的口碑和诚信度,树立良好的企业形象。

第四,社会主义核心价值观是产业工人思想政治工作的指针。用社会主义核心价值观引领企业文化建设有利于新常态下产业工人思想政治工作的加强和改进。思想政治工作是企业工作的生命线。抓住了思想政治工作,就把握住了产业工人的思想追求,也就抓住了企业的发展方向。社会主义核心价值观是企业思想政治工作的指导思想,是引导产业工人思想建设的指南针,按照这一指导思想开展企业的产业工人的思想政治工作,将有三个层次的目标要求,一是引导企业产业工人按照"富强、民主、文明、和谐"的要求在国家发展层面把握正确的企业发展方向,遵循"自由、平等、公正、法治"的原则在社会效率层面提升企业内部管理,围绕"爱国、敬业、诚信、友善"的要求在个人层面提升产业工人的思想道德素质,统一多元的思想意识和价值观念,营造良好融洽的工作氛围,推动企业良性发展。

(二)在产业工人群体中弘扬劳模精神和工匠精神,加强产业工人价值引领

在全面建设社会主义现代化国家的新时代,广大产业工人对中国特色社会主义的信念和信心无比坚定,具备积极向上的劳动观念,拥有马克思主义的劳动价值取向,产业工人队伍总体上呈现出热爱劳动、锐意进取、改革创新的态势,全社会学习劳模精神、倡导劳动精神、弘扬工匠精神的氛围日渐浓郁。

在产业工人中宣扬马克思主义的世界观、人生观和价值观。劳动精神、劳模精神和工匠精神是马克思主义世界观、人生观、价值观的重要体现。加强产业工人的价值观引领,就是要在产业工人中大力弘扬劳模精神、劳动精神和工匠精神,在产业工人中树立辛勤劳动、诚实劳动、创造性劳动的观念,广泛宣传劳动创造财富、劳动创造价值,劳动也创造自己,突出劳动在国家经济社会发展中的决定性作用,凸显产业工人的社会贡献与社会价值,彰显产业工人在改革发展稳定中的主体地位,在产业工人中形成劳动光荣、技能宝

贵、创造伟大的主流劳动价值观念。强化产业工人职业精神和职业素养教育，大力弘扬劳模精神、劳动精神和工匠精神，引导产业工人爱岗敬业、甘于奉献、用自己的劳动为企业做贡献，培育健康文明、昂扬向上的职工文化，在精神文明建设中发挥示范导向作用。宣传文化部门在政策制定、资金划拨、评审评优等方面，更多地向反映当代产业工人劳动风采、讲述产业工人先进故事的作品倾斜，鼓励文艺工作者创作出更多宣传产业工人不怕辛劳的优秀作品。中央和地方主流媒体应将宣传“工人伟大，劳动光荣”作为重大的政治任务，在重要版面、黄金时段和优秀栏目中加大宣传力度，巩固发展积极向上的主流思想舆论。着力培养产业工人执着专注、精益求精、一丝不苟、追求卓越的匠人精神，引导产业工人树立爱岗敬业、甘于奉献的职业精神，以健康文明、昂扬向上的企业文化、职业精神，彰显产业工人在社会主义精神文明建设中发挥的示范导向作用。

1. 传承劳动精神

劳动是人类的本质活动，劳动光荣、创造伟大是对人类文明进步规律的重要诠释；实现中华民族伟大复兴的中国梦，根本上要靠包括广大工人阶级在内的全体人民的劳动、创造、奉献。在中国特色社会主义制度条件下，产业工人既是国家的主人、社会的主人，又是企业发展的主人。

党领导全国各族人民正满怀信心地开启“党的第二个一百年”，迈进全面建设社会主义现代化国家的新征程。实现我们确立的奋斗目标归根到底要靠全体人民的辛勤劳动、诚实劳动、科学劳动。我们要建设新型工业化，推进产业结构升级，要靠广大产业工人，我们要在全社会、全体产业工人中大力弘扬劳动光荣、知识崇高、人才宝贵，创造伟大的时代新风，促使全体社会成员弘扬劳动精神，推动产业工人热爱劳动、投身劳动、爱岗敬业，为提升工业化水平，推动制造大国向制造强国迈进，为全面建设社会主义现代化强国贡献智慧和力量。劳动模范和先进工作者、先进人物不仅自己要做好工作，而且要身体力行向全社会传播劳动精神和劳动崇高的观念，让勤奋做事，勤勉为人、勤劳致富在全社会蔚然成风。特别是要通过各种措施和方式，教育引导广大产业工人牢固树立热爱劳动的思想、牢固养成热爱劳动的习惯，为祖国发展培养一代又一代勤于劳动、善于劳动的高素质产业工人。

2. 发扬劳模精神

劳动模范是中国工人阶级和广大劳动群众的杰出代表，是民族精英、国家栋梁、社会中坚、人民楷模。劳模精神是劳动模范精神的简称。多年来。在我国社会主义建设的各个历史时期，工人阶级始终表现出伟大的创造力和吃苦耐劳、攻坚克难的毅力，涌现出一大批劳动模范，这些劳动模范在生产中以他们出色的业绩和高贵的劳动品质，成为其他产业工人学习的榜样，带动工人阶级满腔热忱地在各自的工作岗位上创造辉煌的业绩。劳动模范身上所体现出的杰出、卓越的优秀品质，不断凝聚成为人们所崇敬并具有强大感召力量的思想精华，这就是“劳模精神”。“劳模精神”作为我国工人阶级优秀品质的集中体现，经过几代以劳动模范为代表的中国工人阶级的传承发展，成为一笔宝贵的精神财富，在各个不同历史时期，一直鼓舞激励着工人阶级满腔热忱地投身于社会主义建设的伟大实践。[①]

党的百年奋斗历程表明，在我们党团结带领人民进行革命、建设和改革各个历史时期，产业工人中的劳动模范始终是我国工人阶级中一个闪光的群体，享有崇高声誉，备受劳动人民敬仰。长期以来，广大劳模以高度的主人翁责任感、卓越的劳动创造、忘我的拼搏奉献，谱写出一曲曲可歌可泣的动人赞歌，为全国各族人民树立了光辉的学习榜样。

劳动模范是民族的精英、人民的楷模。长期以来，广大劳模以平凡的劳动创造了不平凡的业绩，铸就了“爱岗敬业、争创一流，艰苦奋斗、勇于创新，淡泊名利、甘于奉献”的劳模精神，丰富了民族精神和时代精神的内涵，是我们极为宝贵的精神财富。

广大产业工人大力弘扬劳模精神，是对中华民族精神最好的继承和弘扬，也是对我们党一贯倡导的革命精神和社会主义建设时期的创业精神的继承

---

① 王宏伟. 论“劳模精神”的内涵和弘扬[J]. 北京市工会干部学院学报，2007(2).

和发扬。时刻不忘继承中国工人阶级的优良传统,发扬光大劳模精神,这是中国共产党百年奋斗历程概括出来的一条十分宝贵的经验,也是党在新时代领导人民实现中国梦的征程中必须始终坚持的一条基本经验。当前,我国人奋进在全面建成社会主义现代化国家的历史征程上,新形势新任务呼唤新的大批劳模的涌现,呼唤弘扬光大伟大的劳模精神,需要我们在全社会大力弘扬劳模精神。①

3. 培育工匠精神

何为工匠?从文字学意义上讲,一般是指从事器物制作的人,现代社会的工匠主要指企业生产第一线的职工群众。工匠精神是凝结在职工群众身上的,热爱自己的工作,制作或工作中精益求精、追求完美的态度、品质及精神理念。劳模精神核心的特质可以归结为工匠精神——干一行爱一行、精益求精、专注追求完美和极致。工匠精神既体现了勤劳之美的精神原色,又展现了创造之美的价值升华。

在我国社会主义现代化建设实践中涌现的国家高级技师、大国工匠们,都走出了一条不平凡劳动者的成功之路,他们在各自平凡岗位上,以顽强的毅力和不服输的倔强,追求职业技能的完美和工艺的极致,成长为行业的标杆,也是该领域不可或缺的人才。大国工匠们都拥有一个共同的闪光点——热爱自己的岗位和职业、乐于敬业奉献。他们技艺高超,有人能在牛皮纸一样薄的钢板上焊接而不出现一丝漏点,有人能把密封精度控制在头发丝的十五分之一,还有人检测手感堪比 X 光般精准,令人折服。他们所以能够匠心筑梦,凭的是传承和钻研,靠的是专注与执着。《大国工匠》的感人故事、生动实践表明,只有那些热爱本职、踏实勤恳、恪尽职责、精益求精的人,才可能成就一番事业,才有望拓展人生价值。

中华文明上下五千年,在漫长的发展过程中,作为文明始祖的黄帝就是一位伟大的工匠,传说他发明创造了房屋、衣裳、车船,阵法、音乐等;另一位始祖

① 吴潜涛. 劳模精神的内涵、时代价值与弘扬[J]. 工会信息,2014(10):6.

炎帝据说也发明了医药、制耒耜、种五谷、作陶器等。《周礼·考工记》曰:“百工之事,皆圣人之作也。烁金以为刃,凝土以为器,作车以行陆,作舟以行水,此皆圣人之所作也。”这些发明创造极大地便利了人们的日常生活,于是人们将这些创造型的能工巧匠视为“济世圣人”。

虽然现代机器大生产取代了传统手工业,传统工匠逐渐从历史舞台退出,但是,工匠精神并没有过时。工匠精神是一种对工作精益求精、追求完美与极致的精神理念与工作品质,它包含了严谨细致的工作态度、坚守专注的意志品质、自我否定的创新精神以及精益求精的工作品质。这些优秀的工作精神品质在新时代中国特色社会主义现代化国家建设征程中具有更加重要的价值。

中国政府提出“中国制造2025”战略计划,力争在未来十年实现由一个工业大国到工业强国的转型。工匠精神不仅涉及中国制造及其产品质量,更是人们普遍的职业和工作伦理的敬业精神的集中体现。对待工作精益求精不仅是工作者的优良品质,而且是一个民族成员对待工作的优良品质,也是社会主义核心价值观中“敬业”的要求。因此,在构建现代企业文化的大背景下,提升产业工人的文化素养应该充分弘扬历史上传承至今的工匠精神,如果每位民族成员和产业工人都能以精益求精的态度对待并从事工作,那么,才会把中华民族伟大复兴的中国梦落到实处。①

例如,中国石化集团公司的企业文化对企业的发展就起到了重要的作用。具体而言:

1. 企业发展离不开优秀传统文化基因

企业发展,短期靠产品,中期靠人才,长期靠文化。中华人民共和国成立后,石油石化人在党的领导下,从小到大、从弱到强,在创办企业、管理企业、发展企业过程中,沉淀下来的石油石化优良传统,是极其重要的企业文化基因。

---

① 肖群忠,刘水春. 工匠精神及其当代价值[J]. 湖南社会科学,2015(6):10.

中国石化历届党组都十分重视对这些优良传统文化的传承和弘扬，且近年来更加强化，健全工作机制，加强学习宣传，注重典型示范，创新实践载体，教育引导广大员工传承石油精神，弘扬石化传统，为党分忧、为国尽责、为民奉献，为打造世界领先洁净能源化工公司提供了强大精神动力。

2. 企业管理需要注入文化因素

文化管理是企业管理的最高阶段，是企业的塑魂工程；市场竞争的最高层次是文化竞争，是文化力的竞争。集团公司近年来始终注重按照企业文化的本质——组织管理属性的要求，设计谋划工作，为做实做优企业文化建设并逐步过渡走向文化管理奠定了基础。特别是抓住 21 世纪文化管理以人为本、与社会互利、与经济社会和谐发展的突出特征，有效助力了集团公司实现有质量、有效益、可持续发展，提高了市场竞争力和国际影响力。

3. 专向文化助推企业管理效率

集团公司借鉴国际一流大公司文化管理的有效方法，以价值理念为内核，建立了较为完整的企业文化建设体系。从专项文化、基层文化、跨文化融合管理以及文化教育基地、文化示范项目和先进典型选树等角度系统推进企业文化建设，路径清晰、方法明确，可操作性强，让企业文化的示范引领作用看得见摸得着，有效保障了企业文化工作融入发展、融入业务、融入管理，为改善企业基础管理起到了助推作用。

中国石化以创新思维优化工作路径和措施，围绕核心价值理念落实落地，优化企业文化工作体系，做实做优专项文化、基层文化和跨文化融合管理等重点任务，推进企业文化与生产经营管理有机融合，为“打造世界领先洁净能源化工公司”提供有效支撑。

第三节　建构企业文化的意义

一、促进产业工人思想文化素养提高，有利于实现产业工人根本利益

推进企业文化建设，加强产业工人队思想建设，全面提高产业工人文化素质，有利于实现产业工人根本利益和长远利益，将有利于工人阶级领导阶级地位的巩固和国家的长治久安；有利于科教兴国、人才强国、创新驱动发展、制造强国等战略的实施。

二、加强全面建设社会主义现代化，助推中国梦实现

巩固推进产业工人队实现文化素养提升，有利于巩固党的执政基础和阶级基础。我国是工人阶级领导的、以工农联盟为基础的人民民主专政的社会主义国家，工人阶级是国家的领导阶级，是党最坚实最可靠的阶级基础，是坚持和发展中国特色社会主义的主力军。产业工人是工人阶级中发挥支撑作用的主体力量，完成产业结构升级和调整，推进经济高质量发展，全面建设社会主义现代化国家，都离不开工人阶级特别是产业工人的奋力拼搏和忠诚奉献。

例如，徐工集团秉承担大任、行大道、成大器的核心价值理念，数十年如一日坚持完成企业一个又一个战略任务，正是这种长期坚守的专著、勤奋的企业文化造就了徐工集团的辉煌。

三、推动新型工业化建设战略实施

推进产业工人文化素养提升为实现经济高质量发展提供高素质人力支持。从促进经济社会持续健康发展着眼,产业工人文化素养提升,是全面提高产业工人队伍素质、实施制造强国战略、推进新型工业化建设的迫切需要。当前,世界正在经历百年未有之大变局,新一轮科技革命和产业革命正在加速演进,我国在科技革命的加持下加快转变经济增长方式,国际格局正在分化、重塑,产业分工格局更加细化。我国经济发展进入新常态,从高速增长转为中高速增长,产业结构不断优化升级,落后产能逐步淘汰,经济增长从要素驱动、投资驱动转向创新驱动,经济向形态更高级、分工更优化、结构更合理阶段加速演进。虽然总体向好,但我国经济运行仍存在不少隐患,产能过剩和有效需求不足的结构性矛盾突出,实体经济出口困难增大。除了产业结构本身原因外,产业工人文化素质是关键的制约因素。要建成制造强国,需要尖端技术和先进设备,更要有一大批能把蓝图变为现实的能工巧匠;再先进的生产技术和生产设备,最终也要靠一线产业工人来实现和操作。国际上,世界产业结构深刻调整,科技革命和产业革命是一把双刃剑,这些对产业工人来说,既是机遇也是挑战。加强产业工人队伍建设,建设一支高素质的产业工人队伍,已经成为一项重要而紧迫的战略任务,影响到我国在经济全球化、新一轮科技革命和产业变革中能否抢占先机、赢得主动。

我国经济发展进入新阶段,孕育经济转型发展的重要机遇。面对我国要实现经济高质量发展,面对实施制造强国战略和创新驱动发展战略新任务,面对全球新一轮科技革命和产业变革新机遇,必须从贯彻落实新发展理念、统筹推进"五位一体"总体布局、协调推进"四个全面"战略布局和夺取全面建成社会主义现代化国家的高度,深刻认识产业工人文化素养提升的极端重要性和现实紧迫性,把推进产业工人文化素养提升摆上党和国家工作全局的重要位置来抓，大力培养造就一支有理想守信念、懂技术会创新、勇担当讲奉献的宏大的产业工人队伍，为把我国从制造大国转变为制造强国提供有力的技能支撑和人才保证，为进一步巩固党执政地位夯实深厚的阶级基础和群众基础。

第三章　提升产业工人文化素养

第一节　产业工人培养存在的问题

一、产业工人文化建设存在的突出问题

随着社会逐步转型,经济体制改革的深入推进,我国生产体制和收入分配体制都发生了巨大变化。从主体角度看,产业工人的文化思想文化素养问题严重制约着企业文化建设。当前,受各种因素影响,一些产业工人主人翁意识淡化,自信心不足,缺乏对产业工人身份的认同感和自豪感。

(一)产业工人地位有所弱化

受传统的“官本位”思想的影响,“万般皆下品,唯有读书高”“学而优则仕”“重白领轻蓝领”等错误观念依然在一些人头脑中作祟,认为只有读大学、当公务员、坐办公室才算出人头地,有所作为。拜金主义、实用主义、享乐主义思潮盛行,不少人妄想一夜暴富,一心向钱看,加上制度机制不够健全完善,辛勤劳动、诚实劳动未必致富,这种社会环境和舆论氛围导致一些产业工人感到自身地位不高。加上国有企业改革导致一些产业工人面临下岗失业,传统产业工人的政治地位、经济地位、社会地位与计划经济体制时期相比都有所下滑,主人翁意识逐渐衰减、淡化。身份制的解体,冲击了传统产业工人的终身就业待遇及一系列附属于此种身份的权利。

一些企业长期存在用工不公正、待遇不公正问题,产业工人工作环境差、工资收入低、福利待遇差,生活水平明显低于管理人员和专业技术人员,因此,不少人看不上在一线岗位上无私奉献、任劳任怨、靠技能打拼的产业工人。从当前情况看,产业工人的地位弱化主要体现在以下几个方面:

政治地位体现不够明显。目前,产业工人参加国家治理和各个层面政治建设的途径单一,党代会、人大、政协中工人代表、委员数量不多。有的省、自治区、直辖市人大代表比例,比如山西、吉林、浙江、江西、重庆、四川、西藏、青海等十二届人大代表中,生产一线职工的比例均不到2%,甚至个别省区甚至低于1%。部分党政干部和企业负责人对工人参与民主管理的重要性认识不高;一些企业缺乏民主管理具体操作办法、考核标准和检查措施,有流于形式现象;部分企业职代会中半数以上代表是管理人员,一线产业工人呼声难以充分表达。

经济社会地位有所下降。从全社会来看,产业工人收入虽逐年上升,但在社会总体上仍处于低位。一些技术工人反映,社会认同感低主要在于收入低和保障少,在些企业中,高级技师的收入也仅相当甚至偏低于同企业中层管理人员或工程师水平。还有部分产业工人受到失业、缺少机会或技能、遭受疾病或自然灾害、缺乏社会保障、法定权利被侵害等问题的困扰。主人翁意识趋于淡化。一些产业工人主人翁意识淡化,自信心不足,缺乏对产业工人身份的认同感和自豪感。在非公有制企业中,些产业工人产生被雇用感。工人的职业吸引力不强。

(二)产业工人职业发展通道狭窄

对职业教育和继续教育的重视还不够。当前我国职业教育经费投入相对不足,国家教育经费投入主要针对普通教育,职业教育、文化技能教育的经费投入相当有限。一些地方对加快发展现代职业教育、继续教育重视不够,有关规定在一些企业流于形式、形同虚设。

职业发展通道不畅。多数企业身份和体制壁垒严重,劳务派遣工与正式员工、一线产业工人与管理技术人员、产业工人与干部之间有着不可忽略的差异,身份界限尚未从制度上打破,向上晋升空间狭窄。劳务派遣制产业工人即使干得再好,也难以享受与正式员工同样的收入待遇,产业工人即使技能水平再高,也较难成为管理层或者技术人员。普通产业工人晋升技术等级渠道过窄,严重束缚了产业工人职业发展。用工和分配不公,产业工人业绩贡献与收入分配、技术技能提升与职位晋升不挂钩,不仅阻滞了产业工人的成长通道,而且严重挫伤了产业工人生产积极性、主动性和创造性。

技能人才流动存在体制机制障碍。社会用人制度对职业学校毕业生有诸多限制,部门间的沟通协调机制有待健全。技能人才跨地可跨省流动,在户籍、医疗、子女入学等方面还存在诸多障碍,限制技能人才的合理流动。

(三)产业工人队伍技术技能素质还不高

当前,我国产业工人中的技能人才总量仍然偏少,存在技术断层的隐患;知识型、复合型技能人才严重缺乏,与经济结构优化、产业转型升级的需要存在较大差距。

产业工人总量不能满足经济发展需要。产业工人仅占就业人员的21.3%,技术工人中初级工、中级工占比达73%,结构问题突出,人才断档现象严重,十多年前就开始出现“技工荒”问题,始终没有得到根本解决。产业工人中的高级技工紧缺现象逐步从东部沿海扩散至中西部地区,从季节性演变为经常性。高端技术工人需求缺口一直居高不下。很多高校毕业生不愿到企业一线工作,致使人才供需矛盾难以缓解。

产业工人的技能结构不尽合理。技术型产业工人队伍中,从低级到高级呈金字塔结构分布,其中的高技能人才(高级工、技师、高级技师)比重远低于西方一些制造业强国水平。供给侧结构性改革中去产能的传统行业,低端技工供给过剩,通用工种(如车工、钳工、铣工等)、重要工序的技能工人屈指可数。现有产业工人队伍中,初中及以下学历占相当比例,其掌握高新技术、提高技能的能力不足。

产业工人区域分布不均。受经济增速走低影响,东北地区对技工整体需求明显下降，人才外流严重。东部地区对各类技术性产业工人需求较旺，中部地区从初级工到高级技师求人倍率逐级递增，西部地区对技工需求“中间高、两头低”。

国际竞争力不强。总体看，我国产业工人平均生产率远低于西方发达国家。

（四）产业工人培养体系不够完善

尽管最近几年国家大力发展职业教育，但职业教育质量参差不齐，针对性和实用性不强的问题依然突出。

教育培训资源有待进一步整合。很多地区和企业缺乏科学合理的培训规划和制度保障，没有建立系统规范的培训体系，没有清晰的规划目标。各类职业教育之间的相互协调配合有待进一步推进，还存在教育培训管理政出多门、教育培训项目内容交叉、培训方式与产业工人需求不完全适应、国家职业标准开发水平亟待提高、培训质量不能满足升级转型需求等问题。

职业教育人才培养在适应企业需求方面还需加强。职业教育总体发展水平与经济社会发展需求还不完全适应，吸引力不强。一些职业学校还存在人才培养观念、教学方法比较陈旧，实习实训的条件不足，专业重复、低水平建设，“双师型”教师数量不足等问题。校企合作存在障碍，学生缺少实践机会。

职业教育与普通教育衔接不畅。职业教育与普通教育之间缺乏样化选择、多路径成才的“立交桥”。学生选择职业教育后，获取进一步深造的机会较少，面临缺少“进路”局面；高等教育缺乏以职业需求为导向、以实践能力培养为重点、以产学结合为途径的专业学位培养模式。

一些企业开展产业教育培训的积极性不高。不少企业对产业培训思想认识不到位，只看重眼前经济利益，对企业和产业工人发展缺少长远规划。一些国有大中型企业因担心培养的技工流失，对产业工人只使用，不愿投入过多开展教育培训。有的培训也只局限于内部的岗位培训，对产业工人成长进步造成影响。职工教育培训经费缺乏有效监管，大部分企业未按规定足额提取职工教育培训经费,提取的也较少用于职工教育培训。

(五)产业工人权益保护仍待加强

社会保障水平仍然较低。目前,我国城镇依然存在针对不同的社保制度,分制严重、统合性差,社保转移接续存在障碍;部分工人未纳入制度覆盖范围,不同单位、职业身份的产业工人享有的社保权益存在较大差异,农民工参加城镇职工基本养老保险和基本医疗的比例依然较低。

合法权益被侵害现象时有发生。突出表现为劳动争议案件大幅度增加,一些企业劳资矛盾呈现多发、易发、群发的特点和趋势。部分企业产业工人的休息休假权没有或很难得到保障,安全生产和卫生条件存在不符合国家标准的情况,职工因工伤亡和患职业病情况频繁发生。

精神文化权益实现不够充分。对产业工人精神文化建设的指导督促和服务力度不够,缺乏健全的文化服务措施,大量农民工游离于政府公共文化服务体系之外。企业文化阵地建设不足,现有文化设施陈旧、面积狭小、疏于管理,有的甚至沦为摆设。部分单位文化创新不足、活动载体单一,对产业工人吸引力下降。

劳务派遣制约工人合法权益的实现。劳务派遣工因身份差异存在工资增长难、培训和晋升机会少等问题,造成了“同工不同酬”“同工不同权”现象。许多企业的职代会中没有劳务派遣工的代表,致使劳务派遣工对企业的民主管理没有发言权,制约了其合法权益的实现。思想政治工作方法单一、力度不够。

思想政治工作滞后,对产业工人的思想引领不足,效果不明显。一些单位对思想教育工作不重视,忽视产业工人的思想道德建设,忽视新形势下产业工人队伍的新变化、新特点、新需求,思想教育工作方法缺少新意,仍采用传统的读简报、学习传达上级文件精神、召开会议、布置工作等上传下达方式,工作效果差强人意。一些单位缺乏主动服务意识,对职工关心的热点问题、存在的思想疑虑,没有及时地解疑释惑,把着力点主要放在“说教”上,思想教育工作很难深入人心、被广大产业工人接受。

二、影响培养产业工人的制约因素

当前我国生产制造企业产业工人的培养状况存在不少问题，从产业工人培养的供给与需求、校企合作培养、企业内部培养机制和外部培养环境四个方面看，企业产业工人培养中存在的主要障碍如下：

（一）产业工人培养供给与企业需求脱节

职业院校和企业自身的产业工人供给在规模和质量方面均不能满足企业的用人需求，“用工荒”对企业发展造成一定影响。

1. 产业工人培养的规模不足

（1）职业院校的人才培养规模不足

各类职业院校是制造企业产业工人引进的主要渠道，然而当前职业学校培养的人才难以满足我国企业对产业工人数量的要求。调研结果显示，很多制造企业反映在产业工人引进中面临数量不足的困境。从职业院校的生源来看，报考和就读职业院校的学生人数整体上呈现出下降的趋势。究其原因，从社会宏观层面来看，主要是因为我国之前长期执行的计划生育政策导致人口数量减少。再加上传统文化观念的影响，社会大众普遍觉得孩子读高中、上大学才是走“正道”，而就读职业院校则是孩子“没出息”的表现，也使得很多学生不愿意报考职业院校。此外，有限的生源还对职业院校开设的众多专业青睐不高，会计、美容美发等“白领”专业、服务类专业报名较多，相比之下机械加工等传统制造类专业报名较少，最终导致职业院校的制造类专业毕业生数量明显不足。

（2）企业自身的高技能人才培养规模不足

高技能人才是制造企业发展和转型升级的关键人才之一，对企业的技术创新、产品创新、流程再造等创新活动具有举足轻重的影响。当前我国制造企业的高技能人才普遍较为紧缺，有调查显示，仅有 7.53% 的制造企业高技能人才占产业工人总量的比重超过 30%，而有超过 14% 的制造企业高技能人才占产业工人总量的比重处于10%以内。同时，从企业类型来看，高技能人才占比随着企业规模的扩大而提升，与中大型企业相比，小微型制造企业的高技能人才显得更为紧缺。从企业产业工人的培养实践来挖掘成因，这主要是企业对产业工人培养的投入不足、相关激励机制不完善、高技能人才流失等方面的原因导致的。

(3)紧缺专业产业工人的培养规模不足

在当前制造企业产业工人普遍不足的情况下，企业紧缺专业的产业工人更为短缺，直接影响到企业的生产经营。原因主要体现在以下三个方面：首先，在职业院校的招生过程中，制造类紧缺专业的报名学生较少，导致这些专业在部分职业院校被迫短期或长期停止招生，从而使得紧缺专业的产业工人供给严重不足。反映在制造企业的产业工人招聘实践中，一些诸如焊接类、电工类的紧缺工种招聘难度较大。其次，就制造企业自身而言，由于专业师资的缺乏，企业对于紧缺工种人才的内部培养也面临困难。最后，在政府部门举办的缺乏，产业工人培训中，难以考虑到企业的个性化需求，对于企业紧缺专业产业工人的培训不足，对于地区性紧缺专业师资的引进也不够重视。

2. 职业院校的人才培养质量与企业发展需求不相适应

(1)职业院校的生源质量不高

第一，本科层次的职业院校较少。目前，我国的职业院校主要有职业高中、技工学校、中等专业学校和高等职业学校等几种类型。在职业院校体系中，从学历教育层次来看，我国职业院校大多处于中专、高中和大专层次。相比之下，较高层次的本科职业院校数量较少，而且其中有不少还处于从普通类本科院校向致力于培养技术技能型人才的应用型本科院校的转型过程中，发展不快，在技能人才培养方面短期内还很难满足国家期望和企业需求。因此，我国从事职业技术教育的本科院校不足，直接影响到产业工人队伍中处于金字塔顶层的高技能产业工人的供给，不利于我国制造业向高端、智能化方向发展。

第二，职业院校的报考生源质量偏低。受功利主义、拜金主义等不良风气的影响，社会上普遍存在将产业工人看成“蓝领”和认为产业工人社会地位不高、发展前景不好等歧视性观念，导致大多数家庭和考生对于职业院校的报考意愿较低，职业院校成为家庭和考生不得已情况下的最后选择。此外，在不少地方的中考志愿填报中，当地教育部门和学校出于“政绩”、舆论宣传等方面的考虑，往往也不支持分数高的考生选择职业院校，即便家长同意、考生愿意，通常也很难填报这样的志愿。主观上的意愿低和客观上的限制，使得我国职业院校的生源质量普遍不高，报考的基本上都是一些在老师和家长眼中不爱学习、分数低的学生，直接影响到了职业院校学生的培养质量。

(2)职业院校的毕业生素质难以满足企业需求

企业认为工匠型产业工人最重要的四项能力分别是专业技能、创新能力、学习能力和协作能力，最重要的六项品质分别是敬业精神、责任心、团队合作精神、创新精神、精益求精和吃苦耐劳。而与期望相对应的是，企业认为高职院校毕业最缺乏的素质排前五位的分别是实践经验、专业技能、责任感、吃苦耐劳、合作精神。对比来看，当前我国职业院校受制于生源质量、师资、培养方案和设备设施等因素，人才培养质量不容乐观，毕业生的能力与素质还难以达到企业用人需求的标准，从而在源头上增加了企业工匠型产业工人培养的难度和成本。

(二)校企合作培养产业工人难以达到预期

工匠型产业工人的培养具有很强的实践性特点，尤其是在工匠精神和操作技能的培养方面更加需要进行校企合作，将企业作为人才培养的主阵地。然而，从调研情况来看，职业院校通过校企合作的途径来培养产业工人还面临一些困难，没有达到预期的效果。

1. 校企合作中企业的积极性不高

在职业院校学生培养中，校企合作是最为有效的培养模式之一。企业作为校企合作的关键培养主体，对于学生实践能力和工匠精神的培养，发挥着至关重要的作用。然而，当前在校企合作中部分企业参与的积极性不高，他们认为校企合作不能及时满足企业人才需求，收益与投入不成正比例，影响了职业院校人才培养的质量。当前我国校企合作培养模式实施的覆盖面还有待提高，不少企业参与校企合作的积极性较低，企业主体缺位的现象较为严重。

2. 校企合作培养产业工人的效果不佳

现实中，通过校企合作的方式来培养产业工人的效果总体上不尽如人意，与预期目标还有一定的差距。制约校企合作培养产业工人的关键因素主要有三个方面：

第一，培养的人才留不住，导致很多企业缺乏育人的动力，这主要是由于企业所在地区和企业自身对人才的吸引力较低。

第二，学生管理成本高，企业需要对其参与生产活动进行安排、指导和管理，且存在较高的安全风险，一发生安全事故，企业往往需要承担很大的责任。

第三，对公司缺乏有效的激励，政府对企业参与校企合作培养产业工人缺乏有效的政策激励措施。

（三）企业内部的产业工人培养机制不够完善

无论是针对新引进的还是企业已有的产业工人，若想将其打造为工匠型产业都需要企业自身具有完善的人才培养机制作为保障。从调研情况来看，我国制造企业在工匠型产业工人的内部培养方面还有较大的改进空间，亟须加强。

1. 对产业工人的培养重视不足

产业工人是制造企业转型、持续、高质量发展的关键人才，然而不同制造企业对产业工人培养存在观念认知上的偏差，尤其是许多中小民营制造企业没有从企业战略发展的高度看待产业工人的培养问题。在企业内部，领导通常更加重视技术人才和管理人才的培训，而对处于生产线的产业工人培训则相对重视不足，往往认为只要能保证正常的生产就行，没必要在这方面投入很多的精力和财力。

培养经费投入是产业工人培养取得良好效果的重要保证，相比于其他指标，培养经费投入力度可以更加直观、真实地反映企业对产业工人培养的重视程度。当前我国制造企业对产业工人培养经费的投入比例相对较低。

2. 缺乏对工匠精神的足够重视

工匠精神是产业工人胜任力的一个重要构成维度。然而，当前企业对产业工人的培养，较多地关注岗位能力、安全管理等方面的内容，对工匠精神的培养则重视不够。新入职的产业工人，一般来说，岗位操作技能、安全管理、公司制度是他们最为重视的三项内容，受重视程度均超过 50%，而团队精神和工作态度培训的重视程度仅略高于 20%。类似地，在产业工人的在岗培训中，较为重视的两项培训内容是岗位操作技能和安全管理，重视程度分别为 72.29% 和 54.52%。而团队精神不和工作态度的受重视程度分别仅为 34.04% 和30.42%。此外，在企业对产业工人的绩效考核中，对工作态度和团队协作的考核关注度分别为 53.92%、49.10%，远低于产品质量（79.82%）和工作效率（62.65%）。由此可见，当前我国制造企业对产业工人的工匠精神需要加大力度进行培养，以打造真正意义上的高技能产业工人。

3. "师带徒"培养机制有待完善

从古至今，"师带徒"一直都是匠人精神和技能传承的主要途径，也是当前我国制造企业对产业工人进行培训的主要方式。这种培训方式有着历史传承性，是一种被实践证明的、有效的培训方式，能够做到工学结合，不会影响企业的生产活动，但是培训效果也会受到师傅的水平、积极性及学徒的努力程度等因素的影响。调研发现，不少企业生产一线的师傅年龄偏大、学历较低，虽然操作经验丰富，但是知识面不宽，专业理论较为缺乏，尤其是对当前的数字控制、计算机等新技术了解很少，不能适应企业智能化生产的需要。同时，有些企业对负责培训的师傅没有给予相应的经济补贴，再加上企业的绩效考核等原因，有的师傅担心新人加入后影响自身的生产工作量，从而缺乏培养新人的积极性。此外，有些"90 后""00 后"的年轻学徒不想学，甚至对师傅不够尊重，导致师徒之间关系不和谐，也影响了培养的效果。因此，企业需要结合自身情况，从多个方面着手，完善"师带徒"这种有效的工匠型产业工人培养机制。

4. 产业工人的激励机制不健全

(1)产业工人的薪酬水平相对较低

薪酬是对产业工人进行有效激励的主要手段之一。同时,薪酬水平也是影响制造企业产业工人流失的一个主要因素。而产业工人流失风险高是影响企业工匠型产业工人培养最为关键的一个因素,薪酬福利、发展机会和工作环境是最为主要的三项影响因素,其中“薪酬福利”这个因素最为突出。受制于产业环境及企业内部环境,当前我国制造企业产业工人的薪酬水平总体偏低且增长缓慢。在城乡居民收入,在城乡居民收入和消费水平不断上升的背景下,较低的薪酬不利于产业工人的引进、使用和保留。

(2)产业工人的职业发展机制不够完善

第一,对产业工人的职业生涯管理重视不够。根据马斯洛的需求层次理论可知,实现良好的职业发展是产业工人较高层次的需求。为产业工人提供较多的职业发展机会和较大的职业发展空间,能够产生较好的激励效果,并有利于保持产业工人队伍的稳定,尤其是留住具备高技能的产业工人。实践中,企业对高级工、高级技师(以上)和技师这三类高技能产业工人的职业生涯规划较为重视,六成以上的制造企业对这三类产业工人建立了明确的职业生涯规划。与之相比,企业对中级工和初级工这两类产业工人的职业生涯规划则明显不够重视,其中为初级工建立明确职业生涯规划的企业占比不到20%。此外,还有5%左右的制造企业未对产业工人建立明确的职业生涯规划。事实上,产业工人的技能提升是一个长期过程,除了非常规的同行“挖人”,企业如果想培养高技能的产业工人,就应当先加强对初级、中级技能的产业工人职业生涯规划的重视,循序渐进地将其打造为高技能的工匠型产业工人。

第二,产业工人的职业发展双通道不畅。为产业工人建立技术、管理两条发展通道,是企业产业工人培养的重要方式,可以提升他们的综合素质,不仅符合人才成长的阶梯规律,而且有利于调动优秀产业工人的积极性,为企业做出更大的贡献。综合问卷调查和访谈情况来看,虽然绝大多数制造企业都为产业工人建立了技术岗和管理岗晋升的双通道,但仍然存在不够通畅的现象。首先,从纵向职业发展路径来看,多数制造企业技术岗的岗位层级较少,尤其是高级技师(以上)岗位缺乏,这就使得高技能产业工人的专业化发展路径较窄。其次,从横向职业发展路径来看,产业工人从技术岗晋升到管理岗也有不小的难度。制造企业生产一线的管理层级和岗位数较少,而且这些岗位的管理人员向其他职能部门的流动性较差,从而造成"僧多粥少"的局面,很难为有管理意愿和能力的优秀产业工人提供较大的轮岗空间,往往只有极少数产业工人有机会交流到管理岗位。

(四)产业工人的外部培养环境有待优化

产业工人的培养是一个系统工程,非企业一己之力可以完成,还需要政府、职业院校等相关主体提供有力支持,实现多主体协同。从调研情况来看,目前相关体之间的协同性还不高,企业培养工匠型产业工人尚缺乏良好的外部环境支持。

1. 校企合作的相关法律法规不健全

由于主体双方利益的不同及可能存在的合作风险,校企双方在合作过程中可能会产生一些矛盾和冲突。"学生管理成本高"和"学生安全风险大"是当前制约校企合作的两个关键因素。多数企业反映学生在企业实习中,存在一定的人身安全风险,而一旦发生学生人身伤害事故,由于当前校企合作的相关法规不健全,在主体责任的认定、赔偿金额、家属安抚、民事诉讼等方面问题的解决就会变得很棘手。通常而言,在当前的安全监管环境和舆论氛围下,出现人员伤亡的企业,会遭受很大的舆论压力和监管压力,并承担较大的经济损失。因此,在相关法律法规不完善的情况下,再加上培养的人才经常留不住,企业对帮助职业院校培养学生存在比较复杂的心态,积极性受到影响。

2. 职业技能大赛制度有待完善

从个体的工匠精神上升到社会群体的工匠文化,是产业工人培养的重要环境因素。实践证明,各级政府举办的职业技能大赛对于产业工人的岗位技能和工匠精神的培养,乃至对全社会工匠文化的培育发挥着非常重要的作用。从访谈情况来看,总体而言,当前制造企业和职业院校等对各级政府部门举办的职业技能大赛比较支持。而企业对产业工人参加政府组织的各级技能大赛的总体显示出较高的支持度。然而,由于我国职业技能大赛起步时间较晚,相关运行机制尚不成熟,在实施过程中不可避免地存在一些问题。当前各级政府部门举办的技能大赛存在四个关键问题,分别是宣传不够、举办频率较低、奖金较少和规模不够,影响到了职业技能大赛对产业工人培养的助推效果。由此可见,我国的职业技能大赛制度需要进一步完善。

3. 产业工人培养的政策措施有待优化

产业工人的培养离不开政府部门的大力支持,当前我国相关政府部门出台了一系列关于产业工人培养的发展规划、人才工程、税费减免政策、引进与培养补贴政策及人才培养措施等,发挥了较好的推动作用。然而,在政策实施过程中,仍然存在一些有待进一步优化的问题。多数企业认为政府部门对参加政府组织的技能培训的经费补贴力度较低。

4. 技能人才的职业资格认证制度有待改进

目前,我国的高技能人才评价体系主要由人力资源和社会保障部门牵头制定,评价方式比较单一、主要以社会职业技能鉴定、企业技能人才内审、在校生职业资格认证等方式进行,以工作业绩、专业技能为主的高技能人才评价体系尚不完善。具体表现为:在评价标准上仍有工种、年龄、资历和学历等硬性条件的限制,多元化评价体系尚不完善。对于有实际操作能力的优秀技能人才,可能由于不满足资历或学历等方面的条件,不能获评更高的技能等级,甚至可能出现技能平平的人被评为高级技能人才的现象,出现了所谓的“逆淘汰”。同时,对复合技能型人才及高新技术产业的知识技能型人才的评价,由于现有评价机制的局限,只能套用职业技能鉴定方式,评价的科学性较差。很多企业都对当前的技能人才鉴定机制颇有意见,往往不太认可技能人才在社会上获得的证书,到企业工作后要重新参加企业自己组织的技能鉴定。当前政府组织的技能人才职业资格认证的含金量有待提高,相关制度需要进一步完善。

5. 职业院校的人才培养投入不足

从整个社会层面来看，产业工人的培养周期主要包括职业院校的岗前培训和制造企业的在岗培养两个阶段。其中，职业院校阶段的人才培养是基础，对期的企业产业工人培养难度和效果等有着较大影响，在职业院校的人才培养中，师资和设备等方面的投入是影响学生培养质量的关键因素。不少企业认为"缺乏有效的培养条件（师资、设施等）"是高职院校人才培养存在的主要问题之一。当前我国职业院校对人才培养的投入力度仍然不够，在师资方面，主要表现在既掌握专业理论知识又具有丰富实践经验的"双师型"教师较为缺乏；在设备投入方面，主要表现在与现代企业生产和操作实践相匹配的新型教学设备较为缺乏。当然。要想解决上述问题，仅仅依靠学校自身是不现实的，需要政府部]改革职业院校的师资选聘制度，并增加财政投入。

第二节　提升产业工人文化素养的理论指导

一、马克思主义经典作家关于提高工人文化素养的相关理论

（一）马克思恩格斯关于劳动的相关论述

马克思主义的哲学思想和唯物史观，关于劳动的论述，以及关于社会存在和社会意识的关系，关于人的第一需要理论，关于社会主义的目标等理论，是产业工人文化素养提升的理论依据。

其一，关于社会存在与社会意识辩证关系的理论。马克思主义认为："物质生活的生产方式制约着整个社会生活、政治生活和精神生活的过程。不是人们

的意识决定人们的存在，相反，是人们的社会存在决定人们的意识。”[①]同时，社会意识又具有相对独立性和反作用。文化素养从本质上属于社会意识的范畴，是对现实客观存在的社会关系的反映。按照历史唯物主义的观点，生产力发展水平在一定程度上决定人们的思想，但是代表先进阶级、先进生产方式的新思想具有超越历史发展阶段的前瞻性，对社会的发展起推动作用，相反，代表落后阶级的没落思想会阻碍社会生产力的发展。“人们在发展其生产力时，即在生活时，也发展着一定的相互关系，这些关系的性质必然随着这些生产力的改变和发展而改变。”[②]提高认同主体的政治文化水平对政治觉悟具有重要意义。依据社会存在与社会意识辩证关系原理，不能把生产力对社会发展的决定作用绝对化，忽略提高主体的政治文化水平对政治觉悟的巨大作用。在提高主体政治文化水平上，要重视思想政治教育的巨大作用。这就要求思想政治工作首先要考察对象的经济地位、政治文化条件；其次，要重视物质技术条件，引导教育对象形成正确思想；再次，注重用先进的思想武装教育对象的头脑，推动生产力的发展。既不夸大意识形态的作用，也绝不把生产力的决定作用绝对化，在政治认同中忽视思想觉悟的提高。正如马克思所说：“如果从观念上来考察，那么一定的意识形态的解体足以使整个时代覆灭。”[③]可见，正确的社会意识或赢得社会主体的政治认同可以促进社会的发展和进步，错误的社会意识或社会主体的政治认同较低则会阻碍社会的发展。提升产业工人文化素养，加强产业工人的思想建设对于实施工业强国战略和社会进步发展具有重要意义。

其二，关于人的本质的理论。人的本质是什么，这是马克思主义理论中一个重要的理论问题，也是研究企业文化建设的重要前提。一是，马克思主义认为人的本质是社会性的，“是一切社会关系的总和”[④]。只有在社会关系中才能

---

① 马克思恩格斯文集(第2卷)[M].北京:人民出版社,2009:591.

② 马克思恩格斯选集(第4卷)[M].北京:人民出版社,2012:413.

③ 马克思恩格斯全集(第30卷)[M].北京:人民出版社,1995:539.

④ 马克思恩格斯选集(第1卷)[M].北京:人民出版社,2012:135.

形成人的本质。“不管个人在主观上怎样超脱各种关系,他在社会意义上总是这些关系的产物。”[①]研究工人阶级的思想建设问题,必然要放到一定的社会关系及其变化中去分析。二是,马克思主义认为人的本质又是实践性的,马克思指出人的“全部社会生活在本质上是实践的。凡是把理论引向神秘主义的神秘东西,都能在人的实践中以及对这个实践的理解中得到合理的解决”[②]。实践是人类所有本质特征中具有决定性意义的因素,所以思想文化素养建设不仅仅是社会心理问题,归根到底是一个社会实践问题,即提高产业工人文化素养必须结合政治生活实践。三是,马克思主义认为人的本质还是发展变化的,随着生产力的发展,随着社会形态的更替、人的本质也会发生变化,在同一社会形态中社会生活条件的改变也会促使人的本质的变化。正是由于人的本质的这种可变性,才使人们不断提升文化素养,转变传统落后认识,凝聚社会发展的原动力。依据马克思主义人的本质理论,推进产业工人队伍建设必须重视思想感化和教育作用,在政治实践中,努力营造良好的社会环境,对产业工人的思想教育做到因材施教,又不断创新和发展。

其三,关于人类劳动的理论。马克思恩格斯提出了人的需要理论。马克思指出,在人类社会早期,“人和绵羊不同的地方只是在于:他的意识代替了他的本能,或者说他的本能是被意识到了的本能”[③]。本能即生理性需要,只有人能够自觉意识到自身的需要,这是人与动物的不同之处。马克思恩格斯在论述社会历史发展的基本要求和条件,社会物质生产、人类自身生产、新的需要的产生、语言和意识时,处处都提到了需要。吃穿住行等物质生活资料是人类生存与发展的第一需要,获取这些物质生活资料所进行的生产劳动构成人类一切社会活动的基础。同时,在最基本生存需要获得满足时,人们可以为获取更多的利益、满足更广泛的需要而展开进一步的生产劳动与社会活动。因此,“人们奋

---

① 马克思恩格斯文集(第5卷)[M].北京:人民出版社,2009:10.
② 马克思恩格斯文集(第1卷)[M].北京:人民出版社,2009:501.
③ 马克思恩格斯文集(第1卷)[M].北京:人民出版社,2009:534.

斗所争取的一切,都同他们的利益有关”①。马克思恩格斯认为需要不仅是人的本性,而且作为人的“内心的意向”,构成了人们活动的动机和目的,社会物质生产首先是为了满足人们的需要。人们的物质生活需要,即人们的物质利益要求,是任何一个社会都必须最先满足的。对人的行为选择来说,需要和利益是最基本的激励因素,需要的满足就是思想文化素养提高的物质基础。因此,拿产业工人来说,要使产业工人对自身所属的政治体系、政治制度具有较高的认同,要让产业工人从这个政治体系、政治制度中得到利益分享,自身利益随着社会发展而逐渐增多。利益的满足促使他们认同这一政治体系、政治制度。中国特色社会主义经济社会发展进入新时代,为了实现经济高质量发展,实施制造强国战略,不断满足人民对美好生活的需要,中国共产党需要充分发挥物质利益的动力作用,从而调动包括产业工人在内的社会各个阶层的积极性。因此,马克思主义关于人的需要理论对研究提高产业工人思想建设问题提供了理论指导。

其四,人民主体思想。谁是社会发展的主体?人民主体思想是马克思主义理论的核心所在,正式回答了这个问题。一方面,人民群众是历史的创造者,人民群众是社会历史的主体,人民群众是物质生产和精神生产的主体,是社会财富和精神财富的创造者。从终极意义上,社会变革和历史进步的决定力量就是人民群众。另一方面,人民群众是价值主体,人民是价值的创造者,同时也是自己创造价值的享有者。马克思指出:“历史不过是追求着自己目的的人的活动而已。”②这就是说,一切人类历史活动的最终目的都是为了满足人们日益增长的利益需要。马克思人民主体思想中的“人民”不是抽象的、泛指的“人民”,而是有血有肉、活生生的具体的“人民”,是社会经济、政治、文化、监督等各层面的主体。经济上“把劳动从垄断着劳动者自己所创造的或是自然所赐予的劳动资料的那批人僭越的权力(奴役)下解放出来”③。政治上“一举把所有的公

① 马克思恩格斯全集(第1卷)[M].北京:人民出版社,1995:187.

② 马克思恩格斯文集(第1卷)[M].北京:人民出版社,2009:295.

③ 马克思恩格斯文集(第3卷)[M].北京:人民出版社,2009:197-198.

职——军事、行政、政治的职务变成真正工人的职务，使它们不再归一个受过训练的特殊阶层所私有”①。文化上“一切教育机构对人民免费开放，完全不受教会和国家的干涉”②。监督层面“以真正的责任制来代替虚伪的责任制，因此这些勤务员总是在公众监督之下进行工作的”③。研究马克思人民主体思想，可以得出，人民是价值的最根本的主体，利益问题是人们一切活动的目的。思想建设首要在于坚持以人为本，走群众路线，尊重人民的历史主体地位，以人民的利益需要为本，保障人民群众的经济、政治、文化等各方面的权益，在于实现人民的监督与对腐败的遏制。历史表明，实现人民主体地位是中国共产党孜孜不倦的政治追求。不容否认，无论在革命时期还是执政后，人民主体的思想是工人阶级队伍建设不可或缺的宝贵理论基础，新时代产业工人思想文化素养提升必然建立在人民主体性的基础之上。

马克思、恩格斯的许多思想包含了有关政治认同的地位以及提高思想意识的原则和方法的观点，这对于研究新时代推进产业工人思想政治觉悟提供了重要理论基础和思想资源。

（二）列宁关于工人阶级思想文化建设的相关论述

列宁的工人阶级理论把马克思主义的无产阶级革命理论进一步深化和向前推进，其中，列宁对工人阶级思想建设的相关论述主要体现在其“意识形态灌输理论”和“组织动员工人阶级”的理论中。

其一，意识形态灌输理论。列宁认为，在没有经过资本主义充分发展的落后国家，工人阶级的合乎历史与革命规律的诸多优点没有得到完全发展，工人阶级不能完全成熟起来并获得支撑无产阶级革命的优良品质，相反工人阶级却保留着许多与其历史使命相悖的缺点。总的来说，“落后国家的无产阶级带有

① 马克思恩格斯文集（第3卷）［M］.北京：人民出版社，2009：197.

② 马克思恩格斯文集（第3卷）［M］.北京：人民出版社，2009：155.

③ 马克思恩格斯文集（第3卷）［M］.北京：人民出版社，2009：196.

物质利益性、分散性、落后性、自发性等诸项需要克服的特性"[①]。在列宁看来："工人和旧社会之间从来没有一道万里长城。工人同样保留着许多资本主义社会的传统心理。工人在建设新社会，但他还没有变成新人，没有清除掉旧世界的污泥，他还站在这种没膝的污泥里面。现在只能幻想把这种污泥清除掉。如果以为这就可以马上办到，就是十足的空想，就是在实际上把社会主义世界移到半空中去的空想。……我们要同劳动者身上也有的、经常拖无产阶级后腿的一切弱点和缺陷进行斗争。"[②]工人阶级的落后性在于他不能自主产生社会主义意识："工人阶级单靠自己本身的力量，只能形成工联主义的意识。"[③]工人阶级的阶级意识不可能自己从工人运动中自发地产生出来，所以，只能靠先进分子——工人阶级的先锋队从外面灌输。如果社会主义的意识形态对工人阶级灌输不力，工人阶级则会自发性地增长，在行为上表现出工人阶级背离社会主义轨道的无组织无纪律，结果，从堡垒内部瓦解了工人阶级的革命队伍。工人阶级的先锋队了解工人阶级的缺陷，在工人阶级成长为自觉自为的阶级过程中提供阶级形成的关键性条件，而且通过意识形态灌输和自身组织体系的动员、领导来锻造工人阶级，进而使得工人阶级能够摆脱其自身的诸项缺陷转而获得与历史发展规律相契合的卓越品质。

列宁认为，工人阶级先锋队对工阶级进行的意识形态灌输不是一般的思想宣传，先锋队的识形态灌输必须"超越工人同工厂主的关系范围"，必须从"一切阶级和阶层同国家和政府的关系方面，只有从一切阶级的相互关系方面"[④]，把有关国家政权的性质和社会发展图景的政治知识灌输给工人阶级。为了克服工人阶级自身的弱点，成长为自觉的革命阶级，工人阶级的先锋队必须深入到工人阶级中去，进行意识形态的灌输，通过灌输社会主义意识形态统一工人阶级的思想。

---

① 陈周旺，汪氏凯. 工人政治[M]. 上海：复旦大学出版社，2013：50.

② 列宁全集（第35卷）[M]. 北京：人民出版社，1985：438.

③ 列宁选集（第1卷）[M]. 北京：人民出版社，2012：317.

④ 列宁选集（第1卷）[M]. 北京：人民出版社，2012：363.

其二,关于组织和动员工人阶级的论述。除了意识形态的灌输之外,还必须通过适当的组织技术将工人阶级组织起来形成一个阶级整体,而且这种组织也是巩固灌输的意识形态的关键,组织和动员意识形态灌输的结合是“物质统一”与“思想一致”的结合,对于无产阶级来说至关重要。正如列宁所言:“无产阶级在争取政权的斗争中,除了组织,没有别的武器。”[①]为了使工人阶级成长为革命的阶级,工人阶级的先锋队要深入到工人中去组织、动员工人阶级。

列宁认为,无产阶级先锋队或者无产阶级政党的工作就是组织、动员工人阶级参加社会主义革命和社会主义建设事业。他说:“我们党的一切组织和团体每天经常进行的全部工作,即宣传、鼓动和组织工作,都是为了加强和扩大同群众的联系。这种工作任何时候都是必要的,但是在革命时期会显得更加必要。”[②]这就是说,宣传、组织和教育工作对于增强工人阶级的政治认同有着非常重要的作用。

列宁的“意识形态灌输理论”表明在工人阶级不能自发产生阶级理论时,无产阶级政党就要对其进行宣传、教育,使工人阶级认同马克思主义理论。此外,还要把工人阶级组织起来,进行革命的实践活动,才能巩固和提高工人阶级的马克思主义理论水平。列宁的上述理论对于培养和提高工人群众的思想觉悟具有重要作用,是新时代增强企业文化建构的重要理论指导。

(三)斯大林关于取得工人阶级信任的相关论述

工人阶级的思想建设问题就是获得工人阶级的政治认同问题,斯大林有两点重要论述:一是,他认为共产党需要保持同工人阶级的紧密联系,赢得工人的信任。总结无产阶级斗争的经验:“党所以强而有力不可战胜,就是因为他在领导运动时的时候善于保持和加强同千百万工农群众的联系。”[③]和工人保持亲

---

① 列宁选集(第1卷)[M].北京:人民出版社,2012:526.

② 列宁选集(第1卷)[M].北京:人民出版社,2012:528.

③ 林涧青,陈进玉.马克思恩格斯列宁斯大林论工人阶级[M].北京:工人出版社,1986:635.

密联系是革命制胜的法宝，革命胜利后，工人阶级政党面临的最大危险就是部分党组织脱离工人阶级的广大群众。这对无产阶级政党的领导是极为不利的，要使全党明白“党不能仅仅是先进部队。党同时还应当是本阶级的部队，即本阶级的一部分，党应当和本阶级有根深蒂固的联系。……党是工人阶级不可分离的部分。”①党应当深入工人阶级，密切和工人的联系，取得他们的信任和认同；二是，无产阶级政党要赢得工人阶级的政治认同。无产阶级政党是工人阶级的先锋队，确立党的威信是党执政的重要保证，“党的威信是由工人阶级的信任来维持的。工人阶级的信任却不是用暴力所能取得的（用暴力只能丧失工人阶级的信任），而是要靠党的正确理论，要靠党的正确政策，要靠党对工人阶级的忠诚，要靠党和工人阶级群众的联系，要靠党有决心和本领说服群众相信它的口号的正确，才可以取得的。”②取得工人阶级的信任不能用专政的办法、强迫的办法，要使工人阶级的物质生活状况不恶化，使工人阶级的文化水平不断提高，使工人阶级在质量上也增长起来。斯大林强调党作为工人阶级的先锋队要和工人之间保持正确的关系，党“应当以自己的政策和工作博得群众的拥护，党不应当命令群众，而首先应当说服群众，使群众易于根据本身经验来认识党的政策的正确，所以它应当是本阶级的领导者、领袖和导师。违背这些条件就是破坏先锋队和本阶级间的正确的相互关系，就是损害‘相互信任’，就是既破坏阶级纪律，又破坏党的纪律”③。

斯大林的论述对推进产业工人的思想政治建设具有重要理论指导意义。

二、中国共产党人对工人阶级思想政治建设的主要认识

中国共产党主要的领导人对产业工人队伍建设也有深刻的论述，其中，毛泽东作为党的领袖，关于紧密团结工人阶级、明确其政治地位等有关工人阶级

① 林涧青，陈进玉. 马克思恩格斯列宁斯大林论工人阶级[M]. 北京：工人出版社，1986：636.
② 林涧青，陈进玉. 马克思恩格斯列宁斯大林论工人阶级[M]. 北京：工人出版社，1986：636.
③ 林涧青，陈进玉. 马克思恩格斯列宁斯大林论工人阶级[M]. 北京：工人出版社，1986：637.

政治认同思想的论述最深入，起的作用最关键，尤其是在党的七届二中全会上的讲话等是党成功改造工人阶级的重要指导思想。

（一）毛泽东关于工人阶级队伍思想建设的有关论述

毛泽东是伟大的无产阶级理论家、革命家，领导中国人民取得了新民主主义革命和社会主义革命的伟大胜利，并对社会主义建设进行了有益探索，其博大精深的理论中包含着很深的工人阶级队伍建设思想，主要体现在如下几个方面：

其一，要团结工人阶级，赢得他们的政治认同。早在国民革命时期，毛泽东就认为："工业无产阶级人数虽不多，却是中国新的生产力的代表者，是近代中国最进步的阶级，做了革命运动的领导力量。"①工业无产阶级是我们革命的领导力量。抗日战争前夕，毛泽东在《为争取千百万群众进入抗日民族统一战线而斗争》中指出："我们的正确的政治方针和坚固的团结，是为着争取千百万群众进入抗日民族统一战线这个目的。无产阶级、农民、城市小资产阶级的广大群众，有待于我们宣传、鼓动和组织的工作。"②团结工人阶级在内的广大劳苦大众是党的方针政策，这既明确了革命的目的，也确保了抗日战争的胜利和中国共产党的领导权。毛泽东认为："根据抗日民族统一战线政权的原则，在人员分配上，应规定为共产党员占三分之一，非党的左派进步分子占三分之一，不左不右的中间派占三分之一。"从人员的阶级构成来看，工农无产阶级占三分之一。无产阶级已是很大的进步势力，是抗日统一战线的最主要力量。要在工人中健全党的组织，发展广泛的工农运动，扩大民主宪政。只有将无产阶级有力地联合在一起，才能壮大我们的力量，从而使抗日根据地更加坚固，稳定民主政权。

在解放战争时期，工人阶级是团结的重点对象。毛泽东提出的人民民主统

---

① 毛泽东选集(第1卷)[M].北京:人民出版社,1991:8.

② 毛泽东选集(第1卷)[M].北京:人民出版社,1991:278－279.

一战线的阶级成分主要是工人阶级，以工农阶级即劳动阶级为主体，这是一项基本原则。毛泽东在《迎接中国革命的新高潮》一文中首次明确地提出了“全民族的统一战线”即人民民主统一战线的思想，“这里包括工人、农民、城市小资产阶级、民族资产阶级、开明绅士、其他爱国分子、少数民族和海外华侨在内。这是一个极其广泛的全民族的统一战线”①。

在党的七届二中全会上，对于革命胜利后的政权体制和阶级基础，毛泽东指出：“无产阶级领导的以工农联盟为基础的人民民主专政，要求我们党去认真地团结全体工人阶级、全体农民阶级和广大的革命知识分子，这些是这个专政的领导力量和基础力量。”②

毛泽东关于团结工人阶级、争取工人阶级的政治主张是党革命斗争取得胜利的重要保证之一，为革命胜利后党加强同工人的联系、赢得工人对执政党的政治认同提供了理论指导。

其二，工人阶级是国家的领导阶级。新民主主义革命胜利后，工人阶级是新民主主义国家的领导阶级。中华人民共和国成立前夕，毛泽东在《论人民民主专政》中就明确指出：“总结我们的经验，集中到一点，就是工人阶级（经过共产党）领导的以工农联盟为基础的人民民主专政。”③毛泽东特别强调了工人阶级的地位和作用，指出：“人民民主专政需要工人阶级的领导。因为只有工人阶级最有远见，大公无私，最富于革命的彻底性。”④这些论述指出了新民主主义社会国家的领导阶级是工人阶级，而不是农民阶级、民族资产阶级或其他阶级。这为新中国成立后，各阶级在国家政治生活中地位，尤其是工人阶级的地位作了明确了阐释，充分调动了产业工人的积极性，增强对党和新政权的政治认同，为实现翻身当家作主的愿望奠定了基础。

① 毛泽东选集（第4卷）[M]. 北京：人民出版社，1991：1213.

② 中央档案馆. 中共中央文件选集（1948 - 1949）（第14册）[M]. 北京：中共中央党校出版社，1987：735.

③ 毛泽东选集（第4卷）[M]. 北京：人民出版社，1991：1480.

④ 毛泽东选集（第4卷）[M]. 北京：人民出版社，1991：1479.

其三，城市工作依靠工人阶级。关于开展城市工作依靠谁的问题，毛泽东在党的七届二中全会上指出：“我们必用全心全意地依靠工人阶级，团结其他劳动群众，……同时即开始着手我们的建设事业，一步一步地学会管理城市，恢复和发展城市中的生产事业。”①毛泽东强调了城市工作要依靠工人阶级，在这个问题上“向干部做教育，明确依靠工人阶级的思想”②，要注意：“务必避免盲目地乱抓乱碰，把中心任务忘了，……甚至许多工业陷于停顿，引起工人失业，工人生活降低，不满意共产党。”③毛泽东的这些论述为中华人民共和国成立初期党开展城市工作，依靠、动员和组织工人阶级恢复和发展城市经济提供了理论指导。

其四，改善工人的条件。毛泽东领导人民进行新民主主义革命，就是为了使人民翻身获得解放，改善生产生活条件。关于工人的生产生活，1945 年，他在《论联合政府》中阐述党的具体行动纲领中指出：“要求改善工人生活，救济失业工人，并使工人组织起来，以利于发展工业生产。”④中华人民共和国成立后，针对轰轰烈烈的增产节约运动，他指出：“在实施增产节约的同时，必须注意职工的安全、健康和必不可少的福利。”⑤为改善工人条件，开展城市工作提供了思想指导。关于教育工作，毛泽东强调：“从百分之八十的人口中扫除文盲，是新中国的一项重要工作。”⑥毛泽东的这个论断为中华人民共和国成立初期党开展产业工人扫盲运动提供了依据，大大提高了产业工人的文化素质。

毛泽东的上述有关论述对我们党提高产业工人的地位和改善生产生活条件提供了思想理论指导，依据这些理论，党的工作提高了产业工人的生产

---

① 毛泽东选集(第 4 卷)[M]. 北京：人民出版社，1991：1427 – 1428.

② 中华全国总工会编. 毛泽东邓小平江泽民论工人阶级和工会工作[M]. 北京：中央文献出版社，2002：52.

③ 毛泽东选集(第 4 卷)[M]. 北京：人民出版社，1991：1428.

④ 毛泽东选集(第 3 卷)[M]. 北京：人民出版社，1991：1064.

⑤ 中华全国总工会编. 毛泽东邓小平江泽民论工人阶级和工会工作[M]. 北京：中央文献出版社，2002：54.

⑥ 毛泽东选集(第 3 卷)[M]. 北京：人民出版社，1991：1083.

积极性，增强了产业工人的思想觉悟。是研究产业工人思想文化建设的理论基础。

（二）提升产业工人文化素养的主要路径

1. 加强政治理论武装，筑牢思想基础

坚持把学习贯彻习近平新时代中国特色社会主义思想作为首要政治任务，建立职工思想政治工作的领导体制和工作机制。以党建为引领，党建促工建，把工会工作和思想政治教育同步谋划、同步推进。建立党的创新理论和工会理论下基层长效机制，落实基层联系点、送教到基层等制度，组织专家、学者、先进人物等在职工群众中开展有特色、接地气、面对面、互动式的宣传宣讲活动，推动习近平新时代中国特色社会主义思想进企业、进车间、进班组，筑牢产业工人团结奋斗的思想基础。

2. 加强理想信念教育，赓续红色血脉

推动理想信念教育常态化制度化，持久深入开展“我和我的祖国”“圆梦中国人”“永远跟党走”“党旗在基层一线高高飘扬”等系列主题宣传教育活动。充分发挥红色资源作用，大力弘扬红色文化，利用北京香山革命纪念地、长辛店二七纪念馆等爱国主义教育基地，组织职工深入学习党史、新中国史、改革开放史、社会主义发展史，了解党团结带领人民在百年奋斗中开辟的伟大道路、建立的伟大功业、铸就的伟大精神、积累的宝贵经验，深刻认识中国共产党为什么能、马克思主义为什么行、中国特色社会主义为什么好，自觉传承红色基因，赓续红色血脉，汲取不懈奋斗的强大精神力量。

3. 加强典型示范引领，弘扬“三种精神”

坚持把劳模精神、劳动精神、工匠精神作为党的精神谱系重要内容阐释好、传承好、发扬好，不断深化“中国梦 · 劳动美”宣传教育，广泛开展“与共和国同成长、与新时代齐奋进”“双爱双评”劳模先进等个人和集体的推选表彰活动。

设立“亦城工匠日”，组建劳模工匠特色宣讲团，在全区开展“劳动模范”“最美职工”“亦城工匠”等主题宣传，扎实推动劳模精神、劳动精神、工匠精神进企业、进车间、进班组、进园区，用职工身边的典型人物鲜活生动的事迹影响、激励、引领职工，使思想政治工作更有情感和温度。厚植劳模工匠文化基础，完善劳模政策、提升劳模地位、落实劳模待遇，营造劳动最光荣、劳动最崇高、劳动最伟大、劳动最美丽的社会氛围。

第四章　加强产业工人的思想政治引领

工人阶级是我国的领导阶级，产业工人是工阶级的主体力量，加强产业工人思想引领，提高产业工人对党、对社会主义道路、对国家和对马克思主义主导的意识形态的政治认同，引导广大产业工人听党话、跟党走是产业工人队伍建设改革的首要任务。各地各相关部门不断丰富产业工人思想引领的内容载体，创新方式方法，亮点纷呈、各放异彩。在全国层面，党中央、国务院先后制定《关于加强和改进新时代产业工人队伍思想政治工作的意见》《关于新时代加强和改进思想政治工作的意见》；有关部门印发《关于加强新时代职工文化建设的指导意见》《关于加强和改进新时代中等职业学校德育工作的意见》《关于加强技工院校劳动教育的实施意见》等。连续三年下达产业工人发展党员指导性计划，开展“最美职工”“大国工匠年度人物”“最美科技工作者”等学习宣传，开展全国职工队伍思想状况调查——“三新”组织职工队伍思想状况调查，召开加强和改进新时代产业工人队伍思想政治工作推进会，编写国有和民营企业思想政治工作创新案例，发挥思想政治工作对产业工人的团结凝聚作用。各大主流媒体对作为中国共产党人精神谱系的“三个精神”加以宣传阐释，《人民日报》推出“劳模精神、劳动精神、工匠精神”专版，《工人日报》推出“推进产业工人队伍建设改革进行时”专栏，中央主要新闻网站开设“劳动者之歌”专题专栏。打造“中国梦·劳动美”五一特别节目，制作《大国工匠》系列人物专题片，开展“中国梦·大国工匠篇”网络媒体行活动，开展“身边的大国工匠”推荐学习活动，举办“大国工匠进校园”全国性示范活动，建设职工书屋12万余家，开展“文明风采”德育活动等。

用加强思想政治教育、贯彻落实社会主义核心价值观以及加强经济和法律保障等措施引领产业工人的思想文化建设，其工作的方向和目标集中体现在提升产业工人的政治认同。在企业文化建设语境下，提升产业工人文化素养就是不断提升产业工人的政治认同。

第一节　政治认同研究进展

政治认同是社会成员对于其所属政治单位、地理区域和社会团体的认知、情感和评价,其实质是对政治权力的承认、认可和同意。① 政治认同是现代化国家治理的根基,也是执政党能力建设的核心价值追求。党的十八大以来我国意识形态工作取得了历史性进展,特别是实现全面建成小康社会的伟大成就极大增强了人民群众对于中国特色社会主义的认同。近年来,学者们对政治认同的内涵、生成规律、本质特征等方面进行了系统研究,取得了丰硕成果,为党和国家进一步增强民众新时代、新形势下政治认同提供了重要参考与指导。

然而,如何完整、系统地对海量文献进行梳理,全景展现党的十八大以来国内学者对政治认同研究的总体概况和动态趋势单靠定性分析是难以实现的,必须借助定量研究才能实现。本书运用 CiteSpace5. 8R3,对 2013—2021 年中文核心和 CSSCI 数据库中关于政治认同的文献进行统计分析,希望为下一阶段该领域发展提供借鉴和参考。

一、数据来源与研究方法

中文社会科学引文索引(CSSCI)和核心期刊数据库收录的文献通常具有较高质量和影响力,是衡量学术研究水平的重要参照②。因此,本文以中国知网的 CSSCI 和北大核心期刊数据库来源文献为研究对象。在中国知网搜索引擎中选择高级检索,输入主题为政治认同,时间跨度设置为 2013 至 2021 年,来源类别

① 彭正德. 论政治认同的内涵、结构与功能[J]. 论政治认同的内涵、结构与功能,2014(5):87.

② 徐巧云,康翠萍,等. 1949—2019 年我国民族认同主题研究的内容[J]. 新疆大学学报(哲学·人文社会科学版),2019(5):58.

选择北大核心和 CSSCI，初步检索得到 1773 条数据。剔除重复收录，相关度不高等数据剩余 1381 篇精确文献，用 Refworks 格式导出，并运用 EXCEL 和 CiteSpace 进行统计分析。

文献统计研究主要包括两部分：一是运用 EXCEL 对核心作者、科研机构、研究期刊等发文量、下载量等进行统计；二是利用 CiteSpace 对文献题录信息进行统计分析，并对关键词进行聚类分析。

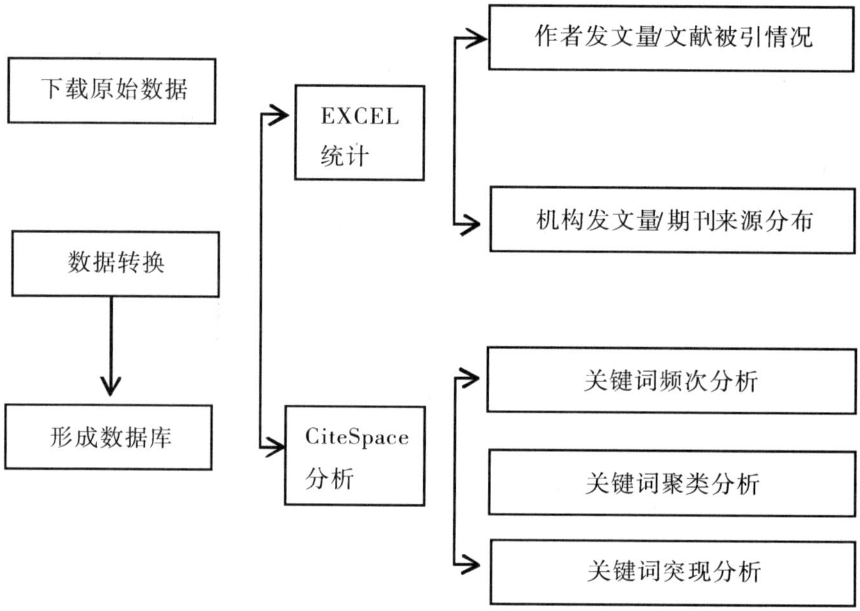

图 4-1-1　政治认同研究文献分析流程

二、政治认同研究时空分布

（一）政治认同研究时间分布特征

对政治认同研究文献从时间维度上进行统计和概览有利于更加明晰地了解该研究主题的历史性进展。笔者以论文发表年份为主要变量，对得到的 1381 篇文献在 EXCEL 中进行统计，并绘制出柱状图，如图 4-1-2 所示。

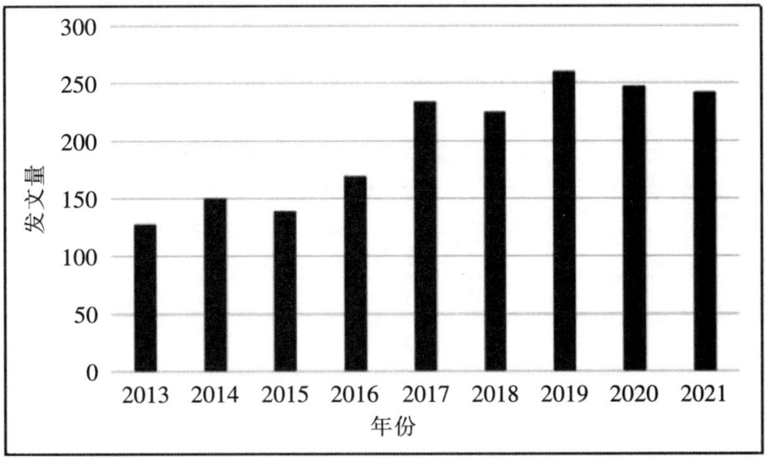

图 4－1－2　2013 年至 2021 年政治认同发文量年份分布

从图 4－1－2 中可以看出政治认同研究文献的发文量近八年来稳步增长。2013 年以政治认同为主题的研究论文 128 篇，2021 年增长为 221 篇，增幅将近一倍，体现了国内学者对该领域的高度关注。面对意识形态领域的复杂问题、激烈斗争，党的十八大之后党和国家在实践中创新话语表达、变革宣传方式、转变工作机制，从而大大提升了广大学者对政治认同的研究热情，促进了研究成果的不断增长。

（二）政治认同研究空间分布特征

第一，核心作者分析。各个研究领域都聚集着不同的作者群体，其中高产作者群的存在是形成文献流的骨干力量，引领学术研究发展水平①。根据普赖斯定律核心作者公式（$N=0.749\sqrt{Max}$，N 为核心作者发文量，Max 为发文最多的作者发文量），计算可得政治认同研究核心作者应最低发文 4 篇。符合此条件的候选作者为 10 人，发文总量占文献总量的 4.5%，其中曾楠、陈自强、常铁军位列前三，见表 4－1－1 所列。然而，这一比例远远低于普莱斯定律“核心作

① 张堉，高淑桂，刘春华，等.论期刊工作的马太效应[J].编辑学报，1996(2)：73－77.

者撰写了全部科学论文50%”的要求。这说明对于“政治认同”研究还没有形成稳定的核心作者群体,该领域仍然需要持续关注。

表4-1-1 政治认同研究核心作者情况(2013—2021)

发文量	作者	作者单位
28	曾楠	南方医科大学
6	陈自强	海军军医大学
5	常铁军	云南大学
4	刘伟	武汉大学
4	李岚	北京教育学院
4	严庆	中央民族大学
4	吴玉军	北京师范大学
4	詹小美	中山大学
4	刘惠	西华师范大学
4	张爱军	辽宁师范大学

第二,高频被引文献分析。文献的被引频率是衡量文献影响力、学术水平和创新程度的重要参考,本文选取了关于政治认同主题被引频次位于前六的期刊文献,其中影响力最大的是复旦大学教授林尚立于2013年发表在《中国社会科学》杂志的《现代国家认同建构的政治逻辑》一文,被引频次为375次。该文在全球化、现代化与民主化时代背景下研究了国家认同的形成过程,提出国家结构体系质量与国家认同相互塑造的观点①;其次为詹小美等发表在《中国社会科学》上的《文化认同视域下的政治认同》被引频次为239次。该文从文化认同的角度对政治认同含义进行了界定,并对政治认同现实式微的困境和影响因素进行了考察②。位列第三的是湖南师范大学教授彭正德发表于《湖南师范大学社会科学学报》上的文章《论政治认同的内涵、结构与功能》,该文从情感和心理

① 林尚立.现代国家认同建构的政治逻辑[J].中国社会科学,2013(8):22-46.
② 詹小美,王仕民.文化认同视域下的政治认同[J].中国社会科学,2013(9):27-39.

两个方面对政治认同的本质、层次结构以及主要功能进行了分析①。此外，吴玉军撰写的《论国家认同的基本内涵》②、王衡的《国家认同、民主观念与政治信任——基于香港的实证研究》③以及桑玉成④等学者的文章被引频次也分别达到了93次、67次和60次，见表4－1－2所列。以上被引频次较高、影响力较大的文献都善于从时空发展变化中考察政治认同发生、发展的根源，在与文化认同、国家认同的关系中探究政治认同的本质。

表4－1－2　高频被引文献统计（排名前6位）

序号	文献	作者	刊名	发表年份	被引频次
1	现代国家认同建构的政治逻辑	林尚立	中国社会科学	2013	375
2	文化认同视域下的政治认同	詹小美，等	中国社会科学	2013	239
3	论政治认同的内涵、结构与功能	彭正德	湖南师范大学社会科学学报	2014	137
4	论国家认同的基本内涵	吴玉军	中国特色社会主义研究	2015	93
5	国家认同、民主观念与政治信任——基于香港的实证研究	王衡	经济社会体制比较	2015	67
6	政治认同是如何形成的？	桑玉成，等	复旦学报（社会科学版）	2017	60

第三，科研机构发文分布分析。为了呈现政治认同研究群体的机构、地域分布情况，作者对2013—2021年相关论文进行了数据统计。统计发现总计有249家研究机构发表了有关政治认同的论文，且均是高校。发文量最多的是南方医科大学，达到30篇。南方医科大学云集了一批研究政治认同的青年学者，

① 彭正德. 论政治认同的内涵、结构与功能[J]. 湖南师范大学社会科学学报，2014(9)：87－94.

② 吴玉军. 论国家认同的基本内涵[J]. 中国特色社会主义研究，2015(01)：48－53.

③ 王衡. 国家认同、民主观念与政治信任——基于香港的实证研究[J]. 经济社会体制比较，2015(03)：174－161.

④ 桑玉成，梁海森. 政治认同是如何形成的？[J]. 复旦学报(社会科学版)，2017(04)：134－143.

如曾楠、闫晓倩、张云皓等，他们从文化、制度、民生等领域对政治认同和国家认同进行了深入研究。排名第二的是武汉大学，发文量为 28 篇。武汉大学是我国最早研究和传播马克思主义的重要阵地，有着浓厚的研究氛围和明显的学科优势。排名第三的是北京师范大学，发文量为 27 篇；其后依次为云南大学、华中师范大学、中山大学、中央民族大学、南京大学等，见表 4－1－3 所列。

4－1－3　政治认同研究科研机构发文情况（2013—2021）

发文量	机构	发文量	机构
30	南方医科大学	25	中山大学
28	武汉大学	20	中央民族大学
27	北京师范大学	20	南京大学
26	云南大学	20	中国人民大学
25	华中师范大学	19	华东师范大学

第四，期刊来源分布。文献来源期刊分析有利于了解该领域具有代表性的权威期刊状况。通过对文献数据分析发现排名前十的刊物合计发文 545 篇，其中《中学政治教学参考》《思想教育研究》《人民论坛》发文量位居前三，分别为 382 篇、28 篇、22 篇，见表 4－1－4 所列。

表 4－1－4　政治认同研究期刊发文情况（2013—2021）

序号	期刊	论文数量	总被引数	总下载数
1	《中学政治教学参考》	382	229	87662
2	《思想教育研究》	28	272	27383
3	《人民论坛》	22	97	10191
4	《理论导刊》	17	106	7718
5	《思想理论教育》	17	340	18246
6	《思想理论教育导刊》	17	250	21378
7	《贵州民族研究》	19	82	8534
8	《湖北社会科学》	17	237	12671

续表

序号	期刊	论文数量	总被引数	总下载数
9	《政治学研究》	15	14	23384
10	《探索》	11	232	20766

三、政治认同的研究热点分析

（一）关键词频次分析

关键词是文献内容的高度凝练，重复多次出现的关键词反映了该领域的研究热点和主题。分析完文献的时空分布之后，笔者将 1381 篇文献数据导入 CiteSpace 软件，选择 Keyword 运行得到 462 个关键词。中心度和频次高的关键词代表着本段时间内的研究热点，其中中心度超过 0.1 的关键词具有较强影响力。笔者统计发现中心度大于等于 0.1 的关键词共 7 个，包括政治认同、国家认同、大学生、核心素养、公共参与、文化认同、教学设计，见表 4－1－5 所列。

表 4－1－5　政治认同研究高频关键词及中心性

序号	关键词	频次	中心性
1	政治认同	643	1.34
2	国家认同	66	0.14
3	大学生	63	0.12
4	核心素养	62	0.12
5	公共参与	59	0.13
6	文化认同	39	0.12
7	教学设计	25	0.18
8	民族认同	20	0.02
9	新时代	17	0.02
10	政治参与	13	0.03

续表

序号	关键词	频次	中心性
11	农民	13	0.03
12	国家治理	11	0.05

（二）关键词聚类分析

在高频关键词分析基础上，笔者利用 CiteSpace 软件中 Find clusters 功能进行聚类，选择“label clusters with indexing terms”来标注聚类标签，得到一个 Modularity Q 为 0.685，Weighted Mean Silhouette 为 0.9572 的节点间距适中，具有说服力的聚类图谱，如图 4－1－3 所示。相关研究表明 Q 值大于 0.3 意味着聚类结构显著，S 值大于 0.7 说明聚类是令人信服的①。如图 4－1－3 所示，政治认同关键词聚类图谱由政治认同、公共参与、国家认同、教学设计、大学生、社会发展、少数民族、意识形态、农民、情感认同、政治参与 11 类组成。

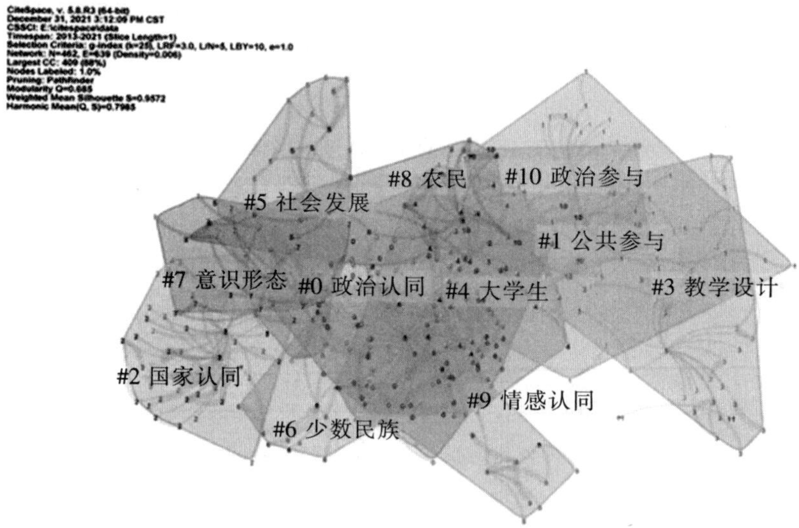

图 4－1－3　政治认同关键词聚类图谱

① 陈悦，陈超美，等．引文空间分析原理与应用［M］．科学出版社，2017：14．

根据表 4 - 1 - 5、图 4 - 1 - 3 的政治认同高频关键词统计及聚类分析，本文将 2013—2021 年政治认同研究内容分为以下四个方面：

第一，政治认同的内涵研究，包括意识形态、社会发展等关键词。认同理论来源于心理学，后来扩展到政治学。关于政治认同是什么，学者们分别基于心理归属、情感倾向、中国语境等不同视域进行定义。从心理归属视角来探究政治认同主体和客体的隶属关系是国内学者的主流观点，如刘凌斌①、王伟男②等均从心理反应、意识归属、价值接受等层面界定了政治认同。另外，近年来学界也越来越关注情感倾向对政治团体肯定性评价和心理接纳程度的影响，“承认、认可、同意”被视为社会公众产生政治认同的情感基础。党的十八大之后随着党和国家对意识形态工作的重视，新时代、新语境中的政治认同探讨热度居高不下。例如，学者潘同人从中国特色社会主义这一特定时空出发，认为政治认同应由道路认同、理论认同、制度认同和文化认同构成③；学者赵志业则把政治认同的坐标设定在新时代，提出新时代政治认同是“以习近平同志为核心的政治系统的归属、认可和接纳”④。

第二，政治认同的认同主体研究，包括大学生、青年、农民等关键词。党的十八大之后学术界对不同群体的政治认同现状展开研究，考察了社会各界对中国特色社会主义制度、中国共产党以及政策措施等的认同情况，其中对大学生政治认同研究的文献最多达到 120 篇，位列第一；对青年的政治认同研究论文 67 篇，位列第二，见表 4 - 1 - 6 所列。意识形态工作是党的一项极端重要工作，青年大学生作为社会主义事业的建设者和接班人，他们的政治认同情况是党和国家关注的重点，也成为学界研究的首要课题。工人、农民、知识分子作为社会主义建设必须依靠的力量，其对国家、民族、执政党以及政策

① 刘凌斌. 台湾青年的政治认同与两岸关系和平发展[J]. 青年探索，2016(1)：97 - 102.

② 王伟男. 政治认同的圈层结构——兼论新形势下政治认同的建构[J]. 教学与研究，2021(8)：77 - 86.

③ 潘同人. 中国特色社会主义政治认同的类型学研究[J]. 山东青年政治学院学报，2021(5)：1 - 8.

④ 赵志业. 新时代政治认同的内容表征、生成逻辑与路径构建[J]. 内蒙古社会科学，2021(5)：23 - 30.

等的认同与否事关“两个百年”目标的实现，学界新生代农民工、农村村干部、少数民族农民、流动工人、下岗工人等不同群体的研究也依次展开。此外，学者们也加强了对中国台湾地区青少年的国家认同、民族认同、制度认同等的研究。值得注意的是对新兴社会阶层政治认同研究，如私营企业主、自由职业人员、个体户等尚未有相关成果，应当加强后续探讨。

表 4－1－6　政治认同研究的认同主体统计

序号	认同主体	代表性作者	数量
1	大学生	朱勤文，等(2014)；谢雯(2017)；丁良超，等(2019)；辜克霞(2019)；王武；卢吉超(2020)	120
2	青年	殷红敏(2013)；陈自强(2013)；赖晓飞；黄冰冰(2018)；佟亚洲(2019)；张坤晶(2019)；张瑞(2019)；刘瑞(2020)；张瑞(2021)	67
3	农民	韩晓燕(2013)；唐兴军，等(2014)；史向军，等(2016)；柴玲，等(2018)	42
4	高校教师	陈云涛(2015)；邹金霞(2016)；李翔等(2017)；商存慧，等(2019)	23
5	中国台湾地区青年	黄继朝(2014)；张文生(2015)；刘凌斌(2016)；罗莹，等(2017)；张建，等(2021)	15
6	工人	刘伟，等(2018)；颜梦瑶，等(2020)	6
7	公务员、新时代党外知识分子	王井(2015)；潘娜娜，等(2018)	4

第三，政治认同的认同客体研究，包括情感认同、国家认同、民族认同、文化认同等关键词。当前学界对政治认同结构的研究主要有二维论、三维论、四维论等，见表 4－1－7 所列。例如，蒋荣、戴均基于结构方程建模法将政治

认同客体分为国家认同与政党认同两个维度①;谭书先通过新冠肺炎疫情时期的网络舆情分析认为政治认同应包括政策认同、制度认同、国家认同三个维度②;赵昕、于爱涛通过对上海7所高校海归青年教师的调研提出政治认同由利益认同、制度认同、价值认同三方面组成③。蒙象飞对党的十八大以来中国特色社会主义政治认同经验进行总结,将政治认同客体概括为四个方面即国家认同、政党认同、制度认同、价值认同④;彭怀祖提出政治认同应包含政治实体认同、政治价值认同、政治规范认同、政治效能认同四维度⑤;罗莹等学者以上海在读中国台湾地区的学生为研究对象把政治认同对象概括为国家认同、民族认同、制度认同和政党认同⑥。

此外,还有一些学者将政治认同分为五维和六维。比如彭正德认为政治认同是一个由低层到高层的有序结构,包括政策认同、执政党和政府认同、国家认同、制度认同和价值认同五个方面⑦;包心鉴认为转型性发展中的政治认同包括政治认同、本质认同、道路认同、理论认同、制度认同五个维度⑧;邱杰、黄德林提出政治认同主要由政治认知、政治情感、政治信任、政治参与及政治行为等五个因素构成⑨;基于对新生代农民工研究,李奋生将政治认同结构分为利益认同、制度认同、价值认同、身份认同、政党认同和政策认同⑩。

---

① 蒋荣,戴均.政治认同结构的实证研究——基于结构方程建模法(SEM)的分析[J].社会主义研究,2013(03):88-95.

② 谭书先,赵晖.对口支援的政治认同构建——一项基于新冠肺炎疫情时期的网络舆情分析[J].江海学刊,2020(04):12-16.

③ 赵昕,于爱涛.基于上海市7所高校海归青年教师政治认同的研究[J].江西社会科学,2019(10):195-203.

④ 象飞.中国共产党政治认同建设的百年历程与基本经验[J].探索,2021(5):25-36.

⑤ 彭怀祖.政治认同的四重维度与大学生的爱国立场[J].马克思主义与现实,2013(01):80-84.

⑥ 罗莹,徐沐玥,程实.在沪台湾青年的政治认同研究[J].中国青年研究,2017(04):38-42.

⑦ 彭正德.论政治认同的内涵、结构与功能[J].湖南师范大学社会科学学报,2014(05):87-94.

⑧ 张卫良,胡文根.政治认同的边界、结构、规律与当代中国议程[J].思想理论教育,2016(12):13-19.

⑨ 邱杰,黄德林.基于要素分析的政治认同提升对策研究[J].学校党建与思想教育,2014(07):31-34.

⑩ 李奋生,闫志军.新生代农民工政治认同研究[J].农业经济,2016(10):60-62.

表 4－1－7　政治认同结构层次划分

维度	内容	作者
二维	国家认同、政党认同	蒋荣，等(2013)
三维	政策认同、制度认同、国家认同	谭书先，等(2013)
	情感认同、制度认同、价值认同	刘春泽(2020)
	利益认同、制度认同、价值认同	赵昕，等(2017)
四维	国家认同、政党认同、制度认同、价值认同	蒙象飞(2019)
	政治实体认同、政治价值认同、政治规范认同、政治效能认同	彭怀祖(2013)
	国家认同、民族认同、制度认同、政党认同	罗莹(2017)
五维	政策认同、执政党和政府认同、国家认同、制度认同、价值认同	彭正德(2014)
	政治认同、本质认同、道路认同、理论认同、制度认同	包心鉴(2014)
	政治认知、政治情感、政治信任、政治参与、政治行为	邱杰(2014)
六维	利益认同、制度认同、价值认同、身份认同、政党认同、政策认同	李奋生(2016)

第四，政治认同的路径构建，包括公共参与、政治参与等关键词。学术界从制度设计、方式方法等方面进行了探讨。

在方式方法上，朱勤文认为提升大学生政治认同应以社会主义核心价值观为指导、以教育教学改革为动力①；李腾凯从后真相时代的背景出发提出要通过修复政治诠释框架巩固青年政治认知、通过在线文化记忆激发青年政治情感、通过优化实践场域铸牢青年政治价值观②；周金华、刘睿认为应从绩效领域、制度领域和意识形态领域三方面增强大学生政治认同③。

制度设计上，北京交通大学侯菲菲认为提升微媒体环境下大学生政治认同效果应完善微媒体的制度建设④；史向军、李洁在对新生代农民工进行研究后发

① 朱勤文，杜海坤. 试论大学生政治认同的形成机制及教育对策［J］. 中国高教研究，2014(12)：93－95.

② 李腾凯. “后真相”时代青年政治认同的困境及其应对［J］. 中国青年研究，2019(10)：40－45.

③ 周金华，刘睿. 从三个领域增强大学生政治认同［J］. 学校党建与思想教育，2019(24)：40－41.

④ 侯菲菲，陈树文. 微媒体环境下大学生政治认同探析［J］. 思想理论教育导刊，2016(07)：122－124.

现对于这一群体政府应健全利益表达机制，促进政治权利平等实现①。颜梦瑶、刘伟提出要通过制度安排的利益实现与价值吸引提升流动工人政治认同效果②。

（三）关键词突现分析

第一，关键词突现是指某一段时间内关键词节点频次出现突然变化，表示该研究主题在这一时间内受到重视，成为热点话题。关键词突现分析有利于从整体上把握研究热点的演进。笔者在 CiteSpace5. 8R3 控制面板中选择 Burstness 选项进行关键词突现性检测，得到突现强度排名前 9 的关键词，包括农民、社会认同、中国梦、理性精神、核心素养、公共参与、教学设计、法治意识和新时代，见图 4－1－4 所列。

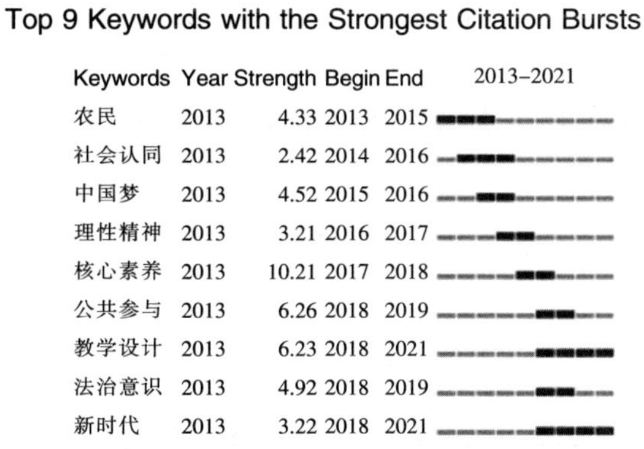

图 4－1－4　政治认同研究前 9 个突现关键词

由图 4－1－4 可知，突现性最高的关键词是核心素养，突现强度为 10.21，起始突现时间为 2017 年。其次为公共参与、教学设计，突现强度分别为 6.26 和6.23，起始突现均为 2018 年。2016 年 9 月 13 日《中国学生发展核心素养》研

① 史向军，李洁. 共享发展理念下新生代农民工政治认同研究［J］. 学术论坛，2016(10)：35－39.

② 颜梦瑶，刘伟. 流动工人政治认同生成中的国家因素［J］. 学海，2020(05)：86－92.

究成果发布，如何让学生在社会参与中增强社会责任、提升国家认同、增进国际理解是教学改革的重点。因此，学界对此主题非常重视，关键词频次这段时间内急剧增加。李岚利用问卷数据，探究高中思政课政治认同的新方法①。郭丽丽设计了政治认同核心素养的培养驱动革新教学设计的方式方法②。议题式教学、活动式教学、问题式教学等被广泛探讨。

第二，中国梦在一段时间内备受关注。2012 年 11 月 29 日，习近平总书记在参观《复兴之路》展览时提出中国梦的思想，之后又在一系列重要讲话中多次阐述。这段时间中，中国梦和社会认同成为政治认同研究的热点。如胡建、刘惠分析了中国梦与政治认同的关系，提出应以中国特色社会主义道路认同、体系认同、制度认同助推中国梦的实现③。梅萍、杨珍妮通过对中国特色社会主义政治认同困境分析提出要推动民主政治、执政伦理、社会公正、中国精神的建设与弘扬④。

第三，突现词农民与新时代表明政治认同客体研究出现转向，研究时空发生转变。一方面，随着精准扶贫和全面建成小康社会目标的提出，农民政治认同状况备受关注。如万海玲、杨源从农民与国家互动视角提出二者保持良性互动的建议⑤；高斐从利益满足理论出发研究了农民利益满足与政治认同之间的关系⑥。另一方面，研究时空聚焦在了新时代。2017 年 10 月，习近平总书记在党的十九大报告中向全世界庄严宣告，中国特色社会主义进入了新时代。这一论断在学术界引起热议，政治认同研究开始在新时代背景下进行，诸如余力分

---

① 李岚，刘彦喆. 思想政治课政治认同教育相关性研究[J]. 思想政治课教学，2018(01)：90－94.

② 郭丽丽. 素养导向下的议题式教学设计——以“实现人生的价值”为例[J]. 中学政治教学参考，2019(13)：36－37.

③ 胡建，刘惠. 论“中国梦”与当代中国政治认同的构建[J]. 社会主义研究，2015(04)：50－55.

④ 梅萍，杨珍妮. 中国梦视域下的民众政治认同与道路自信的提升[J]. 当代世界与社会主义，2015(02)：181－185.

⑤ 万海玲，杨源. 国家——农民关系的调整与农民政治认同的互动关系[J]. 社会科学家，2018(07)：128－132.

⑥ 高斐. 当代中国农民政治认同的利益满足分析——以新中国成立初期为例[J]. 当代世界与社会主义，2015(03)：183－188.

析了新时代民主党派政治认同的内在逻辑和核心内容①；张翔、赵玥、潘同人等分别研究了新时代高中生、大学生的政治认同。同时，人工智能、移动互联网等新科技也被纳入到研究视野中，为政治认同研究增添了新元素。

四、总结与方向

本研究运用 CiteSpace5.8R3 对中国知网 2013—2021 年政治认同研究的 1381 篇文献进行可视化分析，全景式描绘了该领域的研究现状、热点，得到以下结论：

第一，学界在近八年围绕这一领域研究文献稳步增长，平均每年达 173 篇；发文四篇以上共 11 人，其中南方医科大学曾楠发文量最大达 28 篇，但该领域学者合作松散尚未形成具有代表性的研究团队和稳定的核心作者群体；林尚立《现代国家认同建构的政治逻辑》、詹小美《文化认同视域下的政治认同》、彭正德《论政治认同的内涵、结构与功能》被引频次最多，分别为 375 次，239 次和 137 次；发文的科研机构中南方医科大学、武汉大学和北京师范大学位列前三；从期刊来源来看，《中学政治教学参考》《思想教育研究》《人民论坛》发文较多。

第二，政治认同、国家认同、大学生等高频关键词反映了学界关注的重点，通过关键词突现分析可知核心素养、公共参与、教学设计等成为研究热点话题。关键词聚类分析显示近八年政治认同研究内容主要分为四个方面，即政治认同的内涵研究、认同主体研究、认同客体研究和认同路径的构建。

第三，改进了研究方法。党的十八大之后学界对政治认同内涵、主体、客体和建构路径进行了研究并取得了丰硕成果，但重定性轻定量等问题仍然存在。本书研究采用多元视角和跨学科研究方法。从本质上来说，政治认同研究本身就是一个涉及心理学、政治学、社会学等多学科的概念，本书政治认同研究综合

① 余力.新时代增进民主党派政治认同的思考[J].思想理论教育导刊，2021(06)：120 - 124.

运用多元学科理论，采取数字建模法、访谈法、问卷调查法、案例分析法以及混合研究等不同研究方法，不断提升政治认同研究的综合性、时代性。研究引入现代信息技术。

第二节　政治认同的概念和价值意蕴

政治认同是政治学研究日渐炙热的前沿问题，是一个涵盖政治学、心理学和社会学等多学科的交叉领域。随后新时代社会建设的发展，涉及各种群体的政治认同研究迎来突飞猛进大发展的同时也显现出许多新问题。政治认同的基本理论问题日益受到学界的关注。

一、政治认同概念的多维透视

政治是公共权力主体为了共同体的利益和幸福而处置对内对外事务。“认同”一词，对应的英语单词是“identity”，在英语中有多种词义，作为名词是“身份”“本身”“本体”，或“同一性、一致”的意思；作为动词英语用“identify”表达，则为“认出”“识别”“认同”“确定”以及“赞同”等词义。[①] 20 世纪 50 年代以后，随着新科技革命的到来，人类知识呈现井喷似的增长，社会发生深度变革，“identity”日益成为心理学、社会学以及政治学等学科领域的核心范畴。认同是政治认同的核心部分，剖析认同的含义对深化政治认同的理解具有积极作用。目前，学界从三个层面讨论政治认同的概念。

第一，心理学语境下政治认同的概念。在西方，奥地利心理学家西格斯蒙德·弗洛伊德（Sigismund Freud）最早使用“认同”概念。他认为：“认同是个人

① 朗文当代高级英语辞典[M].北京：外语教学与研究出版社，2004：971.

与他人、群体或被模仿人物在感情上、心理上趋同的过程。”[①]美国心理学家爱利克・埃里克森(Erik H Erikson)将认同转向了“自我理性世界”,认为:“认同是一种熟悉自身的感觉,一种从他信赖的人们中获得所期待的认可的内在自信。”[②]在现代汉语中,“认同”是一个心理学概念。在中国心理学界,认同是指“把自己看成是自己所期望的对象,并表现出与对象类似的态度和行为”[③]。我国学界目前对政治认同的界定有“归属论”[④],认为政治认同就是人们参与政治生活所产生的心理上归属感。

第二,社会学语境下政治认同的概念。在社会学领域,普遍认为“认同是社会连续发展的历史性产物,它不仅指涉一个社会在时间上的某种联系性,同时也是该社会在反思活动中惯例性地创造和维系的某种东西”[⑤],美国学者威尔特・A. 罗森堡姆(WiltA. Rosenberg)第一个详细界定了政治认同,他认为:“政治认同指一个人感觉他属于什么政治单位(国家、民族、城镇、区域)、地理区域和团体,在某些重要的主观意识上,此是他自己的社会认同的一部分;特别地,这些认同也包括那些他感觉到要强烈效忠、尽义务或责任的单位和团体。”[⑥]政治认同强调社会责任。

第三,政治学语境下政治认同的概念。在政治学领域,一个政治系统的合法性主要源于被认同的程度。美国学者阿尔蒙德(Almond. G. A.)将政治认同界定为“对政治体系,包括环境、输入、转换、输出和反馈等部分系统的情感和依

---

① [奥]Sigmund Freud, Group Psychology and the Analysis of the Ego, In J. Strachey, Ed., *The standard Edition Of The Complete Psychological works Of Sigmund Freud*, London: Hogarth Press, 1921, vol. 18, pp. 107 ~ 108.

② [美]Erik H. Erikson, Identity and Life Cycle, New York:1959, p. 118.

③ 荆其成. 简明心理学百科全书[M]. 长沙:湖南教育出版社,1991:397.

④ 马振清. 中国公民政治社会化问题研究[M]. 哈尔滨:黑龙江人民出版社,2002:110 – 111;吕元礼. 克服现代化进程中的政治危机[J]. 特区理论与实践,1996(5):29;江宜桦. 自由主义、民族主义与国家认同[M]. 台北:扬智文化事业股份有限公司,1998:89.

⑤ [英]Anthony Giddens. 现代性与自我认同[M]. 赵旭东,译. 北京:三联书店,1998:57 – 60.

⑥ [美]威尔特. A. 罗森堡姆(WiltA. Rosenberg). 政治文化[M]. 陈鸿瑜,译. 台北:桂冠股份有限公司,1984:51.

附”①,他认为政治认同属于政治文化的范畴,体现了公民对于政治的一种态度、信仰和感情。我国学界对政治认同的界定有“政治行为论”②,论述了政治认同对公民的规范作用,特别强调政治认同是一种政治行为。我国学界关于政治认同概念的“实践论”③观点强调政治认同是认同主体对政治系统评价、判断进而依附、产生心理上的归属感,并在这种情感支配下参与社会政治生活实践。

综上来看,认同可以理解为作为主体的公民在外部条件和内部因素的影响下,为寻求满足自身利益而与特定客体构建同一性关系,对该客体进行认知、认可和赞同的过程或状态,是心理活动过程和结果的总和。为此,本文认为政治认同是人们在参与社会政治事务中,如果自己的利益能够得到维护、自身的价值能到实现,就会对所处于其中的政治系统产生一种心理或情感上的归属感,这种归属感会以某种程度的消极抵制、明确支持或主动参与政治实践活动表现出来。政治认同包含着对社会政治关系进行重组、整合的过程和结果,是政治生态良性循环的重要基础,是政治系统能够正常运行的首要前提。

二、政治认同的概念建构

(一)政治认同的主体

在马克思主义理论视域下,政治认同主体是“以一定的方式进行生产活动的一定的个人,发生一定的社会关系和政治关系”④。来自不同社会背景的人,对同一社会系统的政治认同也不一样,生活背景、经济条件、社会地位、受教育状况以及社会关系等因素都会影响政治认同的形成。作为政治认同主体的

---

① [美]阿尔蒙德(Almond. G. A.),小G.宾厄姆·鲍威尔.比较政治学——体系、过程和政策[M].曹沛霖,公婷,等译.北京:东方出版社,2007:26.

② 李素华.政治认同的辨析[J].当代亚太,2005(12):19-20.

③ 方旭光.政治认同——政治实践的范畴[J].兰州学刊,2006(9):98-100.

④ 马克思恩格斯文集(第1卷)[M].北京:人民出版社,2009:523-524.

"人",是一切社会关系的总和。在现代社会"人是政治人"[①],在政治认同产生需要的诸多要素中,首要要素即是认同主体。人们通过多种途径主动或被动地参与政治生活,并对政治系统进行认知、评价,政治认同也由此产生。在现实社会生活中,政治认同的主体表现为不同行业不同群体的现实的人。按行业来划分政治认同主体,就有产业工人的政治认同,大学生的政治认同,少数民族的政治认同,农民工的政治认同,等等。

政治认同主体具有价值性。人作为价值的存在,有对他人(社会)和对自己两方面的价值,是"社会价值"与"自我价值"的统一,其中对社会价值的追求是人存在的根本价值。奥地利心理学家弗兰克尔(ViktorE. Frankl)认为:"有三种价值可以让人获得生命的意义:人可以从创造性的工作中实现'创造性价值',还能在爱的体验和对真善美事物的接触中获得'经验性价值',即便身处困境,也可以在态度的选择里体现其'态度性价值'。"[②]例如,产业工人的政治认同体系中,产业工人在政治生活中能感受到国家主人翁的地位,在生产中有和国家领导阶级地位相适应的获得感,在社会生活中有幸福感,体现产业工人的社会价值和个人价值的统一。人的社会性决定了人的价值必须在社会中才能实现,个体的差异决定了价值目标也不一样,每个人实现价值付出的成本是不同的,价值实现的心理感受也不一样,进而在价值追求目标和价值实现过程中人们就会有各种矛盾和冲突,出于化解个体间冲突、维护社会秩序的需要产生了政治。可见,政治认同也会受到人们价值追求过程和价值目标实现的心理感受的影响。

(二)政治认同的客体

政治认同客体,就是政治系统及其运行状态。什么是政治系统呢?国内外学者有不同理解,阿尔蒙德(Almond. G. A.)认为政治系统是一个由各个部门和

---

① 孔德永. 当代中国社会转型时期的政治认同问题研究[D]. 济南:山东大学博士论文,2006:2.

② 黄成毅,李英. 弗兰克尔意义疗法对生命意义教育的启示[J]. 教育导刊,2012(2):54.

相关方面组成的有机整体,共同发挥政治功能。国内有学者认为“政治系统指的是历史上和现实中出现的、在一定的环境条件下存在和运行着的、各种内部要素形成一定的结构与功能的、处在持续变化之中的、由政治行动主体设计并创建的开放性整体”①。还有学者认为“现代政治系统主要由在一个国家占主导地位的制度、政治组织,以及政治组织中的权力精英构成”②。政党、社会制度、意识形态等要素及其运行状态构成了一个政治系统的基本内容。相应地,政治认同包含国家认同、社会制度认同、政党认同和意识形态认同等几种客体。需要强调的是,政治认同是一个动态过程,这表明无论哪一个政治系统都不可能自然地获得人们的认同,即便获得的认同也不会一劳永逸地维持。政治权力采取何种方式运行?权力运行状态、运行效果能否得到人们的赞同、认可?这些都决定着政治系统被认同的高低。

其一,国家认同。公民对于自己所属国家的政治、经济、文化、传统、民族等状况进行认知、判断、评价,从而对国家持有一定的态度、情感和信念,这就是国家认同。它是作为主体的公民的内在心理活动,有时通过外在行为表现出来。一般说来,国家认同有国内、国际两个维度,从国内维度来看,国家认同是个体或群体对自己属于哪个国家的心理归属以及对该国家的统治阶级、政治制度、意识形态等方面在心理上自愿地认可、赞同、支持或服从。从这一维度讲,国家认同是国家政治系统合法性的重要来源,是形成国家凝聚力和向心力的根基所在,只有建立国家认同,才能对所属国家产生“归属感”与“使命感”,进而形成一种感召力,促使主权范围内国家获得更广泛的认同。国家有稳定的民意基础,能更好地存续和发展。从国际维度看,国家认同就是“一个现代意义上的主权国家与主导国际社会的认同程度”③。国家认同就是国际社会政治建构过程,是一个国家被国际社会承认、接纳的过程,也是建立国际地位与身份归属、明确

---

① 严强. 宏观政治学[M]. 南京:南京大学出版社,2008:51.

② 姚伟. 风险社会来临与政治系统合法性问题[J]. 长江论坛,2012(6):56.

③ 秦亚青. 国家身份、战略文化和安全利益. 关于中国与国家社会关系的三个假设[J]. 世界经济与政治,2003(1).

主权、确定内外政策的过程。在现代社会,一个国家合法存在的前提必须是得到国内国际的普遍政治认同。国家认同在公民政治信仰体系中居于最高层次,对于维护国家政治生活的稳定和促进社会和谐发展具有重要意义。

其二,社会制度认同。社会制度认同是指公民对现存的政党制度、经济制度、文化制度等社会基本制度持有信任、赞同、支持态度,相信社会制度的运行能维护社会公共利益,为社会公平提供规范保障。公民对所处于其中的社会制度有认同感,就会自觉地接受该社会制度的约束,社会制度能得到很好的遵守。社会制度只有得到社会成员的广泛认同,社会才能够实现稳定发展。反之,公民认为社会制度保护不了自己的安全和利益,就不会对这种社会制度认同或认同程度很低,这种社会制度就得不到公民的自觉遵守,社会制度就会形同虚设,必然导致社会秩序紊乱,甚至不稳定。在我国社会制度认同就是对中国特色社会主义制度的坚定信念。具体来说,制度认同包括公民对中国的政党制度的认同、对人民代表大会制度的认同、对中国特色社会主义发展道路的认同、坚持马克思主义主导意识形态等。一旦形成广泛的制度认同,就会反过来促进社会达成共识,激发人们的主人翁精神,为社会的发展发挥积极性、主动性和创造性。公民对社会制度的认同有助于提升政治认同,这有利于促进国家和社会的平稳发展。某种社会制度是否得到大多数公民的政治认同,是该特定的社会制度是否具有合法性的标志之一。

其三,政党认同。现代国家普遍实行了政党政治,执政党代表国家统治阶级的利益,主导统治阶级的意识形态。执政党具体执行一个国家的法律制度,维护着该国政治系统的运行。政治系统的职能主要依靠执政党实施法律和政策发挥出来。一个国家政治系统中的公民对执政党的政治认同就是对该执政党的政治纲领、方针、政策等认可、赞同,在情感上产生甘愿接受其领导并相信自己的利益会得到执政党的维护而忠诚于该党的心理倾向。对执政绩效认同是执政党政治认同的基础,决定着对执政党认同的程度。对执政党认同的高低直接决定着政治系统的稳定运行与良性发展,影响执政的效能。对执政党的认同程度高说明执政党有夯实的群众基础,执政地位有坚实的合法性,执政的风险较小,政策能得以在民众中很好地推行。在我国,政党认同具体的就是对中国共产党领导的多党合作和政治协商制度的政党制度的拥护,坚持中国共产党的长期政治,坚持党是领导一切的政治地位等。

其四,意识形态认同。“意识形态是合法性资源结构中最为基础的部分,它为政治系统的合法性提供道义上的诠释,它通过培育社会成员对于政治系统的合法性认同和情感来起作用。”①主导意识形态是统治阶级的意志的体现,是社会占主导地位的社会价值观念体系,其核心内容是价值观。现代社会执政党为培育公民对阶级统治、政治系统和社会制度的认可、接受,在全社会开展主导意识形态的宣传教育,形成代表统治阶级利益的主流意识形态,从而能影响公民的政治判断和政治行为,在公民心中树立国家权威,引导公民树立主导价值观,增进国家凝聚力。政治系统的有效运行尤其注重培育公民对主导意识形态的认同。在我国政治生活中,意识形态认同就是对马克思主义主导的意识形态的信仰,坚持马克思主义指导地位,坚持社会主义核心价值观,坚持中华优秀传统文化与马克思主义相结合等。

政治认同主客体关系。政治认同的过程就是作为认同主体的人对认同客体——政治系统及其运行状态的判断和评价。第一,这是一种主体对客体进行从事实认知,到价值判断,再到效果反馈的过程。第二,政治认同对政治系统具有反作用,政治认同的反映、反馈会促使政治系统进行调整,以适应或满足认同主体的实际需要和价值诉求,这会提高主体的政治认同,或是产生认同消解、认同危机,甚至政治对立等结果。政治认同是主客体之间进行的一种双向互动的政治实践过程,既是认同主体对认同客体认可、赞同的心理倾向,也是客体被认可、承认而得到合法性的实践过程。

三、政治认同的特征

政治系统的运行过程会受到公民的判别和评价以期获得认同。公民和政

---

① 宫志刚.社会秩序与秩序重建[M].北京:中国人民公安大学出版社,2004:357.

治系统之间通过政治认同建立起一种相互影响相互作用的双向互动的连接，反映了公民的政治认知和政治情感，政治系统则对认同的结果会以某种政治行为反馈，调适政策，满足公民的利益诉求。

第一，主观心理和客观行为的统一。政治认同既是主观心理认知、评价的过程，又是客观外在政治参与过程。从静态方面说，政治认同是一种状态，一是人们对政治系统的认可、同意的心理状态；二是政治体系获得公民的承认、赞同而呈现的合法性状态；从动态方面看，政治认同是人们对政治系统根据自身需要进行评价、评判的一种能动的心理反应过程，又是政治系统试图获取政治合法性或者说人们努力追求一个普遍认同的政治统治的实践过程。作为对政治系统评判的心理活动，心理特性非常突出，它包括四个维度，分别是认知、评价、情感和态度，这些维度相互联系、相互影响、相互作用构成完整的心理过程。政治认同表达的既是公民的心理归属感，又反映公民的政治参与实践活动。政治参与行为是作为认同主体的公民在政治心理的支配下做出的相应政治实践行为。在政治生活中，政治认同既是心理活动，又属于实践活动，是二者的有机统一。

第二，变动性和稳定性的统一。政治认同具有相对稳定性，在政治系统进入稳定发展阶段，认同主的主体和认同客体相对平稳，人们乐于接受这样的稳定状态，渐渐习以为常地在这样的状态下生活。经过长期的主客体相互适应的艰难过程，政治认同逐渐形成。一旦形成，人们的政治认同趋于相对稳定。这时期，“人们产生和坚持现存政治制度是社会的最适宜制度之信仰”①。政治系统的平稳运行反过来进一步巩固当前的政治认同并保障这个认同状态。然而，政治认同不是一成不变的，总是处于动态变化的过程之中，还具有变动性。作为一种对政治系统的评判活动，政治认同往往处于认同主客体双向互动的过程之中，必然会受到他们的状况和其他社会因素的影响。政治认同的变动性体现在两个方面：其一是政治认同主体对同一个认同对象在认同

---

① ［美］西摩・马丁・李普塞特（Seymour Martin Lipset.）政治人：政治的社会基础［M］．张绍宗，译．上海：上海人民出版社，1997：55．

程度和认同方向上发生一致性改变;其二是认同程度和认同对象发生了不一致,也就是在一个认同对象上认同加深了,在另一个认同对象上却产生了认同弱化。而当政治系统运行僵化,达不到人们的心理预期和利益诉求时,政治认同就会变异,政治认同的相对稳定就会打破,进入变动状态。相应地就会产生新的认同结果,原有认同消解,甚至认同危机、政治对抗均有可能出现。

第三,价值性和实践性的统一。政治认同是作为主体的公民对政治系统评价、反馈、调适,再到新的认同的过程,认同程度的高低反映了公民对政治系统的心理倾向性大小。政治认同对于政治系统具有价值意义,对于公民表达自己对政治系统态度和情感则具有实践意义。对于政治系统来说,对社会政治价值观念进行整合、引导必须以一定程度的政治认同为基础,有了一定程度的政治认同,政治系统才能有效运作,能够实施对公民的政治实践进行约束和规范。政治系统把获得政治认同作为价值目标,政治认同的价值意义在于它能体现政治绩效、增强社会凝聚力。对公民来说,政治认同反映了公民对政治系统的承认、赞同或支持的态度和情感,体现了公民对政治系统的诉求和愿望,是希望政治系统能保护自己的权利,落实自身的利益,并最终达成自己的政治抱负、实现自身的政治价值。政治认同镜像政治系统执行公权力的全过程,反映给政治系统关于民众基础的强弱,政治系统接到信息就会自我调整,适应和满足公民的利益要求和心理需要,及时反馈给公民,最终主客体达到新的平衡。

四、政治认同与相关概念区别

其一,政治认同不同于政治合法性。合法性是描述统治权力的来源以及政治系统与公民之间的关系的范畴。德国社会学家和政治学家马克斯·韦伯(Weber · Max)认为,政治合法性是人们对政治统治的确认和服从。德国当代最重要的哲学家之一哈贝马斯认为:“其实就是一个政治权力得以自我辩护并可以获得认同的问题。”①合法性是从政治系统的角度来分析其正当性和合理性，反映公民对政治系统服从与认可。合法性对于统治者而言就是统治权力被认同；政治认同则是从公民的角度评价政治系统，对于公民来说既指对政治系统的认同，也包含政治系统的统治是否具有正当性。在西方学者看来，合法性就是缔结政治契约的过程和结果，切合政治契约就具有合法性，否则就不具有，这是一种契约型的合法性；另一种强调对政治统治的价值审视和认同，社会成员认为该政治统治符合法律规定，就具有合法性，否则没有，这是规范主义合法性；还有一种经验主义合法性，强调社会成员根据经验判断政治系统若能维护自己的切实利益，就会认可、拥护、忠诚之。这种经验判断是政治系统的合法性的源泉。政治合法性的建立必须以政治认同为基础和必要条件，才能获得广泛的群众支持，才得以持久存在和稳定发展。

政治认同和政治合法性有根本区别：第一，主体不同。政治认同的主体是政治系统所属的公民，政治合法性的主体则是（政党、政府、国家）政治权力。第二，它们强调的重点相异，合法性强调政治系统的权力，而政治认同对于公民的权利比较看重，认同的出发点是公民主体本身。第三，二者获取的资源有差异。一般说，治理效能、社会制度、政治文化、意识形态、价值体系、领袖权威等既可以成为合法性的资源，也可以成为政治认同的资源，但是公民的认同能力和心理成熟程度单独作为政治认同的一种禀赋。“政治认同是一种感性的认知活动，它关注于寻求人们情感的归属，政治认同更侧重于感情，是形成规定、制度之前的新状态，是以情感的归宿为重心的；合法性关注着对习惯的继承和对原则的遵守，合法性更侧重于理性，是规定性的。政治认同的深入发展就成了合法性，合法性又保证政治认同的平稳发展。”②

其二，政治认同不是政治倾向。政治倾向是人们在政治活动中对政治事务的认知、评价、判断和态度演变心理趋向，其形成是以政治价值观念为前提，“是

---

① ［德］哈贝马斯（Habermas）．现代国家的合法性问题［M］．郭官义，译，北京：社会科学文献出版社，2000：129.

② 丁忠甫．论政治认同与合法性的关系［J］．湖南第一师范学报，2005（6）：59.

人在对社会及其存在的各种关系、事物、现象进行认知和评价时所持的最基本的观点”①。积极的政治价值取向会产生正向的政治认同和政治评价，从而促使正确的政治倾向；反之，消极的政治价值观念会导致较低的政治认同，甚至产生思想对立，造成错误的政治倾向。任何政党的执政行为本质上都是服从阶级利益的需要，则带有鲜明的政治倾向性。反过来，政治认同也会受到政治倾向的影响，政治倾向作为一种最高形式的政治信念，一经形成就会影响政治认同的程度。

其三，政治认同区别于政治共识。在政治学领域，政治认同与政治共识是含义非常相似，用处又紧密相连的两个范畴。政治共识指的是“在一定的时代，生活在一定的地理环境中的人们共有的一系列信念、价值观念和规范准则。在政治意义上，它指的是与政治体系有关的信念”②。政治共识是人们在政治活动中达成的约定或者是对政治系统所主导或认可的政治理想、价值观及政治规范等形成的共同看法，它是人们政治生活稳定的前提，是公民和平有序地参与政治生活的一个极其重要的先决条件。它以政治认同为基础，缺乏政治认同就不可能达成政治共识。

五、政治认同的价值意蕴

社会政治制度运行必须以公民一定程度的政治认同为基础。政治认同具有独特的价值意蕴，既是政治系统运行和发展的价值追求，又是公民政治生活的实践基础。

第一，促进政治系统树立权威。执政目标要能够顺利实现必须以树立政治系统的政治权威为前提。政治认同是影响政治权威诸多因素中最为积极的因

---

① 戈玲．试析当代青年价值观念变化对其政治倾向形成的影响［M］．北京：中国青年政治学院报，2000：10－15．

② ［英］戴维·米勒（David Miller），韦农·波格丹诺（Vernon Bogdano）．布莱克维尔政治学百科全书［M］．北京：中国政法大学出版社，1992：155．

素，是作为文化心理基础在促进政治权威的形成过程中发挥作用。社会成员对政治系统的信任、热情和忠诚是建立在对其普遍认同的基础之上的。在这种信任和政治热忱下，政治行为将获得社会广泛的参与和支持，促使权威得以树立。如果一个政治系统获得了社会成员的基本认同，那么社会制度就会得到自觉遵守，意识形态就能得到社会的普遍信仰和认可，政治系统的运行就会得到社会的信任和积极响应。政治认同不但有理性的判断和认可，也有大多数普通公民在心底和情感上的支持和拥护。政治认同能汇聚公民对政治系统的这种情感。在这种情感支配下，公民坚守政治理想、积极参与政治活动，积极推动政治权威树立。

第二，支持政治系统获得合法性。政治系统被认可、接受的价值就是政治合法性，它是政治系统得以存在和运行的基础。现代民主国家政治认同不仅成了政治系统凝聚社会共识、汇聚社会力量的重要推手，而且也是其拥有合法性的依据。人们对政治系统的认同可分为利益的认同和价值的认同，利益认同是基于一种功利的考虑而获得的支持，不具有稳定性，对人们有利时，便对政治系统认同，反之，则不认同；而政治价值认同是建立在一定社会的政治系统契合大多数人的价值观从而引起价值共鸣的基础之上的，人们又内在地认为对政治权威的服从义务是正当的。政治认同如果达到了价值认同层面的认同，则会更持久、更虔诚，会促进政治系统的合法性更牢固。

第三，推动社会和谐稳定。政治认同反映政治形势的阴晴圆缺，表达公民对政治系统的态度和评价，这种评价的结果会在社会政治生活中影响政治系统的运行状况。如果产生倾向性的看法，比如公民对所处的社会政治系统的消极评价，则必然会危及社会稳定与发展。执政绩效的好坏总是通过政治认同的变化表现出来，较高的政治认同反映公民的利益诉求得到了政治系统的维护和满足。当然，如果通过对人们政治认同的整体情况的调查和了解，及时调整外在行为，得到人们的认可和赞同，会推动社会和谐稳定。从这个意义上说，政治危机能通过政治认同得到有效化解。政治系统的运行只有建立在公民认同之上，公民才会心悦诚服地接受这种政治系统，政治才有牢固的合法性基础，人们才会把强制性的政治义务转化为自觉行动,社会就会更加平和、稳定。

第四,凝聚社会共识。社会存在决定社会意识,反之,则具有反作用。不同的经济基础就会有不同的思想文化和价值观。由于每个人的经济条件、文化差异和人生际遇的不同,人们的生活观念、政治理念和生活目标等都会不一样。社会生活因个体的差异呈现多样性,这是民主社会建立的前提,也是社会发展的趋势,但是不能通过强制去实现社会的一致性和同一性。同时,也不能任由这种个体差异肆意存在而导致社会产生巨大的离心力,这不利于社会稳定。政治认同是社会成员在相互尊重、人格平等的前提下,彼此自愿超越自我观念达成共识,对社会政治生活做出妥协、达成统一。政治认同的产生过程就是在社会成员之间达成共识的过程,因此,政治认同的产生有利于公民达成社会共识,促进社会和谐。

第三节　产业工人政治认同建设的历史经验

一、物质利益的满足是政治认同建设的根本动因

利益是包含一切与人的生命、发展和享受相关的各种因素或对象,是人类生存、发展和享受的各种需要的总和。正如马克思所指出的,“人们奋斗所争取的一切,都同他们的利益有关”①。人类的利益体系包括经济利益(物质利益)、文化利益和政治利益,不管哪种利益,都是人类社会存在和发展的根本条件,追求利益是人类一切社会活动的动因,是人们交往、从事和参与政治活动的真正原因。

利益需求是政治认同的基础、思想文化决定了政治认同的价值取向。政治

① 马克思恩格斯全集(第1卷)[M].北京:人民出版社,1995:187.

认同过程和结果是在一定社会意识形态影响下得以显效的，政治参与是政治认同状况的外在表达。正如刘少奇所指出的："加强工人工作，使工人成为完全可靠的。其主要办法有三：尽可能保障工人的生活水平勿使之过低；深入广泛的教育工人；组织工人。"①中华人民共和国成立初期，天津市党委和政府赢得产业工人的政治认同的策略就是从经济利益、政治参与和思想文化三个方面加以着手的。

我国已经迈向全面建设社会主义现代化国家的新征程，建设一支政治觉悟高、守社会主义信念的产业工人队伍是向制造强国转型的重要依托。如何培育和提升产业工人的政治认同成了新时代加强产业工人队伍建设的重要课题。中华人民共和国成立初期，针对产业工人经济困难的特点，天津在满足产业工人的物质利益需求上下功夫，大大改善了产业工人的物质困境，加上拥有能够参与国家政治生活的权利和自由，迅速赢得产业工人的政治认同，促进了社会的快速恢复和发展。天津成了全国产业工人政治认同培育工作战线上的典范。借鉴历史经验，对新时代加强产业工人政治认同的培育和提升，建设一支具有较高政治素养的产业工人大军，实施工业强国战略具有重要启示意义。

从心理学的视角看，认同可以理解为作为主体的公民在外部条件和内部因素的影响下，为寻求满足自身利益而与特定客体构建同一性关系，对该客体进行认知、认可和赞同的过程或状态，是心理活动过程和结果的总和。政治认同是人们在参与社会政治事务中，如果自己的利益能够得到维护、自身的价值能到实现，就会对所处于其中的政治系统产生一种心理或情感上的归属感，这种归属感会以某种程度的消极抵制、明确支持或主动参与政治实践活动表现出来。

利益是包含一切与人的生命、发展和享受相关的各种因素或对象，是人类生存、发展和享受的各种需要的总和。人类的利益体系包括经济利益（物质利

---

① 刘少奇选集（上）[M]. 北京：人民出版社，1985：421.

益）、文化利益和政治利益，不管哪种利益，都是人类社会存在和发展的根本条件。追求利益是人类一切社会活动的动因，是人们交往、从事和参与政治活动的真正原因。正如马克思所指出的，“人们奋斗所争取的一切，都同他们的利益有关”①。政治认同是处于一定政治生活中的人们在政治实践中，在满足某种利益和价值需求的基础上对政治体系进行认识与评价，进而对政治体系产生的一种心理或情感上的归属感。这种归属感会以某种程度的积极支持、参与政治体系的实践活动表现出来。从外延上看，包括国家认同、制度认同、执政党认同和主流意识形态认同等内容。

作为政治认同主体的人是生活于现实中的人，是具体的“经济人”，其利益是做出政治认同的出发点和归宿。即使对所属的政党、所处于其中的社会制度或主导意识形态不满，违背自己真实意志，但是如果该政治体系维护了人们的利益，出于经济目的的满足，政治体系也会得到人们一定的认同。对人们的利益进行协调与分配以期达到一种合理的政治秩序是政治的本质所在。“政治心理是社会成员对于其利益和利益关系的心理感觉和感知，因此，政治心理形成和发展的根本原因是社会成员的利益需求和利益关系。”②

利益需求的满足是政治认同的基础，思想文化决定了政治认同的价值取向。政治认同过程和结果是在一定社会意识形态影响下得以显效的，政治参与是政治认同状况的外在表达。正如刘少奇所指出的，“加强工人工作，使工人成为完全可靠的。其主要办法有三：尽可能保障工人的生活水平勿使之过低；深入广泛地教育工人；组织工人”③。物质利益是人们的根本的利益，是最基本的、首要的利益，其他的利益都是在物质利益的基础上衍生的。只有物质利益得到保障，人们才能去争取其他利益。物质利益需求的满足是政治认同提高的根本条件。

---

① 马克思恩格斯全集（第1卷）[M]．北京：人民出版社，1995：187.

② 王浦劬．政治学基础[M]．北京：北京大学出版社，2014：260.

③ 刘少奇选集（上）[M]．北京：人民出版社，1985：421.

二、收入、福利等物质利益满足是促进政治认同的基础

保障工人的生活水平,满足产业工人的物质利益需求,是团结产业工人、赢得他们政治认同的物质基础。解放之初天津产业工人物质生活极度匮乏,天津从提高收入、住房改善、劳动条件与福利待遇等多方面满足产业工人物质利益需求。

(一)提高产业工人收入

解放前,天津产业工人工资制度极不合理,如工资标准不统一,高低差距过大,不能反映多劳多得,致使收入相对很低,生活极其困苦。为了保障工人生活水准,天津市遵照中央指示,进行调整职工工资,改用“工资分”为计算单位,并适当提高所得。

1. 工资制度改革

1950 年 10 月,天津市参与了华北区的国营企业工资改革,改革的主要内容是:第一,实行工资分作为全市统一的工资计算单位。第二,按照按劳分配原则,建立新的工人和职员工资等级制度。第三,推行按工资标准和劳动定额确定计件单价的新计件工资制。第四,制定体现行业间工资的差别的技术等级标准。

从 1952 年 9 月中旬开始,私营企业针对存在的工资平均主义,不按劳分配,行业差异小等不合理现象进行了新中国成立后第一次工资制度改革,到 1953 年 3 月中旬结束,“共签订了五金、纺织、轻工、化学、食品等二十一个主要行业及其他行业与全市各大工厂的《调整工资及有关问题集体协议》”①。私营企业通过工资改革,将“工资分”作为工资的统一支付单位;统一工资等级标准,在原有基础上减少了等级,增大了级差;年终双薪、馈送、分红及各种补贴固定

---

① X3 - 8 - 4752. 天津市私营工业调整工资工作总结. 1953 - 3. 天津档案馆藏.

在工资中;实现男女同工同酬等。

本着“在适当提高工资水平的基础上进一步贯彻按劳付酬”的原则,“1956—1957 年在国营工业企业中进行一次全面的工资制度的改革与整顿。改革的主要内容:一是,实行货币工资制;二是,改进工人的工资等级制度,有区别地确定产业工资标准等级数目和工资比例关系;三是,在产业工人中推广和改进计件工资制度。根据生产需要,建立和改进了各种奖励制度”①。

2. 工资制度改革与调整的成效

经过调整,国营生产部门工资总额较前约增加 20% ,私营企业的调资工作,参照国有工厂进行。由于工资的调整,使社会购买力大大增加,“从 1950 年的 37.148 万元、增加到 1952 年的 65.127 万,1952 年比 1950 年增加 48% 以上”②。

第一,产业工人普遍提高了收入。几个重要产业部门的统计表明,改革后产业工人工资有了较大的增长,见表 4 - 3 - 1 所列。

表 4 - 3 - 1　五个工业局 58 个地方国营企业工人改革前后工资增长比较表

单位名称	参加改革人数	工资总额(元)			平均工资		
		调前	调后	增长数	调前	调后	增长%
机电工业局	5695	285312.80	335428.15	50115.35	50.10	58.90	17.56
重工业局	3044	142373.80	165080.65	22706.85	46.77	54.23	15.95
第一轻工局	4375	209661	244752	35091	47.92	55.94	16.74
第二轻工局	4625	217904	246742	28838	47.11	53.35	13.25
纺织工业局	8612	428299	492822	64523	49.73	57.23	15.08
合计	26351	1283550.60	1484824.80	201274.20	48.70	56.35	15.71

资料来源:X0053 - Y - 000579 - 001. 1956 年天津市地方工业各局当前工资改革情况。天津档案馆藏。

① X143 - 1 - 88. 1956 - 1 第二轻工业局关于工资改革实施计划. 天津档案馆藏.

② 天津市档案馆. 经济恢复与发展成就. 解放初期天津城市经济宏观管理[M]. (内部资料)1995: 421.

第二，激励产业工人学习专业技术，改进操作方法，创造和改进了一些工作制度为进一步深入开展先进生产者运动和提前完成第一个五年计划起了推动作用。“毛织厂车工贾桂田由 6 级工提为 7 级工后积极改进操作方法，工作效率提高一倍。”①

第三，产业工人释放着学习新技术的热情。不少工厂企业青年工人要求学习技术，老工人要求学习文化。“造纸三厂抄纸工李万强领到补发工资后，便到书店买了一些有关造纸技术的讲义。制水厂工人刘永庆将技术标准记到日记本上按照参考书进行研究。”②

第四，密切了师徒关系，产业工人之间增加了团结。产业工人在生活生产上加强了联系，推动了工人的政治、文化、组织活动的开展。“毛织厂帮车工过去工资不合理，工人很有意见，工作不起劲，这次工资改革克服了过去工资上的不合理现象，还主动和梳毛工人联系，实现不停机。”③

通过工资改革，产业工人提高了收入，大大改善了生活条件，经济地位的提高促使产业工人思想上的变化，促进了学习，增进了团结，对党和政府的感激油然而生，成为产业工人政治认同坚实的物质基础。

（二）改善产业工人的福利待遇

中华人民共和国成立后，党和政府很关心产业工人的福利事业，相继颁布了《中华人民共和国工会法》和《中华人民共和国劳动保险条例》等两部重要法律法规，明确规定了产业工人的福利要逐步增进，国家和工会予以保障落实。这两部法律构成了天津产业工人福利政策的重要依据。

1. 改善产业工人住房条件

1949 年，天津开始新建产业工人住宅。以纺织行业为例：“1949—1952 年

---

① X0053 - Y - 000579 - 001. 1956 年天津市地方工业各局当前工资改革情况. 天津档案馆藏.

② X0053 - Y - 000579 - 001. 1956 年天津市地方工业各局当前工资改革情况. 天津档案馆藏.

③ X0053 - Y - 000579 - 001. 1956 年天津市地方工业各局当前工资改革情况. 天津档案馆藏.

新建住宅,解放前纺织工人共有住宅 97043 平方米,1949 年新建 1653 平方米,到 1952 年底工人住宅已达 176001 平方米。居住工人及其家属 42630 人。70% 的工人都有了住宅或宿舍。”①为解决产业工人住房,除个别工厂在场内扩建职工宿舍,大部分工厂在新建工人新村为职工解决住房。“截至 1952 年底,7 个工人新村全部房屋差不多完工,共建房 40855 间。”②其中,产业工人宿舍占工人新村房屋的一半以上。

1949—1956 年,天津市基本上解决了全市 80 万产业工人及家属最关心的住房问题,还修建工人文化宫、俱乐部等,为产业工人积极生产劳动解决了后顾之忧。使产业工人体验到工人地位的提高和社会主义的优越性。产业工人及其家属住进宽敞、舒适的新居后,对党和政府充满感激之情,如西南楼新村十五排棉纺厂工人家属赵大娘说:“以前住的院子又脏又小,并且是租的房子,房主将房卖了无处搬家,成天发愁,现在政府给我们盖好了新房,我心里可松心啦,住这里多么宽敞,心里痛快,我要叫我儿积极生产,报答政府。”③

2. 改革产业工人伙食

随着生产的发展,天津产业工人的生活有了显著的提高,各企业工厂原来实行的“包伙制”落后于职工迅速增长着的生活需要,影响了伙食改进。包伙制把职工的生活水平限制在一条线上,引起职工不满。

在市总工会等有关部门的重视、关怀下,1953 年,各厂进行了伙食改革工作,将过去为群众所不满的“包伙制”改变成为先进的科学的为群众所拥护的“食堂制”,伙食改革的步骤:

第一,在大型厂实行食堂制试点,吸取经验。首先统一产业工人思想,增强大伙实行食堂制的信心;利用大字报、广播等做好伙食改革的宣工作。

第二,以召开伙食专业会议和组织参观和重点帮助的办法推行伙食改革工作。“截至 1953 年 12 月中旬,国棉各厂已完成各厂‘食堂制’改革,入伙人数平

---

① X125 - 1 - 413. 1949 - 1952 年天津市纺织工业史. 天津档案馆藏.

② X53 - 1 - C - 442. 工人新村目前存在问题及其解决的意见. 1952 - 1953. 天津档案馆藏.

③ X53 - 1 - C - 442. 市府召开各区会议讨论工人新村存在问题报告 1952 - 12. 天津档案馆藏.

均达到66.86%，比1952年增加12.43%。”[①]伙食改革受到了产业工人的拥护。改革后实行食堂制，解决了“众口难调”问题。花样多，职工可以任意挑选；改变了过去死板制度；炊事员树立了成本观念，增强了责任心；炊事员的积极性空前高涨，技术普遍得到了发挥；整顿了劳动组织，提高了工作效率。

3. 发放产业工人学生困难补助

为了解决经济困难的调干学生和产业工人学生的在校学习问题，国家自1952年起，先后在全国高等学校实行调干学生及产业工人学生人民助学金办法，但在实施过程中，发现了原定发放办法有未尽完善之处：如产业工人学生人民助学金平均发放，而且一次打给学生本人，这个办法对个别经济极其困难的产业工人学生的困难问题，是不能适当解决的，使产业工人困难学生的学习情绪或多或少地受到一些影响。经过调查研究，对产业工人人民助学金的发放方式作如下修改：产业工人助学金标准，仍按原工资75%计算，但发给办法则加以改进。即：“按原工资的70%发给学生本人，另5%则由学校统一掌握，以解决部分产业工人学生的特殊困难。”[②]

对产业工人困难学生发放补助，要求学生所在的学校，在具体执行这一办法时，事先向学生进行细致的思想教育，向产业工人困难学生耐心说明人民助学金发放办法适当改变的初衷，是为了“在不增加财政开支的前提下更好地解决所有产业工人学生的困难问题”，经过向学生认真细致的思想政治教育，学生们都能欣然接受新的发放办法，没有出现哪个学生产生思想波动的情况，反而大家都更安心学习了。

福利待遇得到改善，使产业工人切身感受到党和政府的关怀，提高了学习、生活和生产的信心，增加了接受党和政府领导的决心，成为产业工人政治认同的强大心理基础。

---

① X0045－Y－000099－013. 天津国棉各厂伙食改革工作总结（1953年12月31日）天津档案馆藏.

② X0124－C－000111－002. 关于改进调干学生及产业工人学生人民助学金几个问题的处理办法的通知. 天津档案馆藏.

(三)加强产业工人的劳动保障

1. 救济失业的产业工人

1949年天津解放后,据统计,"现有三万工人仍处在失业半失业的状态,连其家属在内,约计十万人口左右,其中大部分正处在饥饿、贫困、疾病、痛苦的折磨中,部分失业工友还有流为乞丐沿门讨饭度日者"①。1950年5月19日,中央人民政府政务院通过《救济失业工人暂行办法》,对城镇失业工人进行救济。天津市失业工人救济委员会,把救济失业产业工人成为党和政府刻不容缓的紧急任务之一。对失业工人的救济采取严肃、认真、负责的态度,基本精神是救济与生产的相结合,多种途径促进就业:

以工代赈,组织有劳动力的失业工友参加挖河、筑堤、修路、修建公园等有利于市民的各项市政建设。工资虽然一般规定四斤到六斤,但多劳可以多得,这样,一方面减轻了失业工人的痛苦,另一方面又可以增加市民的福利。这也是救济失业工人的主要办法。

生产自救,是有计划的组织失业工人中一部分缺少劳动力的女工、童工和经失业工人救济委员会审查许可之成年工人,在市合作总社的领导下,在不损害本市现有工商业的原则下,举办各种有益于国计民生的手工工场、作坊、农场等使他们在生产中解决自己的生活问题。

还乡生产,根据目前麦收开始,农村需要大量劳动力之际,对自愿回乡的失业工人,政府给本人及其家属一定的救济金,并发给证明文件,介绍给当地政府给予帮助,使其能够在乡生产。

另外在自愿原则下可以介绍到其他地区就业。

发放救济金,对于有一年半工龄,而不能参加以工代赈和生产自救者,政府给予救济金。救济金的来源,首先市政府拨付一部分,另外在业的工人和私营的资方及公营的行政上,均需要拿出工人实际工资总额中的百分之一来作为救

① X0068 - Y - 000030 - 1. 1950年关于救济失业工人宣传工作. 天津档案馆藏.

济基金。

教育训练,天津市特色的教育训练方式是委托代训,市失业工人救济委员会与工会等有关部门与(国营、私营)企业工厂等有关单位签订合同,委托企业工厂等单位对失业的产业工人进行教育、培训,提高其文化、技术水平,并尽可能根据生产需要,选择有发展的工业技术组织专业训练。

天津市委市政府把救济失业产业工人作为一项系统工程,采取多种办法给予全面解决,安置了大批失业的产业工人,仅1950到1952年,就业的就有13万多人。就业率1950年较1949年提高51%。并改变了旧社会救济失业的态度和方式,取缔劳役,强调自愿劳动,以教育训练代替欺骗蒙蔽,克服依赖思想,开展生产自救,依靠自己的力量战胜困难。不但解决了产业工人的就业问题,也增强了失业产业工人的战胜困难的信心;不但有利于中国工业化的发展,而且也有利于加强和巩固工人阶级的政治地位。在救济方法上,救济基金的设立发挥了工人阶级高度的阶级友爱与互助精神,促进了工人阶级的团结,提高了他们的阶级觉悟。

2. 加强女工的特殊保护

天津作为一个“轻工业为主女工颇多的城市,尤其是棉纺系统,差不多掌握着全部棉纺生产能力”①。所以,在天津加强女工的特殊保护意义非同寻常。

女工最严重的问题是月经病,因恶劣的劳动条件,不卫生的护理用品,让女工普遍患有月经病,令女工痛苦不堪。厂领导研究后,将卫生护理用品改用消毒的脱脂棉,并对女工进行妇幼卫生教育,很快减缓了月经病的发展。女工对此感到特别舒心,普遍感叹道:“共产党真好,连咱这个事也照顾到了。”②

天津各产业依据国家相关法律规定都制定了女工保护办法。如国营天津纺织行业对女工的保护作了这样的规定:一、“为减少女工月经病,建立与健全卫生室”③;二、加强托儿所护理工作,提高保育人员的业务水平。加强和妈妈的

---

① X44－1－350. 五一年全年劳动保护工作总结. 天津档案馆藏.

② X44－1－350. 五一年全年劳动保护工作总结. 天津档案馆藏.

③ X0045－Y－000096－002. 1953年10月中国纺织工会天津市委员会女工部. 天津档案馆藏.

密切联系，保证婴儿健康；三、女工与男工的工作技术和效能相等者，得同等报酬，凡女工能力能胜任的工作，应给予与男工同等的学习技术的机会，各厂应重视培养女技术工，特别繁重之技术工作的女工，在月经期间应给予适当的照顾。四、怀孕满七个月的女工，如体力对原工作不能胜任时，或原工作有碍胎儿健康者，经本单位医疗机构或特约及指定医疗机构证明，应根据实际工作情况，调换或减轻其工作。五、女工工作安排禁忌：禁止做扫车底、拖粗纱、搬纱筐等工作，铜丝看车工应调换轻便工作，细纱、落纱、摇车工应调换作接头或其他轻便工作，细纱、粗纱、摇纱、织布看车工均应减轻其原有工作的三分之一，工作时间减半至近产期再行调换轻便工作；六、禁止借故开除或变相辞退怀孕或生育的女工。

天津各产业各企业工厂陆续开展了女工的保护工作，据"1956 年市总工会劳保部、女工部对石棉厂、动力机厂、国棉六厂、橡胶一厂、染化一厂六个工厂的开展的调查表明，女工一般的特殊保护工作都开展起来了"①，基本解决了女工生产生活中的特殊问题，其中纺织行业中的国棉六厂女工保护工作做得好。

加强女工的特殊保护，照顾女工的特殊需求，解决了她们的特殊困难，使她们感到党和政府的温情和关怀，激发了她们在生产上的工作热情，积极投身生产生活，对提高劳动生产率，经济的发展和社会安定起到了很大的促进作用。女工受到党和政府给予的特殊保护体现了党的工人阶级性质，增强了女工的安全感和对党和政府的心理依赖感，促进了女工乃至家属积极向党和政府靠拢，推动了产业工人的政治认同。

3. 推行产业工人劳动保险

天津劳保工作起步比较早。1951 年政务院公布《中华人民共和国劳动保险条例》，根据文件规定，作为北方最大的工商业中心，产业工人聚居较多，很快于 1950 年 6 月 9 颁布了《天津市国营公营企业劳动保险暂行条例》和《天津市国营公营企业劳动保险暂行条例实施细则》，劳动保险的实行，使产业工人家庭负

---

① X44－1－174. 一九五六年女工工作和保护工作、托儿、生活等工作报告、情况. 天津档案馆藏.

担明显减轻,其生活来源有了基本保障。

1953 年 6 月天津纺织委员会和纺管局共同召开了“华北区纺织企业劳动保护专业会议”。明确了劳保工作的方向和工作方法,为天津劳保工作开辟了新的道路。

第一,劳动保险方面,“固定工人及职员按照劳动保险条例执行,临时工人按本市行业集体合同规定办理”[①];有医疗设备或免费医疗待遇。除执行劳保条例外,其他福利待遇如理发、洗澡、看电影等,不实行劳保条例,仅有理发、洗澡等,雨天停工、等工、冬休工及学习期间一般单位固定工人工资照发,临时工按集体合同办理;每天工作八至十小时。

根据中央颁布劳动保险条例,截至 1952 年 10 月底止,天津市经批准实行劳动保险条例的“公私营企业共 195 个单位(公营 126 个,私营 63 个,公私合营 5 个,合作社 1 个),享受劳保待遇的职工共 104155 人,此外不能执行劳保条例而订立行业或企业的劳动保险集体合同的共 848 个单位,享受此种待遇的职工共 79425 人”[②]。由于实行劳动保险,减轻了职工们生老病死残伤的困难,从而鼓舞了职工的生产积极性。

第二,劳动保护方面,天津对通风降温工作,不断投入大量资金,各企业单位主要高温车间都有了近代化的降温设备,并定期进行通风设备的检查。私营恒源纺织厂也新装了三套大型送风机。北洋纱厂在工会的督促下也设法采取了一些降温的措施。国棉各厂的工人下班不愿出车间,上班都争先早来。“国营九个厂共添安全装置 9697 件,个人防护用品 117105 件,国家共投资 2,021,666,477 元。”[③]

1953 年天津投入大量资金,改善车间通风降温设备后,与 1952 年同期相比,因工死亡事故逐渐减少,如图 4 – 3 – 1 所示。

① X0077 – Y – 000488 – 023. 工人工资福利情况调查报告. 天津档案馆藏.

② 天津市档案馆. 解放初期天津城市经济宏观管理[M]. (内部资料)1995:440.

③ X0045 – Y – 000099 – 008. 纺织工会天津市委员会一九五三年劳动保护工作总结. 天津档案馆藏.

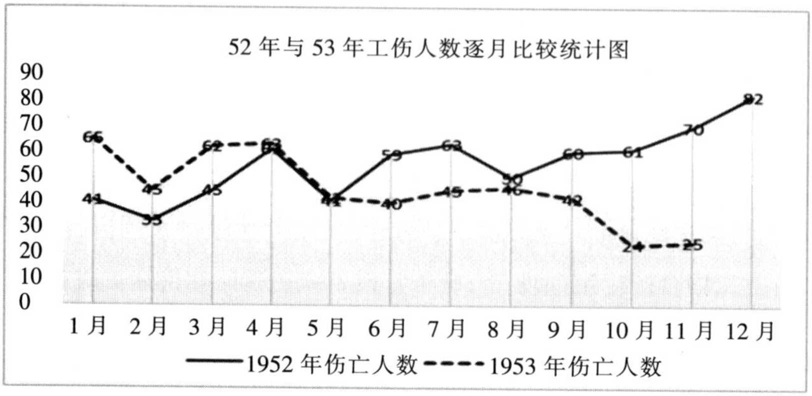

图4-3-1　天津国营一至六厂，印染厂、器材厂、机械厂1952年与1953年工伤人数逐月比较图

资料来源：X0045-Y-000099-008(1954). 纺织工会天津市委员会劳保部劳动保护工作总结。天津档案馆藏。

注：52年11个月累计584人，全年累计666人（内重伤9人，死亡1人）。53年11个月累计499人（内重伤6人）。53年11个月比52年同期降低85人（重伤相等，死亡降100%，轻伤降13.9%）。

开展安全卫生大检查。天津党和政府在1951年6月份抽选了320个大中型厂，开展工厂安全卫生工作的重点深入检查，使这些厂在劳动条件上进行初步的改善，并纠正工厂行政或资方“重视机器不重视工人”的思想。各工厂普遍推行了安全卫生大检查，大部分机器均增添了必要的安全防护装置，开始建立安全技术组织、制度和试行安全操作规程。

私人工厂、小型工厂作坊工时过长，严重地影响了工人的健康，限制了工人业余学习和政治活动，针对这种情况，天津市委、总工会等相关单位重点调查了112户，对这种工时过长的现象，予以适当纠正，经协商后一般缩短为12小时，而产量大都未受影响，反而有增加。这些措施大大地增强了产业工人的安全感，提高了他们的生产积极性，促进了产业工人政治觉悟的提升。

第三，推行劳动保险的成效明显。由于劳动条件的改善，产业工人出勤率提高了。各厂的主要生产车间出勤率皆在93%左右，工伤事故率也由每月60

多件下降为40件左右，见表4－3－2所示。

表4－3－2　国棉各厂一至六月份出勤率和工伤疾病缺勤率比较表

月份	项目						备注
	一月	二月	三月	四月	五月	六月	
出勤率%	91.86	90.80	89.82	90.18	92.13	92.86	此系直接生产工人出勤情况
工伤缺勤率%	0.194	0.192	0.194	0.184	0.18	0.144	共319件，其中有4件重伤
疾病缺勤率%	4.524	4.184	6.937	6.233	4.933	3.792	

资料来源：X0045－Y－000099－007. 中国纺织工会天津市委员1953年上半年工作总结. 天津档案馆藏.

产业工人劳动条件的改善和劳动保险制度的建立，保障了产业工人的生产安全，提高了产业工人劳动积极和主动性，使产业工人体会到自己是生产的主人，推动了国家主人翁意识的形成，促进了对党和政府的政治认同。

三、政治参与是政治认同建设的精神力量

政治参与或曰参与政治，在西方政治学语境下指公民直接或间接地以各种方式对与其利益相关的政治活动施加影响的活动，其目的是使自身的利益在公共政策中得到最大的满足。政治参与是现代民主政治的重要标志之一，是“政治现代化的伴生物，又是政治现代化的驱动器”①。解放前天津产业工人，由于长期受国民党政权思想奴役，加之资本家的压榨等，产业工人实现不了自身的政治权利，造成产业工人对政治麻木、冷漠。

中华人民共和国成立初期，天津积极组织产业工人政治参与，确保产业工人的各项民主权利。1954年天津市第一届人民代表大会第一次会议隆重召开，“代表中有工人130人，占代表总数的25.05%”②，产业工人当家作主的生活逐

① 李元书. 政治发展导论［M］. 北京：商务印书馆，2001：223.

② 刘素新. 解放初期的天津［M］. 北京：中共党史出版社，2009：152.

渐走向现实。

（一）组织产业工人参加工会

为筹备建立天津市总工会，废除国民党的“黄色工会”①。1949年4月28日至30日召开了天津市第一届职工代表大会，会议选举产生了天津市总工会筹委会。在1949年5月28日召开的首次常委会上，又推选出正、副主任为黄火青、丘金，并讨论了天津职工总会章程草案。在这次大会上，中共中央书记处书记、中华全国总工会名誉主席刘少奇到会，并向大会作了报告。

根据刘少奇关于建立工会的指示，天津市总工会筹委会按产业系统组织工会，先后建立了棉纺、五金、化学、市政、产联、盐业等13个工作委员会，筹备建立正式的产业工会。这些工作委员会建立后，按行业派出工作组协助私营工厂开展工会工作。工会组织建立和加强后，首先在私营企业职工中进行系统的阶级教育和政策教育，启发工人阶级觉悟，培养积极分子。通过举办培训班等方式向广大职工讲明中国共产党的经济政策和对私营工商业的政策，并联系职工思想上存在的具体问题，组织学习讨论。通过工会的工作，广大工人群众一方面从理论上认清了资产阶级的保险本质，同时也认识到在当时经济十分落后的情况下，私营工商业的存在仍有其积极作用。工人的阶级的觉悟和政策水平提高了，思想通了，中国共产党的政策很快被接受。许多工人自觉放弃增加工资福利等过高的要求，并纠正了过去某些与资方不合作的激进做法，积极协助督促资方搞好生产，为天津经济的恢复创造了有利的条件。经过努力，到1949年底，全市344300余名职工中，已有工会会员197200余人。

1950年1月10日至14日，天津市首次工会会员代表大会召开，选举产生了天津市总工会第一届执行委员73名，候补执行委员10名，宣告天津市总工会正式成立。此后，相继建立了21个产业工会和12个总工会办事处。

---

① 中国现代史语境下“黄色工会”意指国统区中，有国民党及其官方背景的工会组织，这类组织支持国民党政府，主张阶级调和，反对共产党领导的工人运动和阶级斗争。

(二)发展产业工人党团组织

1. 在企业中建立基层党组织

1950 年 5 月 21 日,中共中央发出《关于发展和巩固党的组织的指示》,要求:“今后发展党的重点,应放在城市,首先是工人阶级上,在三五年内要从产业工人中接受三分之一的工人入党……要加强职工工会及新民主主义青年团的组织与教育工作,待工人群众的政治觉悟提高到一定程度,才能大量地、但同时又是经过个别审查地进行发展党的工作。”①为坚决执行这一指示,毛泽东强调:“必须注意有步骤地吸收觉悟工人入党,扩大党的组织的工人成分。”②根据指示精神,天津市委根据工作需要建立企业党委,在已接管的工厂建立党支部、党小组,通过党的基层组织把进城干部与市内地下党员在工作上、组织上联系起来。党组织的主要任务是积极贯彻中国共产党的城市政策,保证和监督各项任务的完成,搞好党建工作,巩固党的组织,加强党员教育,发展党员,选拔干部。天津市委要求支部以上组织设专职党干部,负责支部日常工作,要求支部委员会必须由党、政、群的主要负责党员干部组成。

在加强党的基层组织建设过程中,天津市委把建设支部作为重点。天津党组织着重发展工人党员,派干部在工人群众中进行政治教育,提高产业工人政治觉悟与对党的认识,结合生产运动,在劳动积极分子中发现与培养积极分子,经逐个审核,将政治觉悟高、生产积极、符合党员标准的工人吸收入党。以车间为单位,建立党的支部,建立正常的组织生活与工作制度,使支部真正成为生产中的堡垒。

2. 建立新民主主义青年团

在产业工人中建立新民主主义青年团组织。在全市工厂中通过典型示范,

---

① 中共中央党史研究室. 中国共产党组织史料(第 9 卷)文献选编(下)[M]. 北京:中共党史出版社,2000:28.

② 中华全国总工会编. 毛泽东邓小平江泽民论工人阶级和工会工作[M]. 北京:中央文献出版社,2002:44.

逐步推广的办法，有重点有步骤地开展建团工作。中心工作是在青年工人中建团，团市筹委会通知各厂指定建团干部，要求建团干部通过阅读文件掌握建团方针，在工厂广泛宣传公开建团。在广泛宣传的基础上，各厂涌现出一批在生产上、学习积极上进的青年工人。

经过将近半年的不懈努力，重点厂建团的典型示范工作已初获成果，团市筹委会青工部向全市各厂发出通知要求各厂党支部立即开展建团工作。到1949年11月，天津较大的公营厂，凡已具备了建团条件的，绝大部分都已建立了团的组织。1950年1月8日，经中国新民主主义青年团中央委员会批准成立了中国新民主主义青年团天津市工作委员会。1953年1月3日至7日，中国新民主主义青年团天津市第一次代表大会召开，会议选举产生了第一届委员会。在党的领导下，青年团组织在全市逐步建立起来。“截至1956年8月，全市团员达177000人，基层团支部2884个。”[①]1957年，中国新民主主义青年团委员会正式更名为中国共产主义青年团天津市委员会。

（三）企业实行民主管理

天津国营企业的民主改革从1949年3月开始，“企业的民主改革，也是一项彻底扫除封建残余的重要社会改革”[②]。由于在城市接管过程中，对官僚资本企业实行了“原封不动”的政策。企业中不可避免会残留原来的封建把头势力，他们有的利用封建关系拉拢群众，打击积极分子，破坏生产；有的伪装进步，混入党、团组织或把持基层工会组织，在生产中压制工人的政治热情和生产积极性。企业残留的落后管理制度，如稽查、包工和搜身制等，严重侵犯工人的人身权利，而裙带关系、待遇悬殊等问题也较严重。“企业是工人自己的企业，享受不平等，妨害了工人进步，阻碍了工人主人翁思想的提高养成，所以今天提出民主改革任务，把不合理的事情除掉，符合于大多数职工的要

---

① 天津通志.中国共产党天津志［M］.北京：中共党史出版社，2007：866.

② 中共天津市委党史研究室.中国共产党的天津历史（第2卷）［M］.北京：中共党史出版社，2015：38.

求。只有这一改革成功才能把工人主人新思想提高,自觉产生新的劳动态度,充分发挥才能。”①

1. 加强职工代表会工作

过去在复工上、接管清点上是起了大的作用,今后还要加强。安排工人参加各种短期培训班、学习小组及其他活动,提高工人的政治觉悟,把工人初步组织起来。在此基础上,以说理会、控诉会、斗争会等形式,对欺压工人的封建把头进行清算和处理。还废除了长期以来压迫奴役工人的旧的封建主义管理制度,如包工制、搜身制等。在清除封建把头势力的同时,注意在工人中培养选拔干部,使工人骨干走上企业各级领导岗位。在国营企业的民主改革过程中,企业中新型职工关系逐步建立起来。技术和管理人员逐步转变了思想,树立了人人平等的观念。一些职员主动调整与工人的关系,积极参加企业改革,企业职工关系明显改善。

2. 在私营企业中建立劳资协商会

在如何处理劳资关系的问题上,毛泽东曾指出:“在劳资关系中,应当依靠工人阶级,而不是依靠资产阶级。”②随着民主改革在私营企业中的陆续展开,市总工会大力推广在私营企业建立劳资协商会议。通过这一组织形式,使劳资双方在生产经营管理等方面存在的矛盾和问题得以妥善解决,劳资两利政策得以落实,劳资关系进一步正常化。这一方面提高了工人的劳动热情和责任心,另一方面使资方能够依靠工人群众实现管理、推动生产。

3. 建立工厂管理委员会,实行民主管理

国营企业在生产领域的民主改革是建立工厂管理委员会。工厂管理委员会由厂长、军代表、总工程师、工会主席和相当数量的职工代表组成,作为企业的行政领导组织,广泛吸收工人参与企业管理,提合理化建议,讨论决定有关生

---

① 天津市档案馆.黄敬同志在市委扩大干部会议上的报告:目前的形势和我们的任务.解放初期天津城市经济宏观管理[M].(内部资料)1995:17-18.

② 中华全国总工会编.毛泽东邓小平江泽民论工人阶级和工会工作[M].北京:中央文献出版社,2002:43.

产和管理的重大问题,其决议以厂长或经理的命令颁布实施,是一种能发挥企业职工民主的管理制度。

(四)天津产业工人政治参与历史经验分析

1. 产业工人参加各级工会组织体现了国家主人翁地位

在国民经济恢复时期,各级工会普遍对职工进行"劳动创造世界"等历史唯物主义教育;参与制订有关职工民主权利、福利待遇的政策法令;协助人民政府接管和改造官僚资本主义企业,组织职工迅速恢复生产,救济和安置了大批失业工人;组织职工学政治、学文化、扫除文盲。改善公私企业中的劳动条件,调整工资、工时,举办劳动保险等福利事业;动员职工积极投入镇压反革命、"三反""五反"和抗美援朝斗争,巩固了新生的人民主政权。第一个五年计划期间,天津各级工会及时对广大职工进行社会主义教育,有力地促进了国家对个体农业、个体手工业和资本主义工商业的社会主义改造。到 1951 年上半年,社会主义改造的任务基本完成,各级工会动员职工发挥主人翁作用,开展了以技术革新为主要内容的社会主义劳动竞赛和规模空前的先进生产者运动,保证了第一个五年计划各项任务的全面完成。

2. 产业工人通过参加党团组织提高了政治觉悟

基层党组织在产业工人中积极发展,截至到 1956 年 6 月,全市工业系统建立了党支部 873 个,全体党员成分中,工人党员所占的比重由党的第一代表大会时的 51.75% 上升到 83.32%。[①] 产业工人参加中共天津市第一、第二届代表大会,参与讨论党的重要决议,为天津经济社会的恢复和发展发挥了重要作用。天津市的广大青年团员,在团市委的统一领导下,无论是在生产中还是在历次重大的政治运动中,都发挥了其作为中国共产党的助手和后备军的青年先锋作用。此外,青年团自开展建团工作之日起,就择优秀团员输送入党。为中国共

① 刘素新.解放初期的天津[M].北京:中共党史出版社,2009:167.

产党注入了新鲜的血液和生命力。广大团员在青年社会主义改造过程中发挥了积极的作用,成为社会建设的一支重要力量。

3. 企业实行民主管理,提升了产业工人的思想觉悟

产业工人参与企业民主管理,“从而大大发挥了工人阶级的积极性,并以主人翁的姿态从事恢复生产与参与生产管理”①。使产业工人亲身感到自己是企业的主人,而改变劳动态度,发挥其生产积极性与创造性。民主改革增强了产业工人的生产建设热情,使他们更加自觉地投入到国家和企业的建设和管理中。产业工人对于改进机器、改进操作方法、改进劳动组织等各方面,创造了许多先进经验,提出很多合理化建议。

产业工人是实施工业强国战略的依靠力量。考察中华人民共和国成立初期产业工人政治参与的实践状况,分析其特点,为新时代加强产业工人政治认同提供历史经验。

第四节　提升产业工人政治认同经验启示

一、重视产业工人的利益保障

(一)重视保障产业工人的物质利益,促进政治认同

提高产业工人队伍政治素养,关系到工人阶级领导地位的巩固和国家的长治久安;关系到制造强国战略的实施,在经济全球化、新一轮科技革命和产业革命变革中抢占先机、赢得主动;关系到第二个百年奋斗目标、中华民族伟大复兴梦的实现。天津通过产业工人物质利益保障确立其政治认同的历史

① 保护工人阶级的基本利益[N]. 人民日报,1950-6-18.

经验对新时代产业工人政治认同的培育具有重要启示意义。新时代，要从现实物质利益出发，切实增加产业工人的获得感、幸福感，推动产业工人政治认同的提升。

1. 完善产业工人劳动权益保障机制

完善工人劳动权益保障机制，创造平等的就业环境，保障就业机会公平，实现更高质量和更加充分的就业。要完善财政投入机制，按照不少于就业专项资金预算的20%发放职业培训补贴，支持产业工人的职业技能培训。推动创新激励机制，增加产业工人在劳动模范和先进评选中的名额比例。保障产业工人与用人单位平等协商的权利，落实产业工人参与分配决定的权利。推进建立中国特色和谐的劳动关系。要加强相关立法工作，加强安全生产、职业健康和劳动保护工作，提升产业工人健康素质。敦促企业落实职业病防护措施，引导企业开展技术改造和技术升级，降低职业病风险。建立完善的休疗养制度，保护产业工人的休息休假权，推动企业落实产业工人带薪休假规定。

2. 加强产业工人经济权益保障机制

当前，作为蓝领的产业工人社会地位低下是不争的事实，除了产业工人在市场经济冲击下收入相对下滑以外，地方政府在经济政策设计上偏向经济效率，“强资本，弱劳动”。要加强对企业收入分配制度的宏观指导，建立工资合理增长的集体协商机制，完善工资平等协商、正常增长、支付保障机制。实现同工同酬，落实最低工资制度。依法追究恶意欠薪企业的法律责任。要深切关怀产业工人的生产生活，着力解决产业工人最关心的民生问题，比如医疗、养老、住房、教育等，争取让每一个产业工人都能有获得感。敦促企业为产业工人缴纳社会保险，加大对困难产业工人的救助力度。切实增强产业工人的经济地位，让产业工人享受到改革发展的成果，感受到党和政府的执政利益。

3. 强化产业工人法律权益保障制度

强化产业工人法治教育，推进劳动法、职业教育法等法规的实施。健全劳动保障政府监察和群众监督机制,加大对重大劳动争议案件的处理力度。适时制定、修改涉及职业教育、集体合同、职工代表大会制度等方面的地方性法规和政府规章,深化对职工素质提高、权益保护等相关立法事项的研究。加强对劳动法律法规执行情况的监督和贯彻执行,支持工会组织发挥监督作用。开展产业工人政策跟踪评估,促进产业工人政策的不断调整和完善。推进企业树立以人为本的经营理念,推动企业诚信机制建设,推进企业依法管理经营,履行社会责任,保障产业工人合法权益。

4. 健全产业工人基本社会保障体制

根据社会经济发展水平科学合理地调整最低工资标准。广泛调查、研究制定、及时发布企业工资指导线,充分发挥工资指导下对产业工人收入增长的引导作用。根据经济效益科学提升产业工人社会保障水平,尤其提高产业工人医疗保险待遇。健全跨地区、跨行业、跨单位流动的社会保险关系接续机制。健全产业工人困难帮扶机制,加强安全生产和职业健康工作,建立职业病防治医疗机制,开展职业病危害因素检测评价和职业健康检查。加强产业工人失业保险制度建设,建立健全失业动态监测、企业用工需求调查、就业统计分析报告发布制度等,引导产业工人根据工业行业、产业发展需求合理有序流动。

例如,佛山市顺德区紧紧围绕本地产业优势和短板做文章,抓住人才紧缺问题,深化产教融合,大力发展职业教育,通过校企深度合作,让职业院校学生能扎实基本技能,实实在在学到技术,顺德紧跟时代脉搏,优化职业教育,培养大批工匠型产业大军。

企业高级技术工人,要从职业院校开始抓起,要造就有知识、有理想、懂创新、勤奋斗的产业工人队伍。

(二)重视保障产业工人民主政治权利

1. 产业工人民主政治权利保障存在的问题

产业工人在民主参与权力实践中还存在诸多问题,大致可概括为:“一是选举、决策、监督、制约、参与等重要民主制度和机制不够健全；二是干部和工人群众在民主和法治建设的基本方面还缺乏足够的共识；三是中国特色的民主政治理论需要进一步丰富和完善；四是工人有序政治参与的渠道不够通畅；五是在推进人民民主和党内民主方面突破性举措不多，其实际效果与社会经济发展的需要和人民群众的要求相比还有明显的距离；六是对我国民主政治的发展还缺乏深入而系统的研究和整体而长远的战略规划。”①以上问题，严重削弱产业工人对党的创造力、凝聚力和领导力的认同，进而对社会主义制度认同出现弱化。尤其产业工人的国家领导阶级地位受到质疑使其对社会主义自信心不足。在企业改革中，为提高决策执行效率，董事会的职能得到了强化，企业行政部门的权力也扩大了，而产业工人在企业中被边缘化严重，国家领导阶级地位遭到严重质疑、削弱，产业工人在企业代表大会中就企业发展事务的民主决策、民主参与权利受到变相剥夺，发言的分量变轻；非公有制企业则是老板说了算。

2. 借鉴历史经验推进新时代产业工人政治认同的行动策略

天津历史经验启示我们，提升当前产业工人政治认同更应该拓宽产业工人政治参与途径，加强政治权利保障，一方面要拓宽产业工人在国家和地方事务中民主参政、议政权利和渠道；另一方面，要拓宽产业工人在企业发展事务上的民主参与和对企业党组织活动的民主参与。

(1)落实产业工人对国家事务的民主参政议政权利

在各级人民代表大会、政治协商会议中，要强化工人阶级的领导地位，首先在各级人大代表名额中要增加产业工人、农民工代表的比例，增加产业工人或农民工党员在各级党代会的比例，体现出工人阶级作为国家领导阶级的地位的代表名额。在各级人会和各级党代会上发出产业工人的声音，增加工人代表提案权，把产业工人的关切通过议案表达出来，真正落实产业工人、农民工的民主

---

① 俞可平. 60 年来中国的民主政治建设[EB/OL]. (2009 - 12 - 10)[2022 - 1 - 10]. 新华网，http://news.xinhuanet.com/politics/2009-12/10/content-12623510.htm.

参政权。

(2)解决产业工人入党难问题

在发展党团员上,解决企业中产业工人的入党难问题,尤其民营企业有的连党组织都没有建立,农民工更是谈不上入党的问题,既使想入党,都是返回原籍递交入党申请。要落实在产业工人单位入党的问题,并且提高产业工人中入党入团人员的比例,它使工人有更多机会在体制内参与党和国家的政治生活。重点发展处于生产一线的产业工人,优先发展劳动模范、生产骨干、技术能手等先进分子入党,提高企业生产一线上产业工人党员的比例,体现党的工人阶级力量,从数量上体现产业工人的政治参与,保持工人阶级的阶级性、先进性,在某种意义上讲,就是提高工人的政治地位,有利于巩固党的阶级基础。

(3)扩大产业工人在企业发展事务中的民主参与权

在企业经营中,要依法保障和落实产业工人的民主参与、民主管理和民主监督要权利。企业职工董事和职工监事依法参与企业的决策与监督权利要切实得到落实。要扩大职工董事、职工监事在董事会和监事会的人数比例,制定便于职工董事、职工监事民主参与决策的议事规则;制定职工参与企业民主管理机制和董事会治理机制相结合的操作办法等。在企业职工代表大会的人员构成上,增加产业工人的人数占比,企业的重大决策、决定权要由职工代表大会掌握,召开职代会时要着重落实产业工人对企业事务建议权、表决审议通过权、对高管的监督评议权以及民主选举权和法律法规赋予的其他权利,一切涉及企业和工人中的利益的事项都要产业工人参与表决等。

(4)完善产业工人民主参与权的法律保障

通过制定相关法律,依法保护产业工人在企业经营中能够切实履行其民主参与的权利。在涉及产业工人切身利益的问题上,如就业协议、工资待遇、社会福利和社会保险、安全保障和卫生条件以及企业干部选拔与任用、评议与聘用等方面,完善产业工人民主参与法律规定,维护好产业工人的民主管理和民主监督权利,坚持厂务公开原则,把涉及企业发展的重大决策、重大投资、重大收益、重大规划等事项保障产业工人代表全程参与,从提案到形成方案全过程公开。

(5)建设面向工人的服务型工会

工会是职工利益的代表,是党组织联系产业工人群众的桥梁和纽带。党领导的工会决定了工会的工作思路、工作机制以及一切组织活动都必须围绕工人利益服务,为广大工人谋福利。服务型工会的建设内容包括:一是,推动建立和谐的劳动关系,及时处置工人失业、弱势职工维权问题以及不规范的劳务合同问题等,让工会成为工人维权的靠山。二是,培训产业工人,可以通过开展劳动竞赛、技术革新以及相互学习等促进工人技能提高;开展工人文体活动和教育活动提高思想素质。三是,针对困难职工做好事、办实事、解难事;四是,照顾女工的特殊利益,在同工同酬、权利义务一致上维护女工民主权利。

二、"四史"教育引领高职大学生理想信念

在庆祝中国共产党成立100周年大会上,习近平总书记强调:"以史为鉴,可以知兴替。我们要用历史映照现实、远观未来。"①我们党的优良传统之一,就是善于总结历史经验、吸取历史教训,保证在以后的工作中不会再犯。2021年2月在《党史学习教育动员大会上的讲话》中,习近平总书记指出:"信仰信念任何时候都至关重要。对共产主义的信仰,对中国特色社会主义的信念,是共产党人的政治灵魂,是共产党人经受住任何考验的精神支柱。"②高职大学生是工业制造强国的后备力量,因此能否引领好、培育好高职大学生的理想信念关乎落实立德树人的根本任务,关乎工业强国战略的实施,关乎国家的前途与命运。"四史"教育既是历史观教育,更是理想信念教育,是帮助高职大学生树立理想信念关键环节。引领高职大学生坚定马克思主义理想信念,为今后打造一支政治素质过硬、又有使命担当的产业工人队伍打下坚实的思想基础。

---

① 习近平.在庆祝中国共产党成立100周年大会上的讲话[N],人民日报,2021-07-02(2).

② 习近平.在党史学习教育动员大会上的讲话[J].党建,2021(4):6.

(一)新时代高职大学生理想信念现状及成因

当前我国高职大学生理想信念状况总体向好,大部分大学生能坚持主流价值观。但是,由于我国正处于社会转型时期,经济结构深刻调整,文化建设滞后以及高职院校素质教育的进展缓慢等因素,少部分高职大学生理想信念现状确实不堪,出现部分迷茫,少数迷失,特别是少数大学生推崇"佛系"等现象。

1. 高职大学生理想信念弱化的个人和社会成因

个别大学生精神追求茫然,理想信念缺乏。伴随着改革开放的推进,市场经济体制的完善,金钱至上观念在大学生中凸显。加上各种西方资本主义社会思潮的侵入,大学生的目标追求开始功利化、实用化;少数大学生过分注重物质追求,精神荒漠化,缺乏远大志向,只考虑与自身利益是否相关。

高职大学生理想信念总的来说态度积极向上,但有个别大学生马克思主义信仰较为淡漠,对坚守共产主义理想信念概念模糊,政治责任感不强,甚至还存在错误的政治观念,认为要不要理想信念都行,对个人没有什么实际价值,反正也不参与政治生活,对理想信念的认知匮乏。对马克思主义的信仰持无所谓的态度,甚至还出现抵触情绪。

全球化语境、全媒体时代各种社交软件为各种西方腐朽思想的扩散、资产阶级意识形态的渗透打开便利之门。大量的反主流价值言论、形形色色的炫富帖子等,对大学生政治信仰的树立带来了一定的负面冲击,造成大学生受到不良思想的腐蚀,难以确立正确的理想信念,对各种错误思想辨别不清,会产生错觉,甚至错误思想。

2. 高职大学生理想信念缺失的"四史"教育成因

"四史"教育历史性与价值性脱节。以中国近现代史纲要课为例,不少老师把历史的故事情节讲得生动活泼,而"史"中的"纲"没有点出来、要领没有提出来。现实教学中,通过纲要课引领学生掌握的历史规律和基本经验等教师没有讲明白讲清楚，从而缺失或者弱化了纲要课的价值引导，导致史学教学的价值理性式微。

“四史”教育改革有效供给不足。思想政治课在理论上对错误思潮的批驳不到位，或不敢批驳，不善于批驳；实践环节缺乏参与性，诸如参观纪念馆、革命圣地等实践活动开展得并不理想；对影响大学生思想的历史虚无主义、新自由主义等西方社会思潮，没有帮助学生认清其真实目的，揭露其险恶用心，引导学生抵制其错误。

“四史”教育大中小缺乏系统性。实际教学中，大中小不同阶段“四史”教学缺乏系统性，导致同样的内容重复讲，反复讲，大学生听了产生疑惑、反感，甚至抵触情绪。比如关于抗美援朝的内容，高职大学还在重复讲史实，大学阶段要掌握的历史意义和现实启示没有突显出来，高职学生感觉还是重复中学的内容。

（二）“四史”教育引领高职大学生理想信念的价值意蕴

当前，西方个人主义、享乐主义、民粹主义等各种社会思潮无孔不入，严重侵蚀着大学生的身心健康。开展“四史教育”引领高职大学生理想信念正当其时。

1. 帮助高职大学生选择科学的理想信念

调查发现，政治信仰不坚定、政治认知不清晰等问题在少数大学生有所体现。① 高职院校严重匮乏引导、培育大学生理想信念的长效机制，不少高职大学生还不知道如何树立坚定理想信念。“四史”教育的基本目标是引导大学生学好党的奋斗史、新中国建设史、改革开放历程和社会主义发展趋势。开展“四史”教育引导大学生认真领会“四个选择”的历史成因，看清今天的现实是选择的结果，从而坚定中国特色社会主义和共产主义的信念。帮助高职大学生厘清资本主义政治信仰的虚伪、丑陋的本质，增强对社会主义核心价值观清醒的

① 张杰. 自媒体时代大学生政治信仰现状调研[J]. 教育现代化，2019(55)：225.

认识。

2. 引导高职大学生树立正确的理想信念

“四史”教育从不同的层面和角度引导大学生树立正确的理想信念。新中国史是我们党为人民幸福不断艰辛探索的历史，新中国人民实现了从站起来到富起来，正开启强起来的伟大飞跃。改革开放史是党锐意改革、开创中国特色社会主义的历史，是党实事求是路线的现实体现。改革开放让人民实现了小康，民族复兴看到了光明前景，中国人民找到了适合自己的正确发展道路。党的领导是党史的理论逻辑和实践逻辑。坚定党的领导是“四史”教育把握的主线，通过“四史”教育，引导大学生形成坚定的理想信念。

3. 培养高职大学生建构坚定的理想信念

高职院校“四史”教育过程就是按照社会主义价值观念标准将历史教育与马克思主义意识形态培育相结合，培养大学生自主建构理想信念的过程。高职大学生学习中国共产党英勇革命历程的同时就是内心对党对国家和对社会主义道路的了解、认知、认同的过程，就是逐步确立马克思主义信仰的过程；学习中国共产党百年历史，让学生了解马克思主义传入中国的伟大意义，深刻领悟党领导人民翻身解放的历史巨变，了解社会主义在中国的发展、壮大的必然性与偶然性，使学生理解寻找救国救民的道路的艰辛，理解道路选择的不易，应倍加珍惜。

4. 推进高职大学生筑牢坚定的理想信念

“四史”教育以鲜活的历史故事、深刻的历史哲理等丰富的教学内容彰显马克思主义信仰教育的价值旨归。红色基因是中国共产党在革命战争年代立志于争取民族独立和实现人民解放过程中孕育形成的，它向世人诠释了共产党人艰苦奋斗、坚定理想信念、敢于担当、对党忠诚、为民献身的精神力量。① “四史”教育中把红色资源利用好、把红色基因传承好、把红色传统发扬好，让红色

① 李小旭. 当代大学生正确政治信仰培育的思路与对策[J]. 山西经济管理干部学院学报，2017(6)：87.

文化成为铸魂育人的精神动力。推荐高职大学生塑造坚定的政治品格、独立的政治意识、科学的政治素养、正确的价值取向,夯实大学生坚定的理想信念。

(三)“四史”教育引领大学生理想信念的内在机理

大学生理想信念生成的机理大体是首先认同马克思主义,通过教学过程感受到马克思主义理论科学性、真理性,具有崇高的指导价值。这种认知触动心灵而转变为对马克思主义的“学马、信马”的态度,进而逐渐确立对马克思主义坚定的信仰。

1. 理论接受的主动与融洽:“四史”教育引领理想信念的逻辑起点

历史知识和理论的传授是“四史”教育的基础性任务,也是引领学生理想信念的逻辑起点。只有学生明白学好党史,掌握扎实的理论是成长的客观要求,学生党史理论的接受才会是主动的,才会从生涩难懂转向融洽、贯通,从而在党史学习教育中确立理想信念。思想政治理论课教师要系统讲述历史知识和历史逻辑,讲清楚中国共产党为人民幸福而奋斗的艰辛历程,讲好新中国不断实现人民幸福生活的壮丽诗篇,讲透彻中国特色社会主义就是当代马克思主义。这些是大学生理解我们党的宗旨,坚定中国特色社会主义理论基础,也是确立马克思主义信仰的逻辑起点;教师传授历史理论知识与学生接受知识的融合过程,是引领大学生理想信念的逻辑起点。

2. 实践体悟的内省与升华:“四史”教育引领理想信念的关键环节

以党史学习教育为例,学生在实践体悟中对党史学习教育内容进行反思、确信、反馈,在实践中无时无刻接触到与党史课堂教学内容相关的人物、事件或物品等,能够深刻体会到党史学习教育内容在现实中的意义。逐步将课堂教学要求转化为自身追求理想信念的内在诉求。这就要求创新“四史”教育方式方法,大力推行“讲授 + 研讨”教学模式,既有教师讲授,又有学生提问和讨论。充分挖掘本地区红色资源,组织学生到革命老区开展以“体验先辈革命战斗生活,坚定共产主义理想信念”为主题的体验式教学,让学生进一步接受思想上的洗礼。推进“行动学习”和“四史”教育高质量融合发展,以党史为主题,开展结构化研讨,充分调动学生学习积极性,推进党史入脑入心。

3. 价值认同的自觉与自为:“四史”教育引领理想信念的核心意蕴

大学生经过“四史”教育的系统学习,对“四史”学习内容的把握逐渐由感性认知上升为理性认知,对“四史”相关理论等逐步达到系统化。反过来,系统化的理论知识能够促使学生正确理解马克思主义改变了中国,深刻体验中国特色社会主义道路在实践中的价值;从而有能力分辨是非,看清社会形势,对社会纷繁复杂现象背后的真善美、假恶丑等价值标准,做到积极能动的自主判断。在“四史”教育教学过程中,通过理论的系统学习,大学生明白了中国共产党的崇高奋斗目标、初心和使命,坚定了社会主义制度优势的认可、认同。自觉确立对马克思主义的信仰、对中国特色社会主义的信念。

4. 环境要素的联动与耦合:“四史”教育引领理想信念的重要条件

一切有利于增强学生理想信念教育效果的要素要朝着共同的方向发力,相互衔接、相互促进,构建理想信念教育共同体。多系统耦合,强调“四史”教育与其他信仰教育系统共同构成相近相通、动态互补的耦合关系,形成高校理想信念教育的大格局。“四史”教育不单是课堂理论授课,还要开展课外实践教学,同时优化创新课程思政,也要把“四史”教育与中国特色社会主义的伟大实践结合起来,讲好中国故事,积极传播科学信念。多种“四史”教学形式相互促进,共同营造学习党史的正向氛围,引领大学生树立马克思主义信仰。

(四)“四史”教育引领高职大学生理想信念的路径

马克思主义信仰是一个“知、情、意、行”相统一的综合体系。[①] 马克思主义理想信念教育的根本目标是使大学生旗帜鲜明地认知、认同马克思主义,在实践中将这种信仰内化为一种意识和情感,并外化为对党、对社会主义道路的自

① 陈建民,阳鲁平. 科学认识马克思主义信仰[J]. 求索,2004(06):130.

觉选择、行动和坚守。“四史”是我们党和中华民族宝贵的精神财富，在高职院校教学中要坚持“知、情、意、行”相统一，积极探索“四史”教育引领大学生理想信念的路径。

1. 筑牢教育者的信仰自觉，发挥教师的主导力

打铁还需自身硬。思想政治理论课教师自身要加强理论武装头脑和历史学习的能力，强化主体自觉，提升主体信仰、主体导向和主体责任，坚定马克思主义信仰，发挥好教师的主导力。“四史”教育，不是一般的历史课教学，而是以历史为基础的思想教育。思想政治理论课教师首先要端正自己的信仰，在“四史”教学过程中，教师要有鲜明的政治立场，坚持正确的政治方向，才能引导大学生确立正确的历史观，树立坚定理想信念。教师要先传道，自己必须先学好弄通马克思主义、真信马克思主义，提高自身的马克思主义理论水平，坚定主流信仰，牢固树立“四个意识”和坚定“两个维护”。切不可在主导“四史”教育的原则方向和学术导向方面存在模糊认识，或者受到社会上错误言论的左右。

2. 加强教学的学理性，彰显理论的说服力

理论只有彻底才能说服人。“四史”教育要根据时代要求和高职大学生的认知规律、心理特点，加强“四史”理论的说服力，以学术的魅力不断提升学生对马克思主义信仰，在学思践悟中实现学生从“知否、会否”到“信否、行否”的转变。

通过“四史”教学，使学生能全面认识和把握社会发展概况、党的组织情况，基本国情和世界局势，能加深学生对我们党的路线、方针、政策的深刻理解，对中国特色社会主义发展成就的清晰体验，从而消除学生认识误区，坚定其正确理想信念。同时，培养学生共同的历史观，这是一种具有凝聚社会共识功能的号召力量，其功能旨在促成社会“普遍共识”，获得社会普遍认同。共同的历史观帮助大学生在历史教学中理解和掌握马克思主义理论的观点和方法，引导学生深刻认识中国发展的历史方位，深刻认识“四个选择”。

3. 敢于直面现实，增强问题导向的感召力

“四史”教育实效性的内在逻辑在于高度契合学生需求，解答学生困惑，因此教学中要敢于直面现实问题。教学中坚持问题导向，把解答学生思想困惑与解决学生实际问题相结合，用鲜活历史诠释抽象原理，及时把负能量转化为正能量，教会学生戴正理想信念的“帽子”、扣好社会主义核心价值观的“扣子”。

在“四史”教学过程中，教师要教导学生用马克思主义的世界观和方法论，对学生提出的问题、对困扰学生思想的难题、当今社会存在的争论，等等，不避讳、不排斥，以问题为导向组织课堂教学，以回答问题为脉络启发学生思考，在解答问题的过程中引导学生对我们党的本质、奋斗历程和发展主线进行透彻理解和正确把握。

以解决当前社会发展问题为导向推进“四史”教学。用历史发展眼光看问题，坚持用社会主义伟大发展成就激励学生，把党的优良传统作为教学重点，把历史成功经验和惨痛教训讲清楚、讲明白，以给学生启迪。在教学中坚持把“四史”教学同国家发展的现实目标和中华民族伟大复兴紧密联系起来，增强大学生的使命担当，培养学生的家国情怀、大格局、大视野。在现实社会的惊涛骇浪面前能站稳政治立场，坚持人生发展的正确方向。

4. 善于揭批错误思潮，提高论战的征服力

在高职教育发展中，一些对党史的不良解读和错误认知不时沉渣泛起，“企图让我们丢掉对马克思主义的信仰，丢掉对社会主义、共产主义的信念”①。思想政治理论课教师应该以渊博的历史理论把握党史学习教育的针对性，着力解决学生的思想困惑，剖析错误思潮的本质和危害，敢于向错误思潮亮剑，压缩错误思潮的市场，对大学生进行正确的历史教育和价值观教育。

“四史”教育应坚持历史性和价值性的统一。教学过程首先要讲好历史，其次要进行价值批判和价值引导，针对当下存在的不当观念、错误言论，甚至歪曲

① 习近平. 习近平谈治国理政（第二卷）[M]. 北京：外文出版社，2017：327.

史实、杜撰“历史”搞历史虚无主义，要敢于批驳，用正确的历史观和客观历史事实正本清源，引导学生正确认识历史问题，理性看待社会矛盾，帮助学生树立社会主义核心价值观，确立为中国特色社会主义奋斗终身的崇高信念。

5. 注重个性化教学，凸显因材施教的塑造力

“四史”教育具有“历史为基”“信仰为魂”“学生为本”的历史教育属性和理想信念引领功能。思政课教师要根据高职大学生不同的成长经历、学识背景、接受能力、理解能力和价值观念等因材施教，注重个性化信仰培育，教学过程中要彰显大学生理想信念的主体性，做到因事而化、因时而进、因势而新，实现马克思主义信仰知道、体道和悟道的统一。

针对理科生和工科生，要系统讲述历史叙事，尽量把历史故事讲生动，将历史问题讲清楚，历史道理讲明白，将中华传统工匠故事讲生动；而文科生具有发散式思维，可以对着现实问题讲历史，精着讲、对着讲，让学生在更深层上理解中国共产党为人民幸福而奋斗的光辉历程，理解传统文化中蕴含的丰富的工匠精神和劳动文化，培育学生的劳动观念和现代工匠精神。

6. 倡导参与式教学，增进角色翻转的凝聚力

思政课教师在“四史”教育中要运用研究式、辩论式、讨论式、互动式等多种教学方法，引导学生积极参与到教学过程中来，按照信仰教育目标及机理推进教学方法创新，促使课堂教学接地气，不断强化思政课的凝聚力，提升学生接受信仰教育的悦纳感。

首先要把“学”与“践”统一起来。教师要始终坚持马克思主义指导地位，把“四史”教育和加强引领学生理想信念结合起来，党史要启发学懂弄透，也要引导学生参与实践。开展“四史”教学，要始终围绕中国共产党为什么能、马克思主义为什么行、中国特色社会主义为什么好、这三个问题启发学生思考，努力引导学生把握历史规律和发展大势。在对大学生理想信念的引领中，以个人人生目标作为导向，引导他们把通往人生目标的奋斗过程和参与政治实践活动统一起来。帮助他们理解今天的幸福生活是革命先辈们用流血流汗的牺牲和奋斗换来的，引导大学生要不断提升人生追求，努力提高生活品质，要有更高的精神信仰，在努力实现美好生活的过程中要关心人民、关注国家、关爱民族，培养他们参与国家发展的意识。

7. 善于激活学生，发挥情感共鸣的内生力

大学生的理想信念的形成主要靠其内心的认同及实践的自为。“四史”教育要激活高职大学生的主体能动性，可以通过平等对话唤醒学生的主体意识，也可以通过创设语境吸引学生的投入，产生情感共鸣，润物细无声向学生传递马克思主义信仰和价值观念。

开展“四史”教学，带领学生回到本源起点，站在历史、理论和实践的脉络上，对青年大学生“我是谁、为了谁、依靠谁”想得更明白，引导学生以历史为镜，悟初心使命、坚定理想信念，悟时代担当。激励学生要以更宽广的视角来认识历史、把握当下、面向未来，在历史发展潮流中产生情感共鸣，不断增强初心如磐、使命在肩的历史担当，进一步坚定走好新时代长征路、创造新时代新奇迹的信心和决心，引领学生对社会主义道路的信念。

在“四史”教学中，把历史教学内容中蕴含的中国优秀传统文化和社会主义核心价值观作为桥梁，引导大学生产生强烈的中国优秀传统文化认同和社会主义核心价值观认同，在文化认同的基础上，进一步引导他们加深对中华文化的认识，坚定中国特色社会主义的文化自信，自觉为建设社会主义文化强国贡献聪明才智。

8. 尝试体验式教学，增进实践的外化力

“四史”教育离不开实践教学。开展党史体验式教学一方面可以通过“红色之旅”的实践教学加强共产主义信仰教育；另一方面可以通过虚拟仿真实验教学，实现对学生多领域、超时空、广互动的历史教育与共产主义信仰教育的结合。通过体验式教学，增进实践的外化力，激发大学生参与理想信念教育的自觉性和感受力，强化他们的历史使命感、责任感，在参与红色资源教育实践中将马克思主义信仰内化成个体的价值信念。

开展红色之旅，发挥革命圣地的教育功能。革命旧址旧居配备现代科技的影像效果，通过雕塑、蜡像等艺术形式，加以图文声像，“复原”历史情境，学生能感受到真实场景,回味革命事迹,领悟到先烈们的悲壮斗争精神,心灵受到革命精神的洗礼,能够使其产生情感共鸣,增强对红色基因的认同。

虚拟仿真技术在教育领域中已经得到了广泛应用。在“四史”教育中,采用虚拟仿真实验教学,以可视、可听、可触等效果还原历史事件,有很强的代入感,学生貌如穿越历史,能体验到革命英雄的英勇无畏和不屈不挠的革命斗争精神,还能够带领学生体验现代工业制造的工业美感,领略现代工匠精神,这种体验式教学模式已成为“四史”教学效果增强与目标达成的有效路径之一。

第五章　加强产业工人的价值引领

第一节　用工匠精神提升产业工人的素养

在中国特色社会主义新时代，国家实施新型工业化发展战略，做出了由“制造大国”向“制造强国”转变的战略部署。作为制造业企业发展和壮大的中坚力量，产业工人队伍的建设和发展对于企业转型是否成功所起到的关键性作用日益受到重视。当前，我国制造业的“软实力”提升，有赖于是否能够建设一支由高技能人才组成的现代化产业工人队伍。然而，现在的制造业面临着企业“用工不足”和产业工人“就业困难”同时存在的局面。这种两难局面形成的原因主要在于：一方面，产业结构升级和优化使制造业企业对于产业工人在知识、能力和技能层面上的要求越来越高，而当前的产业工人更多的只是简单的体力劳动者，拥有专业技能的产业人才的数量和质量越来越不能满足企业转型与提升的需求。另一方面，制造业行业普遍存在产业工人对工作环境、工作待遇不满的情况，流动率较高。近几年来制造业离职率的逐年攀高，导致企业无法建设稳定的产业工人队伍，也无法为留下来的工人打造良好的职业发展环境，这样的恶性循环导致制造业企业无法拥有稳定的生产技术人才队伍，成为企业发展不稳定的瓶颈。

我国制造业总体蓬勃发展，一跃成为全球工业门类最齐全的国家。但是，制造业企业也同时面临用工困难的困境，根源主要在于现在产业工人的职业仍然会遭受社会认知的偏见，社会地位和工资待遇相对也较低，产业工人的工作获得感、幸福感没有得到满足。与此同时，现在的制造业中产业工人队伍的主力军,是成长于物质生活充裕、追求精神满足的时代的新生代工人,拥有比父辈更高的学历的同时,也对工作待遇的期望更高,不仅希望能够从工作薪酬中获得更好的物质生活,更重要的是能够实现自己的价值,拥有工作的成就感。因此在制造业产业工人的社会地位偏低、工作单调、环境枯燥等现实中,新生代产业工人更容易对工作产生不满和倦怠心理,无法从工作中领略到乐趣,更不可能在工作中保持热情的学习状态,如果经济回报无法满足物质需求,就会对工作产生倦怠的心理,寻找机会跳槽。因此发掘内在工作动力,让产业工人在工作中通过体验自己的工作价值而感受到幸福,才是解决产业工人工作状态问题的关键。培养具有工匠精神的产业工人是打造出具有中国特色的高水平产业工人队伍的出路之一。工匠精神要求产业工人以严谨的专业态度对产品工艺精益求精,执着于工艺技术的钻研与创新,把工作动力和关注力集中到如何创造出完美产品质量上面,并将此内化成自己的工作成就感。这种价值转化使产业工人在此过程中产生一种内在的专注力,在工作中更加注重细节,不断打磨,以做出卓越一流的产品作为自己的终极目标。工匠精神的培养使产业工人能够对自己的工作产生高度的认同感,不再是简单地把工作当成是养家糊口的工具,把金钱等物质回报当成是唯一的工作动力,而是把工作当成是一份实现自我价值的长期事业,对于自己的工作结果不单是为了满足绩效标准,而是把它当成是一种创造的过程,这个过程本身就会把产业工人带到一种“道技合一”的人生境界,这会使人们对自己的工作产生一种发自内心的深刻满足感,而这种满足所带来的幸福感是稳定且长久的,成为产业工人内在的持久的精神支持,激励着产业工人追求品质,生产出高质量的产品来。

劳模精神、劳动精神和工匠精神是新时代产业工人的精神支撑。

产业工人是新型工业化建设的主力,是制造强国建设的生力军。劳动是社会主义财富的源泉。产业工人应当热爱劳动,用勤劳和汗水创造国家财富。在产业工人弘扬的劳动精神、劳模精神和工匠精神的价值体系中,劳模精神和劳动精神的关系是部分和整体的关系。他们的主体不同,劳模精神的主体是劳动模范群体,劳动精神的主体是所有的产业工人,产业工人应当都是热爱劳动,不劳而获是遭人鄙视的;而劳动模范群体是广大产业工人群体中劳动技能和工作任务的佼佼者和杰出代表,劳动模范总能保质保量超额完成劳动任务,是广大产业工人学习的榜样和楷模。产业工人中的劳动模范,就是产业工人群体中的模范人物、先进典型。产业工人中的劳动模范是产业工人群体中的少数。从这个意义上讲,在产业工人群体中弘扬的劳模精神也是劳动精神的一部分,劳动精神包含着劳模精神。劳动精神指引着产业工人要是做一名热爱劳动的工人,是任何一名产业工人应当具备的品质,劳模精神则是成为产业工人群体中先进人、典型代表所应当具备的精神。不热爱劳动不是一名合格的产业工人,成为劳动模范也就没有可能。产业工人不具有劳动精神,也很难发扬劳模精神。所以,劳动精神应该成为所有产业工人都具有的精神。劳模精神是所有产业工人都应当学习和发扬的精神。二者也是方向和基础的关系,劳模精神是榜样、是方向,而劳动精神是基础、是必须。

从激励产业工人干事创业的热情来讲,劳模精神和工匠精神分别是外驱力和内驱力两种激励力量。劳模精神是所有产业工人都应当发扬学习的精神,是影响和指引每一位产业工人从平凡的劳动者成长为杰出模范的外驱力。劳模精神从外部驱动每一位产业工人学先进、赶先进、当先进。工匠精神则在产业工人中倡导都应当具有的内在精神,是激发和激励每一位产业工人不断挑战自我和超越自我的内驱力。工匠精神从内部唤醒每一位产业工人不断成为最好的自己、激发自己从普通走向卓越。产业工人所具备的劳模精神是超越别人的精神,因为他们就是超越了很多普通产业工人才脱颖而出的。工匠精神是超越自己的精神,世上最大的对手不是别人,而是自己。工匠精神是让产业工人成为自己的“模范”,劳模精神是让产业工人成为别人的“楷模”。工匠精神激起自己的斗志,点亮了自己的生命,劳模精神则树立榜样,照亮了别人的人生。

上面分析了劳动精神是所有产业工人都应当具有的共性的精神,每一位产业工人都应该具有劳动精神、热爱劳动,有正确的劳动观;工匠精神则揭示了不甘于平庸的产业工人应该具有的特质，是产业工人的个性，是产业工人成就先进劳动者、卓越模范人物的必要条件，是少数产业工人具有的品质。个性特质不仅是产品和企业的核心竞争力，也是产业工人个体的核心竞争力。这里所说的产业工人的追求一流的个性主要是指产业工人在自我超越过程中，彰显出的个人优势及其勇于进取精神状态，也就是工匠精神。所以说，产业工人要具备的劳动精神和要弘扬的工匠精神是共性和个性的关系。换句话讲，如果不具备工匠精神，一个产业工人难有卓越的成就和傲人的业绩。精益求精、追求一流是践行工匠精神的核心，也是成就杰出产业工人的精神支撑。当然，如果工匠精神成就的产业工人不仅大大超越了过去的自己，也大大超越了别人，在企业、行业、全国乃至全世界都成为最优秀最出色的典型人物。那么，这名产业工人就会成为其他工人学习的榜样和楷模，最终就会成为生产战线的模范人物，劳模精神也随之产生并得以弘扬。

根据历史唯物主义基本原理，劳动创造了客观世界，也创造了人本身。热爱劳动就是以积极的态度参与社会分工。在产业工人中弘扬劳动精神就是要每个产业工人成为合格的劳动者，弘扬工匠精神是要产业工人成长为更加优秀的劳动者，弘扬劳模精神则是要产业工人成长为全体中的楷模，能影响、感召其他人。成为合格的劳动者、成为更加优秀的工人代表、成为能影响别人的楷模，这是一种要求逐步递进的精神力量。党和国家大力倡导弘扬劳动精神、劳模精神和工匠精神，目的就在于让每一个产业工人都热爱劳动，成为工业战线上的合格劳动者，进而成为优秀的技术工人，乃至成为广大工人群体中的杰出人物和大家学习的榜样。

第二节　用工匠精神引导产业工人队伍建设

党和政府高度重视工匠精神的弘扬，曾连续三年在国务院《政府工作报告》中强调工匠精神。2016 年的国务院《政府工作报告》里首次提出“工匠精神”，明确产业工人队伍建设应“鼓励企业开展个性化定制、柔性化生产，培育精益求精的工匠精神”；2017 年的国务院《政府工作报告》中又再一次提出“大力弘扬工匠精神”的倡议，强调企业在“工匠精神”的引导下，组建了具有工匠精神的职工团队。全国工会工作重点也强调要充分发挥工人阶级在推动经济平稳健康发展中的主力军作用，特别是重点加强产业工人队伍建设，为实施创新驱动发展战略、制造强国战略提供人才保证。同时，进一步叫响做实“大国工匠”名片。大力在全社会，尤其制造业一线工人群体中弘扬劳模精神、培育劳动精神、传承工匠精神，健全“大国工匠”培养、选用和激励机制，引导广大产业工人立足本职、爱岗敬业，培养执着专注、精益求精、一丝不苟、追求完美的职业精神，培育大批“大国工匠”。

党的十九大对新时代产业工人队伍建设，提升产业工人素养提出了新的要求。党的十九大报告指出，要“建设知识型、技能型、创新型劳动者大军，弘扬劳模精神和工匠精神，营造劳动光荣的社会风尚和精益求精的敬业风气”①“完善职业教育和培训体系，深化产教融合、校企合作”②“大规模开展职业技能培训，注重解决结构性就业矛盾，鼓励创业带动就业”③。其中，建设集知识、技能和创新精神于一身的一线产业工人大军是目标；大规模开展职业技能培训，完善职

① 习近平．决胜全面建成小康社会 夺取新时代中国特色社会主义伟大胜利——在中国共产党第十九次全国代表大会上的报告[M]．北京：人民出版社，2017：31.

② 习近平．决胜全面建成小康社会 夺取新时代中国特色社会主义伟大胜利——在中国共产党第十九次全国代表大会上的报告[M]．北京：人民出版社，2017：46.

③ 习近平．决胜全面建成小康社会 夺取新时代中国特色社会主义伟大胜利——在中国共产党第十九次全国代表大会上的报告[M]．北京：人民出版社，2017：46.

业教育和培训体系，深化产教融合、校企合作是措施；全社会弘扬劳模精神和工匠精神，营造劳动光荣的社会风尚和精益求精的敬业风气是保障。党的二十大报告指出："加快建设国家战略人才力量，努力培养造就更多大师、战略科学家、一流科技领军人才和创新团队、青年科技人才、卓越工程师、大国工匠、高级技能人才。"[①]这些都为新时代加强产业工人队伍建设、培育更多大国工匠指明了前进方向，提供了根本遵循准则。

例如，徐工集团在一线产业工人中推行潜心钻研，比技术过硬，讲实干，凭担当，用实际行动引领产业工人新时代工匠价值观。在产业工人心中荡起了时代的波澜，大家都争先恐后，主动请缨，积极主动争做创新型技术能手。

把培育工匠精神作为构建产业工人技能形成体系的思想基础。新时代的工匠精神是劳模精神、劳动精神的重要体现，是推进供给侧结构性改革、实现从制造大国向制造强国转变的重要推手。[②] 夯实产生工匠精神的人力基础，优化培育工匠精神的良好社会文化氛围，营造培育工匠精神的良好职业晋升路径。

第三节　用工匠精神激励产业工人

劳模精神、劳动精神和工匠精神，都是中华优秀传统文化的精髓，中国共产党人是优秀传统文化的继承者和传承者，所以，这三种精神是中国共产党精神谱系里的重要组成部分。在开启全面建设社会主义现代化国家的新征程上，大力弘扬劳模精神、劳动精神、工匠精神，这是传承中华优秀劳动文化的时代要求，是培育知识型、技能型、创新型复合型产业生力军，全面推进新

---

① 习近平. 高举中国特色社会主义伟大旗帜 为全面建设社会主义现代化国家而团结奋斗——在中国共产党第二十次全国代表大会上的报告[M]. 北京：人民出版社，2022：36.

② 吴绮雯. 深化产业工人队伍建设改革打造新时代大国工匠队伍[J]. 北方人(悦读)，2018(3)：62－63.

型工业化建设，全面建成社会主义现代化强国，进而实现中华民族伟大复兴中国梦的需要。

按照马克思主义基本观点，劳动是人类所特有的一种有意识、有目的的社会实践活动，是人的生存条件和存在方式，也是人类社会存在和发展的基础。劳动创造了人，劳动改变了客观世界，也改变了人类自身，劳动是物质财富和精神财富的源泉，劳动是人类文明的基石。劳动精神则是关于劳动的理念认知、价值追求和劳动状态、行为实践的集中体现。在人类长期实生产实践中，中华民族培育形成了崇尚劳动、热爱劳动、辛勤劳动、诚实劳动的劳动精神，具有深厚的文化底蕴、科学的理论指引、坚实的实践基础，也具有鲜明的时代价值。

中华文明源远流长，从古至今从没有断流。中华民族是勤劳的民族，劳动精神则是中华优秀传统文化的赓续传承，支撑中华民族创造辉煌的华夏文明，劳动精神是中华民族精神血脉。盘古开天成就天地方圆，大禹治水开启华夏文明。一部《诗经》礼赞劳动人民，“四大发明”凝聚劳动者的智慧。博大精深、辉煌灿烂的中华文明是生生不息的中华民族以辛勤劳动创造的。无论是回望历史，还是展望未来，劳动精神始终是中华民族自强不息、顽强奋进的强大精神动力。

中国共产党倡导对中华优秀传统文化进行批判地继承和发扬。在革命战争年代就涌现了大批劳动模范，有“边区工人一面旗帜”赵占魁，有“兵工事业开拓者”吴运铎，还有“新劳动运动旗手”甄荣典等劳动模范，他们是后方人民群众不断成长进步的典型代表，以“新的劳动态度对待新的劳动”，积极带头参加义务劳动，积极抓生产搞建设，全力支援前线斗争，带动广大人民群众投身到党领导的革命事业中。

在社会主义建设时期，生产一线涌现出了“高炉卫士”孟泰、“铁人”王进喜、“两弹元勋”邓稼先、“知识分子的杰出代表”蒋筑英，还有“宁肯一人脏换来万人净”的时传祥等一大批先进模范，响应党的号召，带动全国广大群众自力更生、奋发图强，用勤劳双手、顽强的意志促进生产任务超额完成，提高了国家建设目标的提前实现。大庆石油工人王进喜以“宁肯少活20年，拼命也要拿下大油田”的英雄气概，带领石油工人为我国石油工业发展顽强拼搏，“铁人精神”“大庆精神”成为激励各族人民意气风发投身社会主义建设的强大精神力量。

在改革开放新的历史时期，同样涌现了大批劳动模范和先进工作者。“蓝领专家”孔祥瑞、“金牌工人”窦铁成、“新时期铁人”王启明，“新时代雷锋”徐虎、“知识工人”邓建军、“马班邮路”王顺友、“白衣圣人”吴登云、“中国航空发动机之父”吴大观等一大批时代先进典型，他们干一行、爱一行，专一行、精一行，都是各自工作岗位的劳动模范人物，不但高质量完成自己的工作任务，还带动群众锐意进取、积极投身改革开放和社会主义现代化建设事业中，用爱劳动的实际行动为国家富强和人民幸福做出了突出贡献。

得益于马克思主义劳动观的科学指引，人们从生产劳动中抽象出了劳动精神。马克思对人类社会生产劳动做了大量考察、分析，在批判吸收前人劳动思想的基础上，结合工人阶级的革命实践，创造性地确立和形成了科学的劳动概念和劳动理论。在马克思看来，“人是劳动的动物”，劳动是人所特有的“感性对象性活动”，劳动是人之生命的存在基础和意义源泉，劳动创造人，劳动形塑人，劳动注释人。同时，劳动也是现存感性世界的深刻基础，是社会存在关系的深层根据，是观念世界的生发基地，是人类历史的深层底色。马克思运用劳动这把“理解全部社会史的锁钥”从“繁芜丛杂”的社会关系中揭示了人类社会发展的一般规律，指明了人类前进的基本方向。马克思主义劳动观是当代中国劳动精神的思想内核和价值依归，对劳动精神的培育和弘扬有着规范定性和功能指引性意义。

伟大实践孕育伟大精神，伟大精神引领伟大实践。中国共产党从成立伊始就发动工人阶级和底层劳动人民，带领劳动人民开创历史伟业，从南泥湾火热的大生产运动，到小推车推出的淮海战役；从中华人民共和国成立初的手提肩扛，到改革开放时代的电气革命；从永不褪色的“铁人精神”，到赶超一流的“载人航天精神”；从都市快递员的忙碌身影，到互联网时代的创业创新……正是因为劳动创造，我们拥有了历史的辉煌；也正是因为劳动创造，我们拥有了当今举世瞩目的伟大成就。一百年来，中国共产党领导中国人民不断推进革命、建设、改革、复兴事业，筚路蓝缕、披荆斩棘，艰苦创业、铸就辉煌，党和人民的奋斗成就中劳动价值得到了充分彰显，劳动精神得到极大弘扬。

中国特色社会主义进入新时代，习近平总书记站在全面建设社会主义现代化国家、实现中华民族伟大复兴中国梦的战略全局的高度，对新时代大力弘扬劳模精神、劳动精神和工匠精神做出了一系列重要指示。2020 年 11 月 24 日，习近平总书记在全国劳动模范和先进工作者表彰大会上的重要讲话中指出："在长期实践中，我们培育形成了爱岗敬业、争创一流、艰苦奋斗、勇于创新、淡泊名利、甘于奉献的劳模精神，崇尚劳动、热爱劳动、辛勤劳动、诚实劳动的劳动精神，执着专注、精益求精、一丝不苟、追求卓越的工匠精神。劳模精神、劳动精神、工匠精神是以爱国主义为核心的民族精神和以改革创新为核心的时代精神的生动体现，是鼓舞全党全国各族人民风雨无阻、勇敢前进的强大精神动力。"①习近平总书记对于劳模精神、劳动精神和工匠精神科学内涵及其重大价值的全面论述，体现了对劳动、劳动价值、劳动群众的高度尊崇，体现了马克思主义人民群众是历史的创造者的唯物史观，为我们大力弘扬劳动精神、深入践行劳模精神、劳动精神和工匠精神指明了方向，提供了基本遵循。

例如，青岛市用工匠主题馆的形式向社会展示了新时代劳模工匠和以援鄂抗疫英雄为代表的劳模群体先进事迹，以视听资料播放，编印《劳动铸魂》主题画册，或者是《我和我的时代》主题影片等多种形式，非常形象、非常深入地向公众阐释劳模精神、劳动精神、工匠精神。成为产业工人、社会各界学习、追随的打卡胜地。社会需要工匠人才，各地都在弘扬工匠精神，倡导工匠价值，必将引领新一代工匠队伍成长。

---

① 习近平. 在全国劳动模范和先进工作者表彰大会上的讲话[N]. 延庆报，2020－12－2.

第六章　引领产业工人发扬劳模精神

第一节　劳模精神的时代内涵

劳模精神是我们中华民族精神的重要因子，是我们新时代的宝贵精神财富，是我们民族崇尚劳动的价值体现，是社会主义核心价值体系的要求的集中体现。中国特色社会主义新时代是一个奋发向上的时代，是一个有追求有梦想的时代，全国各条战线上不断涌现出来的先进个人、劳动模范、光荣事迹所折射出来的劳模精神，是激励、鼓舞全国各族人民热爱劳动、积极向上应对各种风险和挑战，建设中国特色社会主义现代国家的强大精神力量，是推动建设新型工业化的强大动力，也是伟大民族精神、创新精神的重要体现。劳动模范用他们的崇高思想和模范行为，铸就了爱岗敬业、踏实肯干、争创一流、艰苦奋斗、勇于创新、淡泊名利、甘于奉献的伟大的劳模精神，成为激励各行各业产业工人群众团结奋斗的宝贵精神财富。

一、劳模精神的内涵

产业工人是工人阶级的重要组成部分，产业工人是一线和生产资料直接接触的工人，和广大劳动群众一样都是国家的主人，是建设中国特色社会主义的主力军，推动着时代前进。劳动模范是中国工人阶级和广大劳动群众的杰出代表，是民族精英国家栋梁、社会中坚、人民楷模。时代呼唤劳模、社会需要劳模，劳模精神在今天越发放射出耀眼的光芒。几十年来，在我国社会主义建设的各个历史时期,中国产业工人是推动我国先进生产力发展和社会全面进步的根本力量,产业工人始终表现出伟大的创造力,在生产一线涌现出一大批劳动模范、先进典型,这些劳动模范始终走在生产改革和技术进步的最前列,以崇尚劳动的品格和优异的工作成就,以舍身忘我的奉献精神,激励着一代又一代劳动者为国家的繁荣富强而努力奋斗。这些劳模成为整个工人阶级学习的榜样,带动工人阶级满腔热忱地在各自的工作岗位上创造辉煌的业绩,是当之无愧的时代领跑者。学习劳模就是学习他们身上所展现的高贵的品格,体现的劳模精神,不断鼓舞激励着人们,激发人们的智慧和力量,具有强大感召力,是时代和社会的宝贵精神财富。劳模精神的时代内涵主要体现在以下方面:

(一)强烈的使命感

使命感也是责任感,是一种自觉主动地做好分内分外切有益事情的精神状态。强烈的使命感正是劳模精神内涵的深刻体现,就是把国家富强和人民幸福当作人生奋斗目标,勇于承担民族复兴历史使命的主人翁意识。劳模精神是社会的正能量,影响和鼓舞着一代又一代人为实现中华民族伟大梦想而勤奋劳动,忘我工作、无私奉献。从英雄孟泰爱厂如家的主人翁精神到劳模杨怀远为人民服务的“小扁担精神”;还有“有条件上,没有条件创造条件也要上”的铁人精神;以及公交战线的旗帜李素丽“岗位作奉献,真情为他人”的精神,再到当代工人的楷模许振超“干就干一流、争就争第一”的执着……他们身上所体现的强烈的主人翁责任感,不仅是中国工人阶级伟大品格的集中体现,也是中华民族精神的重要组成部分。我国目前正处于全面建成社会主义现代化强国的攻坚期,建设新型工业化是党在新时代的责任和任务。因此,同样需要工人阶级站在中华民族复兴的战略全局的高度,以强烈的使命感走好自己的长征路,承担起自己的历史使命,充分发挥现代化建设的主力军作用。

(二)无私奉献

无私奉献是劳模精神的精髓,是产业工人伟大品格的生动体现,是社会主义核心价值体系的集中展示,是奋进时代的宝贵精神财富。淡泊名利就是清淡寡欲,淡泊名利。无私奉献就是在工作岗位上要有勇于牺牲、甘于奉献、舍己为人的精神。在推进社会主义精神文明建设中,淡泊名利、甘于奉献构成了劳模精神的品格特征。劳动模范们在自己的岗位上任劳任怨,默默无闻,为全民族创造了新的精神财富,塑造了新的英雄形象。中华人民共和国成立之初爱厂如家的孟泰;社会主义建设时期,“铁人”王进喜,“走在时间前面的人”王崇伦,“群钻”发明者倪志福,具有“一团火”精神的张乘贵,“两弹元勋”邓稼先等,这些劳动模范在自己平凡的工作岗位上以强烈的责任感和无私奉献精神创造了骄人成绩,以为国分忧、自强不息的豪迈壮志,影响和带动着整个社会前进。改革开放新时期,经济社会迅猛发展,以蒋筑英、罗健夫、包起帆、袁隆平、王启民、李双良、马永顺、等为代表的一批人,敢于开拓,勇于改革,平凡而执着的坚守感动了国人,成为社会的主流。在激烈的市场竞争中,全心全意依靠工人阶级办好企业的付万才,新型产业工人张伟徐虎、李素丽、王涛、李黄玺等,又成为新时代的骄子。进入新时代,以许振超、郑春辉、孔祥瑞、王洪军、窦铁成、胡双线、刘伯鸣、竺士杰等一线工人为代表,继承发扬老一辈劳模的光荣传统,展现不怕吃苦、砥砺奋斗的时代精神,刻苦钻研,大胆创新,在各自的岗位上成长为知识型、技术型和创新型劳模。时代变迁,在社会主义建设大潮中,以劳动模范为代表的不同时代的产业工人具有不同的内涵和特征,但他们又有相似之处,那就是具有淡泊名利、无私奉献的精神,集中体现了我国产业工人队伍的思想先进性和高尚的精神风貌,体现了一个劳动者的时代价值和社会的正能量。淡泊名利、无私奉献的精神,无论过去还是现在,都是雷打不变的劳模精神。在不同历史时期涌现的劳模始终保持和发扬了这一光荣传统,在推动技术进步、促进产业结构升级中发挥出更大的作用,为我国社会主义现代化建设做出了巨大贡献。

(三)追求卓越

劳动模范身上所展现的精气神,无论哪个时代,都是可以看到的,劳模精神无不闪耀着一个时代的思想光芒,在不同的发展阶段,始终走在改革开放和社会主义现代化建设的最前线,并与时代发展的脚步一致,以大爱无疆、追求卓越的精神,激励着一代又一代劳动者为国家富强而努力。劳模们是推进我国工业化建设和精神文明建设的代表,是推动社会主义现代的强大动力,奋进时代、领跑者时代。随着时代的变迁,从"铁人精神"到"振超效率",从"埋头苦干"到"创新劳动",劳模价值从传统的"出大力流大汗"苦干加实干向"知识型、技术型、创新型"转变,并能为国为民创造出"经济效益和社会效益"。这种转变是与中华人民共和国成立初期从农业、封闭的自足社会向工业现代化转变并逐步向世界开放的过程相合拍的。① 从时传祥、王进喜,到倪志福、郝建秀等老一辈劳模,到李素丽、徐虎、袁隆平、王选、杨金安、许振超、宋鱼水、金其福等新一代劳模,人们再次目睹了新时代劳模的风采,体现了新时期"劳动光荣、知识崇高、人才宝贵、创造伟大"的劳动价值观。不管时代如何变迁,引领时代、勇于革新的劳模精神是永恒不变的。他们善于学习,在本职工作中以卓越的专业技能引领风骚,成为令人敬佩的专家或能手,他们干一行、专一行、精一行,做出了特殊贡献,体现了一个劳动者的时代价值和社会的正能量。当前我国迈进到全面建成社会主义现代化强国的新阶段,新一代的劳动模范已展现了与时代同步的新的精神气质。他们是当代中国工人的杰出代表,是工人阶级的楷模,集中体现了新时代工人阶级与时俱进的时代特征,集中反映了新时代工人阶级的时代风采和精神风貌。新时代劳模许振超,把职业作为自己的事业追求,生活中坚持摸索吊桥技术的创新,终于树立了这技术的世界标杆。全国劳模包起帆的成果里蕴涵了复杂的科技含量。包起帆坦言:"一方面要贯彻执行国家的经济政策,另一方面要找出化解危机的办法。通过新技术发明,节能减排,降低成本,改善效

① 艾君.劳模精神引领时代精神[J].工会博览(下旬刊),2013(1).

率等方法，同时给职工充分的信心，发挥他们的主人翁作用，以此来渡过难关。”[①]无论时代如何变迁，永远不变的是与时俱进、追求卓越的劳模精神，新时代的劳模更是如此，他们注重学习和创新，推动国家工业化不断发展和进步。

二、劳模精神的时代特征

劳模精神是包括工人阶级在内的我国劳动人民优秀品质的集中体现，是中华民族极为宝贵的精神财富，影响和鼓舞着一代又一代中国人投身于社会主义现代化建设。在新时代，劳模精神一如既往引领时代的进步，与时俱进，不断丰富发展。

（一）劳模精神彰显产业工人的精神气质

劳动模范在我国社会主义建设的各个阶段，以自己的模范行动，不但引领产业工人队伍，而且在社会主义现代化建设中创造了卓越的历史成就，发挥了中流砥柱的作用。也即是在社会主义建设的不同历史阶段，展现在我国产业工人身上的精神品质是不会改变的，并且不断升华，积淀为宝贵的劳模精神。

回顾历史，在我国革命、建设和改革的伟大历史进程中，工人阶级尤其是产业工人在国家现代化进程中都是顶梁柱，体现了中华民族崇高的精神气质。形成和发展了工人阶级敢于担当的伟大品格和忘我无私的劳模精神。在实现中国工业化的艰辛历程中，数以亿计的中国产业工人做出了重大贡献，树立了榜样，创造了典型，充分展现了道路自信，理论自信，制度自信，文化自信的政治品格，艰苦奋斗、勇于奉献，胸怀大局、开拓创新的精神气质。“四个自信”概括的

① 包起帆. 为母校的党员干部做“不忘初心、牢记使命、乐于奉献”的专题报告［R］. 上海第二工业大学，2019. 10（14）.

是作为中国社会中最有进步性的重要群体，中国产业工人所秉持的政治本色和理想信念。产业工人队伍坚决拥护党的领导，拥护党的路线方针政策，自觉担当党全面建成社会主义现代化强国的战略安排，在生产发展中建功立业。在政治上、组织上、思想上、行动上同党中央保持高度一致，响应党的召唤，努力生产、创造辉煌。“艰苦奋斗、勇于奉献”指的是作为中国社会中最有觉悟性的重要群体，产业工人所具有的中华优秀传统和做出的卓越贡献。产业工人以富国安邦、民族复兴为己任，继承光荣传统，发扬主动精神，攻坚克难，战胜各种风险和挑战，勤劳坚韧、敢于担当，为国家分忧，替企业解难，为中国特色社会主义事业做出了巨大贡献。“胸怀大局”指的是作为中国社会中最有组织性的重要群体，产业工人所继承的优良作风和宽广视野。党的十八大以来，产业工人队伍自觉遵守国家法律、社会道德准则和现代企业规章制度，珍惜新时代国家各项发展新战略的实施的黄金期，加强团结协作，努力革新进取，不断提高生产力，在现代化建设中并保持了高度的团结力、凝聚力。“开拓创新”指的是作为中国社会中最有自觉性的重要群体，产业工人所拥有的与时俱进、勇于创新的时代特征。在新时代，产业工人具有强烈的开拓意识，积极适应剧烈变化的时代潮流，以蓬勃的创造力量推动新型工业化进程，也为自己创造了一片新天地；面对劳动就业市场化的实际，他们主动适应市场竞争的要求，自觉更新观念，价值取向更加理性和现实，择业观更加务实进取，努力掌握新知识、新技能，不断提高自身素质。劳动模范是民族的精英、国家的栋梁、社会的中坚、人民的楷模，他们人民立场站得稳、在生产一线任劳任怨，兢兢业业、精益求精的模范行动，为全国人民树立了光辉的榜样，铸就了爱岗敬业、争创一流，艰苦奋斗、勇于创新，淡泊名利、无私奉献的伟大劳模精神。产业工人伟大品格和劳模精神，既反映了中国工人阶级的政治本色、价值取向、光荣传统和进取精神，又凸显着工人阶级的时代特征，是中国工人阶级先进性的典型体现，是对中华民族精神的继承和发展，是凝聚广大工人阶级和劳动群众的智慧力量、鼓舞全国各族人民团结奋斗的重要精神旗帜。

(二)劳模精神支撑产业工人的精神家园

劳模是劳动人民的优秀代表,在我国的革命、建设和改革的各个历史时期,一代又一代的劳模,在各自的岗位上做出了不平凡的业绩,影响了十几亿国人,激励国人创造了一个又一个奇迹。

然而,在中国特色社会主义进入新时代之后,曾经深入人心的劳模精神正面临着严峻的考验。在不少人的心目中,老黄牛落后时代了,不值钱了,不时髦了,因而也就不那么崇尚劳模精神了,在新观念的冲击下,一些人逐渐疏远和淡化了劳模精神。一些人把“艰苦奋斗、爱岗敬业、勇于创新、无私奉献”的劳模精神看作是低效率、傻子精神。也有很多人不愿意做劳模,而是去投机钻营,甚至有一些人,包括一些领导干部,视赤诚为迂腐,视敬业为狭隘,视奉献为愚昧,满足于吹吹打打,搞形式主义、官僚主义、享乐主义和奢靡之风,与党的宗旨背道而驰,与人民政府为人民的根本职责格格不入,与社会公仆的职业道德大相径庭,不但败坏了党风政风,损害广大群众的切身利益,而且败坏社会风气,令老百姓深恶痛绝,反映强烈,影响极坏。

都对生产一线的劳模和知识分子中的先进人物给予充分肯定和高度评价是我党的光荣传统。当今社会,更需要让劳模精神帮助人们树立正确的人生观、世界观和价值观。倘若在全社会都能够形成尊重劳动、尊重劳动者的氛围和风尚,改正社会不良风气,便能极大地调动广大劳动者的积极性创造性,形成强大的凝聚力和向心力,中华民族伟大复兴会早日实现。

(三)劳模精神引领产业工人的时代新风

新时代,新一代中国工人阶级不仅继承了爱岗敬业、艰苦奋斗、甘于奉献的劳模精神,又进一步丰富和发展了劳模精神的内涵,使劳模精神具有了更加鲜明的时代特色。随着国家社会经济的发展,劳模的群体特征产生了嬗变,我国劳模构成正在由体力劳动者、一线生产者为主向体力劳动者与脑力劳动者并存、生产者与创业者并存的方向发展,劳模的素质也在不断提高。新时代的劳模不但具有良好的思想品质和职业道德，在自身的工作岗位中做出了杰出的贡献，而且锐意进取，开拓创新，刻苦钻研业务和技术，且能培养和带领中高级技能人才，使中高级技能人才队伍的总量、结构和素质逐步适应经济发展的需要，为社会创造出巨大的财富。例如，全国劳动模范李晓佳同志作为我国产业工人的典范，以学习增强能力，以创新创造业绩，以奉献体现价值，从一名普通工人成长为技能型、知识型、复合型的高级技师。他的先进事迹生动展示了新时代产业工人的新形象。新时代劳模推动了社会先进生产力的发展，体现着我国发展先进文化的前进方向，引领当代工人阶级时代新风，是我们国家的宝贵财富。

第二节　弘扬劳模精神的行动策略

放眼未来，要实现中国梦，仍然需要千百万的英模人物和日益丰厚的英模精神来提供持久性的精神支撑。

中国特色社会主义进入新时代，我国已迈进现代化建设的新征程，一定要在全社会大力弘扬劳模精神，用劳模的先进事迹感召广大人民群众，用劳模的优秀品质引领社会风尚，使更多的人向劳模靠拢，学习劳模精神，争做建设社会主义现代化的主力军。中国特色社会主义现代化建设取得了举世瞩目的成就，这些离不开包括产业工人在内的广大劳动群众的锐意进取，是劳动人民用平凡的业绩构筑起中华民族的理想高度，在全面建设社会主义现代化国家的实践中发挥着至关重要的作用。

为了国家，劳模们做出了重大贡献，因此新时代弘扬劳模精神，就要把弘扬和培育劳模精神引入常态化建设轨道，在全社会积极主动地倡导“学习劳模、尊重劳模、关爱劳模、崇尚劳模、争当劳模”的良好和谐的社会氛围，这是新时代弘扬光大劳模精神的新任务、新要求。

一、在全社会倡导劳模精神

社会需要标杆,劳模是劳动群众在生产中的标杆。榜样的力量是无穷的,给广大人民群众鼓足了干劲。劳动劳模精神是民族精神的重要体现,是激励我们奋勇前进的重要精神动力。新时代要实现中国梦,必须依靠全体人民通过诚实劳动创造美好生活。因此,我们要充分利用各种宣传方式,通过内容丰富、形式多样、寓教于乐的活动,在全社会广泛宣传、倡导劳动模范的先进事迹优秀品质高尚精神,使劳模精神不断发扬光大,在全社会唱响"劳动最光荣、劳动最崇高、劳动最伟大、劳动最美丽"的主旋律,在全社会进一步形成"崇尚劳模、学习劳模、争当劳模、关爱劳模、培养劳模"的良好氛围,让劳模的崇高精神影响和带动全社会,并发扬光大、代代相传。

例如,中国二十二冶集团以实际操作在工人中弘扬工匠精神,创建新时代劳模创新工作室,工作室设置集中在科研攻关、技术创新、团队合作、提升品质等创新实践中,优秀的工作业绩在产业工人中产生了积极效应,传承了工匠文化,弘扬了工匠价值观。

二、学习劳模勇于创新的品质

中国特色社会主义现代化建设是全体中华儿女的事业,我们党始终强调全党、全国各族人民要以开拓创新的精神,投身改革开放事业中,投身到社会主义现代化建设中。创新是一个民族进步的灵魂,勇于开拓进取,勇于改革创新是新时代中国共产党党员保持先进性的具体要求。习近平总书记在 2013 年同全国劳动模范代表座谈时也强调,必须大力弘扬劳模精神、发挥劳模作用激励和带动亿万人民为实现中华民族伟大复兴的中国梦而不懈奋斗。新时代,为推动经济又好又快发展、加快推进社会主义现代化,我国工人阶级和广大劳动群众一定要学习劳模那种勇于创新、与时俱进的进取品质和开拓精神,把自己的创新潜能和创造活力充分发挥出来，在不断总结工作经验的基础上，大胆寻求革新，创新工作方法，把创新作为推动事业进步的动力，开创中国特色社会主义事业新局面、实现中华民族伟大复兴。

典型案例："四个千万"书写产业工人队伍建设"河南答卷"

国家电网河南电力公司职工陶留海，在岗21年，勇于创新，锐意进取，多次填补我国输电带电作业领域技术空白，成长为拥有五十多项专利的"电网特种兵。2019年相继入选第二批"郑州大工匠"和"中原大工匠"，并作为河南省劳模事迹宣讲团成员赴各地巡回宣讲，成为当地家喻户晓的电力大工匠。

在河南，每年都有一大批像陶留海一样勤劳踏实、技术精湛、钻研创新的工匠从幕后走向台前：他们闪光事迹背后蕴藏的工匠品质和感人故事被各级媒体挖掘后报道，以他们的形象和故事为主题的"星光大道""劳模墙""工匠墙"在全省一百五十多个县市区的主干街道和三千多家企业的厂区车间建成铺开。"电视有影、广播有声、报刊有文、网络有言"的立体宣传声势在全社会掀起学习劳模工匠、争当劳模工匠的热潮。

这背后离不开河南全省各级党委政府和工会组织的努力。而通过建立完善大工匠培养选树机制，河南充分发挥工匠对职工队伍技能提升的带动作用，每年组织开展150个职业（工种）的职业技能竞赛系列活动，实现了"四个千万"——千万职工大培训、千万职工大献策、千万职工大练兵、千万职工大竞赛。

启动培养选树计划，打造"技能豫军"

"挺起制造业这个脊梁，需要广大企业与产业工人一起扛起更大的责任担当。"河南省委领导多次深入制造企业一线调研强调，要深入贯彻落实习近平总书记视察河南时的重要讲话精神和党的十九届四中全会精神，坚定不移地把制造业高质量发展作为主攻方向，加快向高端化、智能化、绿色化、服务化方向迈进，发扬工匠精神，持之以恒做精做专，进一步擦亮河南品牌。

事实上，每一件"河南制造"背后，都离不开工匠们的贡献。中铁装备集团"刀手"李刚带领团队为第四代盾构机研发出水力破岩技术，大大减少了刀头磨损，延长了盾构机的使用寿命，成功打破了国外百年的技术垄断。

而作为河南启动"十三五"万名大工匠培养选树计划、打造"技能豫军"的重要内容，全省各级工会广泛开展职工网上练兵活动，累计上线试题51万多道，涵盖工种108个，参与职工586万人次，推动企业每年培养选树2000名大工匠，在高端制造业领域实现全面覆盖。在此基础上，省总工会联合省人社厅每年公开选树30名"中原大工匠"，并纳入省长质量奖评选范围，以榜样力量助推河南"制造"向"质造""智造"纵深进发。

依托省市重点建设项目开展"建功新时代主力军行动"，呈现出跨行业、跨系统，全方位、全过程、全覆盖的竞赛格局，各项主题鲜明的劳动和技能竞赛活动，如"六比一创"立功竞赛、"四全一树"技能竞赛、"三比两降"节能减排竞赛，在各类企事业单位声势浩大地展开，2019年吸引参赛职工1120余万人。

形成产业工人队伍成才"雁阵"格局？

"不仅是制造业，各行各业都要有精益求精的工匠精神，把我们每个人的事业做好。"河南省人大常委会副主任、省总工会主席王保存说，按照省委和全总的要求，河南一直在思考如何评选、用好这些大工匠，并自上而下建立和完善工匠培养选树制度，同时探索跨区域、跨行业、跨企业的创新工作室联盟，发挥集聚效应、辐射效应、品牌效应，使各行各业的工匠精神、工匠技艺得到弘扬和传承。

为此，河南不断加大示范性劳模和工匠人才创新工作室扶持力度，并积极开展争创"六型班组"活动，对每年评出的50家示范性创新工作室分别给予5万元专项补助，在全省推动构建立足岗位全员创新、依托班组团队创新、创新工作室引领创新的"三位一体"职工创新体系，通过上岗培训、岗位培训、专门培训和"师带徒"等形式加强职工技能素质培养，形成产业工人队伍成才壮大的

“雁阵”格局。

目前，河南已把弘扬工匠精神纳入职业院校基础课程和企业职工技能提升培训体系，建成了面向全体劳动者的终身职业技能培训制度，积极推行技师、高级技师聘任制度，探索建立企业首席技师制度，有序推进企业收入分配制度改革，全面提高技能人才享受国务院政府特殊津贴、省政府特殊津贴比例。

按照计划，到2022年，河南全省将累计开展各类职业技能培训1500万人次以上，技能人才总量将达到810万人，其中高技能人才总量将达到230万人，职业教育在校生规模达到280万人。

“当前，全省上下正处于结构优化升级、迈向高质量发展的关键阶段。”河南省总工会领导表示，各级工会将紧紧围绕中心，自觉服务大局，全面推进产业工人队伍建设改革，深入开展劳动和技能竞赛，组织动员广大职工积极投身经济建设主战场，为实现高质量发展贡献智慧和力量，谱写新时代中原更加出彩的绚丽篇章。

（参见《工人日报》2019年12月31日）

案例评析：该案例通过河南电力系统工人陶留海成长为一名劳模的事迹，体现了河南全省各级党委政府和工会组织在培育劳模方面做出了优异成绩，在生产中重视发挥劳模的激励作用、带动作用，为河南制造业培育了大批具有独门绝技的匠心匠人，为河南制造业发展打造了人才基础。

三、要重视劳模的合法权益保障

任何社会、任何时代都需要劳动模范，劳模是时代的楷模，是改革的先锋。他们为国家和社会做出了很大贡献理应得到全社会的尊重和关爱，这也是弘扬劳模精神、发挥劳模作用的基本保证。党和政府一直以来都把关爱劳模摆在重要位置，主要是建立健全法律制度体系，为劳模合法权益提供保障。弘扬劳模精神，发挥劳模作用，就要在全社会形成关心劳模的浓郁氛围，切实把爱护劳模和尊重培养劳模落到实处，真正从政治上、工作上、生活上关心爱护劳模，通过司法途径保障劳模合法权益，解决劳模的后顾之忧，为劳模的成长创造更有利的工作环境，努力为他们的成长进步创造条件，充分调动劳模的积极性、创造性。在劳模的权益受到不法侵害时候，有完备的法治体系进行补救，建立劳模权益保护行政救济机制，努力推动在全社会形成尊重劳动、尊重知识、尊重人才、尊重创造的法律和道德保护机制。

例如，著名企业江苏洋河酒厂股份有限公司坚持以人为本，多路径保障工人合法权益，把员工当成企业财富的创造者、企业的主人，推动企业与员工协商共事、和谐共进、效益共创、利益共享。主要做法：一是，始终坚持党建引领，把"党建引领·兴业兴梦"作为矢志不渝的奋斗目标；二是，始终打造梦想文化，将文化势能转化成助推企业发展的强大效能；三是，始终践行社会责任，积极履行企业社会责任；三是，实行民主管理，充分保障广大职工为公司发展建言献策；四是，健全法治保障，深入贯彻执行《中华人民共和国劳动法》《劳动合同法》《工会法》《女职工保护条例》等法律法规；五是，始终遵守安全生产和职业病防治工作，全方位关心服务员工；六是，优化薪酬激励体系，建立起"高增长、高激励、高约束"的奖惩机制和"有高度、有深度、有温度"的关爱关怀机制；最后，着重拓展交流合作渠道，始终坚持把人才队伍建设作为企业发展的第一大工程。洋河酒厂通过上述权益保护为企业高质量发展注入的不竭动力，成为尊重劳动者建构和谐劳动关系的典型。

第七章　引领产业工人弘扬中华传统工匠精神

第一节　中华传统工匠精神的价值意蕴

作为中华传统优秀文化的精髓之一，工匠精神铸就了灿烂的物质文明和精神文明。弘扬传统工匠精神，在全面建设社会主义现代化国家的时代背景下，具有重要意义。2019 年杭州“工匠日”的设立，“上海工匠馆”的开馆，无不吹响时代呼唤“工匠精神”的主旋律。可见，弘扬和培育“大国工匠”与“工匠精神”，已经成为时代进步之呼唤、社会发展之亟需。

一、中华传统工匠精神的丰富内涵

中华传统工匠精神源远流长。古代工匠被称为“百工”①，是社会成员之一。在春秋战国时期，手工业者从社会分工中分化出来单独成为一种劳动群体，出现了工匠一词，主要指专门从事木工的群体。随着社会分工越来越细化，到了东汉时期，工匠所指代的群体已基本包含各式各样的手工业者。我国匠人在历史长河中创造了令世界惊叹的造物技艺，形成了我国独特悠久的工匠文化和工匠精神。在数千年的农耕社会里，古代工匠扎根黄土，古老的农业文明孕育了别具特色的工匠精神。

① 常淑敏. 殷墟的手工业遗存与卜辞“司工”“多工”及“百工”释义[J]. 江汉考古，2017(3)：86.

(一)追求卓越与精益求精

造物是工匠的职责,练就技艺是造物的前提,是工匠立身的第一要素。古代工匠的劳动观念不但富有勤劳的责任感,还体现追求高超的手法和精湛的技艺,并孜孜不倦、不计成本地不断改进技艺,追求工艺的精致、无瑕。工匠们秉承精雕细琢、锱铢必较的工作态度,对自己的器物和技艺抱有十足的信心和尊重。一名成熟的工匠在制作器物时,一般都将精湛的技艺发挥极致追求作品的精美。像“庖丁解牛”的故事、“运斤成风”的典故、“百炼精钢”的传说,不仅描绘了我国古代匠人在艰苦训练中掌握出神入化的高超技艺的过程,也颂扬了他们追求卓越与精益求精的匠心之美。

(二)爱岗敬业与职业坚守

在数千年历史文化积淀中形成的工匠精神饱含敬业观念。古代工匠非常热衷于自己的职业,能在繁重的劳动中做到职业坚守。他们对器物制作的专注与对行业的尊重,形成匠人特有的气质。技艺为骨,匠心为魂,古代工匠对每件作品苛求尽善尽美,用近乎刻薄的技术标准,独具慧眼的审美在工作中做到专心、严谨、细致,铸就了对器物精心、负责的职业理念,推动了我国古代技术的创新发展。

(三)尊师重道与匠心传承

古代讲究“道技合一”,体现一种尊师重道、修德立身的劳动美德。每个行业都拜有自己的祖师爷,体现了一种强烈的职业认同感、责任感。古代工匠的培养与传承一直尊崇这一传统,不管是“子承父业”还是“师徒传承”,在技艺的传承中,师傅都拥有绝对的权威,在师傅规定的领域内学习创作。徒弟必须尊重所学技艺,才能精于技艺,师傅既是徒弟的技艺导师,又是其人生做人的领路人,徒弟对师傅的态度决定着其能否学有所成。有专家考察到古代“匠人们一方面努力练就卓尔不群的技艺、创造经久传世的作品，另一方面也希望通过精心钻研技艺而领悟到“道”的真谛，让自己达到更高的人生境界”①。

（四）推陈出新与勇于创造

技艺本身体现着对工匠创造智慧的要求，“技”是指手艺、本领，也就是拥有一技之长，掌握一门技术的基本能力。“艺”则富有创造性的方法、方法、知识等。古代工匠“擅工尚巧”的创造精神不但体现在对器物制作的工艺上，还体现在手工操作前的构思创作上。工匠们在长期的手工劳动过程中不是简单地重复操作，而是不断积累经验、提升技巧、不断进行经验总结和方法再创造，可能是对前人工艺的复制、改进或再创新进而获得新的产品，也可能是完全创造出新的产品。古代匠人的创造智慧和勇于创新的精神在无与伦比的丝绸、精妙绝伦的瓷器以及不胜枚举的古代发明上体现得淋漓尽致。

二、中华传统工匠精神的价值意蕴

西方发达工业国家非常重视工匠精神的培育，最为典型的就是德国和日本。在德国对产品质量的追求已经成为一种工匠文化，这得益于德国对职业技能的培育，德国对工业制造的不懈追求铸就了“德国制造”享誉海内外。而“匠人精神”无论从国家层面还是在社会层面，在日本都是受到推崇的一种精神文化，这种精神的实质就是“踏踏实实，干一行爱一行的敬业精神”，日本数以千计的“百年老店”，就是靠着这种“匠人精神”的支撑和鼓舞。而在我国，一部分企业在短期利益的驱使下，忽视了对工人精益求精意识的要求和培养，工匠精神缺失成为一种较为普遍的现象，部分工人拿工作视如儿戏，以“三天打鱼，两天晒网”的懒散态度磨洋工。而同时，企业高级技工人才短缺状况一直没有根本

① 肖群忠，刘永春. 工匠精神及其当代价值[J]. 湖南社会科学，2015(6)：7.

改观,严重制约我国向制造强国跨越。当今世界国家综合实力对比一直处于激烈变动之中,全球产业格局正经历大调整期,我国产业结构升级进入关键期,在新时代要实施工业强国战略,提高中国制造国际竞争力,工匠精神是强大的精神支撑。

(一)工匠精神提升产业工人职业认同感

工匠精神能让产业工人在市场经济中找到自我身份认同。当今社会,产业工人的经济收入不高,普遍感到失落和自卑,国家主人翁的光荣感和自豪感日渐稀薄。大学生不愿意进工厂,宁可当外卖员,也不愿当个一线技术工人,宁可当白领少挣点,也不愿到车间一线多挣钱;另一方面,企业缺乏高级技工人才,也愿意高薪聘请,人才市场一直是供不应求。产业工人与高级技术人才之间的差距就在于职业精神和技能水平。培育工匠精神有助于产业工人建立职业认同感,激励产业工人追求技术提升,进而提高社会地位,提升产业工人的阶级地位和国家主人翁认同感。

(二)工匠精神体现产业工人敬业精神的追求

敬业精神是人们高质量完成工作的精神指引,工匠精神与敬业精神实质上是一致的。产业工人处于生产服务一线,是一流产品和服务的直接创造者。工匠精神倡导严谨认真、一丝不苟的工作作风,从最细微之处入手认真对待每一道工序,确保产品的高质量,这与产业工人的职业要求是一致的,是产业工人敬业精神的生动体现。工匠精神的培育提升产业工人的职业认同感和职业奉献精神。大国工匠首先要具备良好的敬业精神的高级技工人才,才能在职业劳动中坚守、追求、创出极品。

(三)工匠精神引领高级技工人才培养

工匠精神引领产业工人以严谨认真、用心用脑、专注坚持的态度对待工作,引导产业工人从实践中汲取养分、提升职业技能。工匠精神是这样一种理念，工匠对待自己的产品精雕细琢、追求完美，并富有开拓创新、独具匠心的创造力，不断提升技术水平。倡导工匠精神，不光可以指引培育技术过硬、追求卓越的高级技术技能人才，有助于提高我国工业制造领域的核心竞争力，改变关键行业技术依然受制于西方的不利面，而且为培育大批具有创造精神的大国工匠人才队伍提供精神动力，从而为推动产业结构升级、向强国制造转变奠定坚实基础。

（四）工匠精神推崇尊重技能人才的劳动精神

工匠精神是产业工人追求卓越的劳动精神的凝练表达。具有工匠精神的技术工人作为大国制造的精神脊梁，对全社会勤劳致富起了榜样和表率作用。有学者指出："劳动精神与劳模精神、工匠精神相互包容、相互依存。"①劳模精神不仅强调要具有卓越的技能，还要具有热爱劳动的职业道德。通过新媒体和群众性文化活动，深入基层职工和一线工人中加大宣传，讲好劳模故事，展现大国工匠、技能大师等先进模范人物风采，在全社会提倡劳模精神，弘扬工匠精神，带动全社会掀起尊重劳动、尊重创造的新时代社会风气。激发产业工人爱岗敬业、争当劳模的热情。让工匠精神和劳模精神成为产业工人争相拼比的精神风貌。

例如，格力集体打造工匠文化，追求精益求精，对产品追求细致、精工、细作，工匠文化推动格力品质中国第一，世界一流。如果中国每个企业都这么做，努力以工匠文化为核心打造本企业文化，必将推动中国制造强势崛起，由大国制造向强国智造奋进。

---

① 赵浚，田鹏颖. 新时代劳动精神的科学内涵与培育路径[J]. 思想理论教育，2019(9)：100.

第二节　加强校企合作培育高职大学生工匠精神

高职院校大学生是产业工人后备大军，培育工匠精神必须从源头抓起，要加强传统工匠精神的培育，提升高职院校人才培养水平，让精益求精、追求卓越的工匠精神在高职院校大学生心中落地生根，才能为社会主义输送具有工匠精神的工业匠人，才能实现“中国制造”向“中国智造”转变。

一、天津高职院校工匠精神培育现状

为了客观分析天津高职院校工匠精神培育状况，课题组 2021 年通过资料查询分析、问卷调查、访谈调查等方法，对天津市高等职业院校“工匠精神”培育现状进行调研，调查内容包括：

（一）工匠精神调研设计

1. 调查的目的与意义

了解高职院校大学生工匠精神状况，分析高职院校培育工匠精神存在的主要问题，探析大学生的愿望和要求，探索高职院校工匠精神培育路径。本次调查涉及的内容包括工匠精神的基本常识、培育意义、学习路径、心理诉求等方面。调查反映出高职院校工匠精神培育还存在诸多问题。从提升培养人才水平意义角度，开展高职院校培育大学生工匠精神的研究意义重大。

2. 调查对象的基本情况

本次调查面向天津高等职业院校，选取了天津现代职业技术学院、天津海运职业学院、天津职业技术师范大学附属高职学院、天津轻工职业技术学院、天津机电职业技术学院等几所高校。参与调查的都是大一、大二的学生。调查问卷发放2000份,共收回1862份有效问卷,为获得大学生掌握工匠精神准确情况提供了客观数据支持。

(二)调查内容统计分析

这次调查理工科类学生占82.58%,文科类学生占17.42%。在问卷调查中涉及的内容有:工匠精神常识、工匠精神来源、工匠精神的作用和工匠精神的路径愿望四个方面。

1. 对工匠精神的了解

调查中,84.23%的受访学生表示对中华传统工匠精神有一定了解,回复"非常了解"和"不了解"的占比大致相同,分别占7.81%和7.96%。在问及"工匠精神应包括哪些特点"时,95.05%受访大学生认为工匠精神中最重要的特点是"精益求精",认为"严谨、一丝不苟""爱岗敬业""耐心专注""技艺高超"的也都占80%以上的比例。

调查分析:通过在学生中广泛开展宣传教育,绝大多数大学生已经对"中华传统工匠精神"有了一定程度的了解,对工匠精神的内涵特征理解准确,精益求精是工匠精神的第一要义,还包括严谨的工作态度和专注的职业精神。

2. 工匠精神学习途径

在采访中发现,57.66%的学生认为学校是培养工匠精神的主要场所,认为是社会培育的占26.73%左右。与之相比,认为工作单位是培养工匠精神的主要场所的只占15.62%。对于培育效果,50.75%的受访学生感到满意,45.5%的学生认为还可以。在工匠精神的主要培育途径的访谈中,有66.07%的学生认为获得工匠精神培育的途径是思想政治课,认为是专业课的有28.23%,认为是其他公共基础课的只占5.71%。在调查工匠精神与学生所学课程之间的关系时,有75.98%的受访学生认为专业类课程应该和思政类课程一样，开展学生工匠精神是培育，在工匠精神的培育中要注重发挥“思政课程”和“课程思政”的协调机制。在对高职院校大学生开展“课程思政”的问卷中调研发现，认为“课程思政”是一种综合教育理念，是把所有育人要素整合起来，在专业课教授过程中进行工匠精神教育的受访学生比例达77.63%。认为教学活动都有思想政治教育任务，只是角度深浅不同的受访学生有60.66%。

当问及“专业课进行工匠精神培育有哪些优势”时，认为“专业课内容与工匠精神培育易于结合”的达61.41%，认为“专业课教师和学生易形成共鸣，感召力强”的占20.57%，认为“学生易于接受专业课教师”的仅占15.47%。调查反映专业课内容尤其理工科内容的学习更容易培育学生的工匠精神。询问学生关于专业课教师进行工匠精神培育有什么缺点，认为专业课教师不能把专业课与工匠精神有机结合起来的受访学生占40.39%。认为专业课教师理论不够系统的受访学生占21.2%，认为专业课教师讲课俗套，思想教育做表面文章，意义不大的占19.7%。

调查分析：高职院校学生学习工匠精神的主要途径还是学校教育中思想政治课上，其次是社会，学生对学校工匠精神教育比较满意。大多数学生对“课程思政”的认识是比较正确的，认识到“课程思政”是一种综合教育手段，工匠精神可以在“课程思政”进行培育。希望专业课程发挥课程思政的功能和思想政治课协同进行工匠精神教育效果会更好。高职院校学生比较喜欢专业课上进行工匠精神学习，专业技能学习与工匠精神更容易契合，专业课教师与学生接触时间多，心理上易产生共鸣，学生希望专业课教师充分认识到工匠精神的重要性和必要性，在专业教学中与工匠精神培育实现有机结合。

3.培育工匠精神的意义

针对工匠精神培育有何程度的意义，非常重要、一般重要、不重要和不知道等几个选项调查结果，如图7－2－1所示。

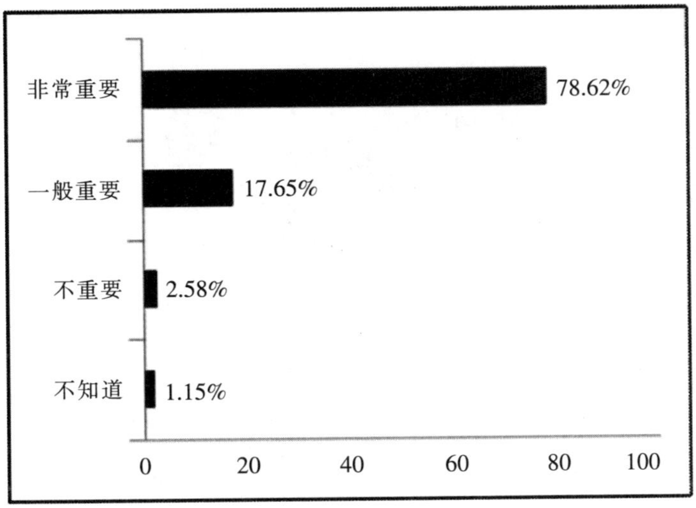

图 7－2－1　受访学生对培育工匠精神的意义所持态度

调查表明:高职院校大学生已经认识到工匠精神的重要性,是成熟的技术技能人才必备的素养之一,对工匠精神在今后个人发展和适应社会对高级技术型人才需求中的重要性普遍认同。

4. 学生心理诉求

调查中,44.89% 的受访者表示思政课教师最大的问题是难以与学生的专业知识相结合,另有 21.32% 的受访学生认为思政课教学与工匠精神培育是两个领域,不能有机结合。有 50.15% 的受访学生认为思政课教师的优势是教学内容易于与工匠精神结合,有 31.38% 的受访学生认为是思政课教师理论水平高,另有 16.52% 的受访学生认为是思政课教师感召力强,易与学生形成共鸣。学生喜欢哪种途径进行工匠精神培育和认为哪种形式对工匠精神培育影响最大,如图 7－2－2 和图 7－2－3 所示。

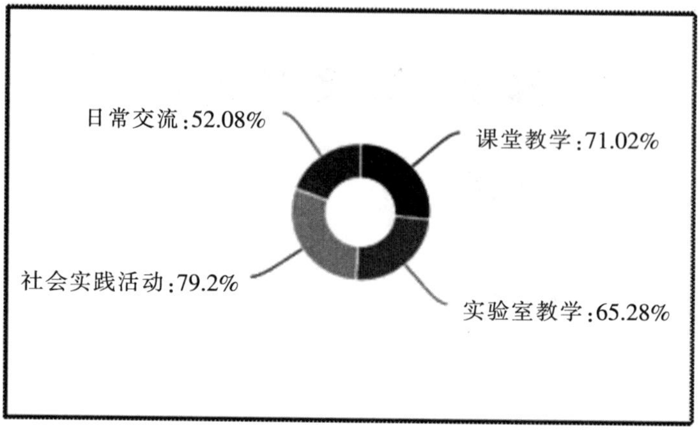

图7-2-2　受访学生对培育路径心理倾向

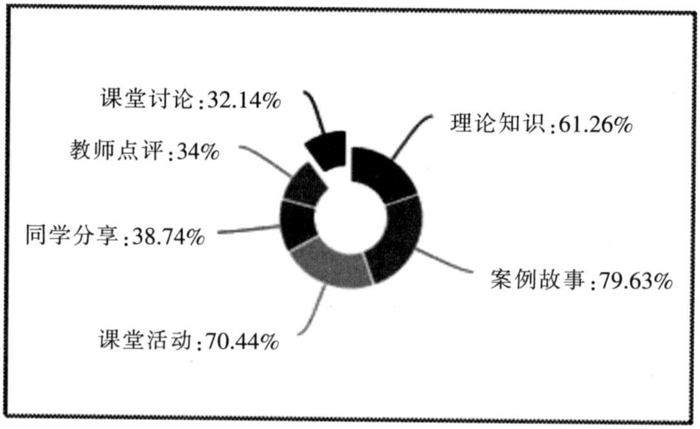

图7-2-3 受访学生认为影响培育效果的形式

调查分析:高职院校大学生实践能力强,对参加社会实践积极性较高,倾向于通过社会实践活动进行工匠精神培育,学生不喜欢纯粹的理论学习,更喜欢从案例教学中接触工匠人物,学习工匠精神,参加课堂活动也是深受学生欢迎的学习形式,对工匠精神内涵的学习主要来自理论学习。超过半数受访学生认为思想政治课教学内容易于工匠精神教育,希望思想政治课教师多联系学生的专业知识开展工匠精神培育。

在调查、走访教师过程中还了解到高职院校在培育学生工匠精神过程中专业课部门和思想政治课部门各司其职，互不交流，不能形成工匠精神培育合力。这是需要在教育教学中认真关注的。

5. 高职院校工匠精神培育存在的问题

在调查中发现，目前高职院校在培育学生工匠精神工作中存在不少问题，比如专业课教师不注重培育学生工匠精神，学校没有系统制度保障，思想政治课教师忽视学生专业技能特色，学生校外实践锻炼机会少，等等。

第一，对"工匠精神"培育的重要性认识不到位。学校主导精神是工匠精神是学生毕业后到企业才应该培育的精神，在校期间只负责学好专业课就行，对工匠精神培育重要性缺乏足够的认识，教学上缺乏相应足够的考虑和安排。虽说课程思政建设已经实施多年，但是仍有少部分专业课教师对课程思政缺乏正确认识，片面地认为专业课只是负责传授专业知识和技能，没有进行思想政治教育的必要性，进行包括"工匠精神"在内的思想教育是思想政治理论课的教学任务。工匠精神培育就成了思想政治课的"分内"之事。

第二，现有机制不健全是制约培育大学生"工匠精神"的重要障碍。首先，高职院校缺乏完善的制度保障。要做好培育"工匠精神"的任务，只靠思想政治理论教学难以完成。学校要做好"顶层设计"，从教学安排、工程实训、社会实践、技能比赛等制定相关完善配套政策，二级学院负责落实，为工匠精神培育提供制度保障。而现实看，高职院校存在制度不全面，培育效果不明显情况。其次，缺乏必要的激励机制和惩罚措施。工匠精神培育需要专业课教师学习掌握必要的思想政治理论基本知识、掌握党和国家政策，在专业课教学和思想政治教育之间找到最合适的切入点，这些备课任务都需要付出大量时间和精力。对参加技能比赛和取得奖项的学生本人和指导教师都要予以奖励，在评优评先中予以优先。

第三，思想政治课教师忽视学生专业技能特色。思想政治理论课教师需要对所教学生的专业知识背景有所了解，并据此找到开展工匠精神培育的最佳契合点,所举工匠精神案例最好结合学生专业特点来搜集和设计,这要和专业课教师多交流、实现教学资源共享。但是在实践中,两类教师分属于不同的部门,在日常教学工作中难有交集,甚至大部分专业课教师和思想政治课教师之间互不认识、缺乏沟通,更谈不上交流教学经验、分析教学效果,协调培育工匠精神的目的很难实现。

第四,学生校外实践锻炼机会不够。培育大学生工匠精神需要带领学生到工厂车间、建筑工地、设计制造基地等参观,甚至参与实践劳动,才能更好地体验工匠精神的实质。高职院校考虑安全问题、经费问题、与企业生产单位沟通问题等,没有为学生开设实践基地,学生外出实践锻炼的机会非常少,学生不能见识现代制造的"高精尖",领略大国工匠风范,只能在校内学习,甚至只在课堂上收到老师的讲解,这对于学生工匠精神的把握是不够的。

二、高职院校工匠精神培育的路径探索

高职院校是未来社会需要的高级技术技能人才的培育基地,以培养能承担制造业强国战略重任的高级专业技工人才为目标,对学生进行工匠精神培育,是实现高职院校人才培养目标的内在要求。

(一)开展工匠精神主题教育活动

要充分挖掘传统文化中匠人匠心故事,提高工匠精神的感染力。像中国瓷器、景泰蓝、雕刻、建筑和刺绣等承载着传统文化中独特的工匠文化,树立以"匠"为荣的观念。我国传统文化中存在着轻视体力劳动者、轻视"匠人"的错误观念。可以邀请专家进校园举办文化论坛、工匠精神讲座,举办大国工匠展览等,宣讲传统工匠精神的发展脉络,讲解当代大国工匠的典型人物、精彩案例,要大力宣讲工匠精神的重要性,教育学生要崇尚劳动、精益求精,立志成长为一名掌握核心技术工业匠人。可以邀请天津市劳模、一线技术大

师、工匠能手进校开展讲座，和学生交流高级技工人才的独特价值；走进课堂宣传大国工匠的事迹、传播“中国基建狂魔”特色施工工艺，还可以邀请一些优秀毕业生代表返校与学生交流经验，以鲜活的成功范例激励学生，开展主题工匠精神教育活动推崇匠人匠心精神，树立学生“尊崇技艺、精益求精”的职业精神，提升学生及家长对“工匠精神”的认可，培养学生对做一名优秀工匠的职业认同感。

思想政治课教师往往缺乏对专业知识的了解，在进行工匠精神教育时，所选择的案例与学生所学专业联系不紧密，导致学生缺乏代入感，难以引起学习兴趣，影响工匠精神培育效果。例如，在《毛泽东思想和中国特色社会主义理论体系概论》课程中可以穿插讲解中国发展过程中涌现的大国工匠典型事迹，将工匠精神融入中国精神、民族精神的学习中；在《中国近代史纲要》课中充分挖掘大国工匠先进人物的先进事迹，以历史人物让学生领略我国工业匠人。高职院校开设的课程中，如数控、机电、焊接、模具、机器人等理工科专业开设的实训课程较多，可以联合天津部分工业企业共建实训基地，给学生参观见习，甚至动手实践提供平台，为学生能亲自操作机床设备或参与制作模具、器件提供机会，能与工匠大师交流学习，切磋技艺绝活，大学生通过实训课体验工匠精神的含义，在实践中培育大学生的精品意识和创新意识。

（二）打造工匠文化校园行

高职院校注重在校园文化中宣扬“传统工匠精神”，全力打造工匠文化校园行，将工匠精神转化为具体的文化知识学习融入学生的日常学习生活中。比如，在学院办公室和教室内展出历届学生动手做的工艺模型，参加大学生技能大赛情况及获奖奖品，鼓励大学生在专业上追求精品。在校园里打造体现工匠精神的道路文化，路灯柱子上挂上广告牌或广告灯箱，展示当代大国工匠人物及事迹；打造特色文化广场，树立清末工程师詹天佑、港珠澳大桥总设计师林鸣等著名工匠大师的雕像供学生瞻仰；建立工匠大师事迹展览馆和在校史馆内开辟校内特色专业相关的天津行业发展史观；在教学楼道、学生宿舍楼道内布置工匠文化长廊，使学生感受高级技术技能环境的洗礼；在专业课中重视挖掘工匠精神素材，开展“匠人”主题活动，厚植匠人文化，夯实工匠精神内涵。打造弘扬工匠精神的校园文化，时时刻刻勉励广大师生尊重技术、崇尚创新，奋发学习，为工业强国战略贡献自己的力量。

（三）引导大学生成立专业社团

成立专业社团是学生专业技能锻炼的最简便的平台。为此，高职院校要发文鼓励组建学生专业社团，二级学院负责具体落实文件精神，辅导员和教研室开展通力合作，帮助学生成立体现工匠精神的专业社团，发展诸如“匠心公社”“星火行动”“机器人”电创”等专业社团。所在学院要为专业社团提供经费支持，帮助社团购买设备、耗材，要指派教师中“精兵强将”作社团的指导老师，辅导员负责本院的社团组织管理老师，对所成立的所有学生专业社团实行分类指导、全员育人，学生社团要走上街头为市民提供服务，用学生的专业技能和严格要求为社会提供优质服务，锻炼学生学习专业技能，又能体会工匠精神的实际意义。专业社团的社会服务在大学生中会树立技能有专攻的榜样示范作用，培育广大学生的工匠精神。

（四）鼓励大学生参加技能大赛

在职业教育的过程中，用工匠精神引导高职院校学生成长，为职业技能的获取和提升打下了很好的基础。其中开展大学生技能大赛，是检验学生技能水平的试验场，是学生专业技术技能水平大比武的平台。要充分发挥学生辅导员的带领作用，通过院系内建比拼舞台，校内搭建比赛平台，校外沟通参与技能大赛等，增强实战能力提升工匠技能，引导大学生崇尚技能、精益求精、追求卓越。一是在二级学院内部开展技能选拔比赛，培育技能比赛高手，在院系内树立专业学习榜样。二是组织全校技能大赛，二级学院选拔的参赛选手一起同台竞技，获奖的优秀选手推荐参加市级乃至全国大学生技能大赛。校内比赛时候，可邀请学生家长、社区居民来校参观，参观比赛成果，传播工匠精神，为大学生专业学习鼓劲助威。组建技能大赛获奖选手宣讲团，走进班级、走进食堂为大学生宣讲其成功经验和奋斗事迹。三是完善大学生专业技能比赛奖励制度，鼓励大学生积极参与技能大赛。

（五）利用本地工业发展优势加强校企合作

没有经过实践的锻炼，工匠精神只会停留在观念层面。高职院校应推进和本地企业的联合培养计划，联手打造学生实践锻炼的平台。例如，天津具有很强的工业发展优势，大型工业企业较多，高精尖科技企业不少。高职院校应加强和大飞机制造企业、风电设备企业、港机设备企业、港口作业等企业的合作，建立实训基地，为学生锻炼提供条件。通过校企合作，学生接触生产一线，可采用顶岗实习、校企联合培养、车间见习等形式，使学生尽早进入职业角色。在进入生产一线实践过程中，学生会亲身体会到工匠精神，自觉接受企业劳动文化，形成对工匠精神的理解和认识，从而将认识转化为行为自觉，内化为自己的职业精神。

（六）开设更多实践课程增加学生的体验机会

高职院校在教学中要增加实践教学课时数，教务部门每周安排学生 4 学时实训课程，加强实训指导；就业部门增加就业指导课程，宣讲职业平等价值观，进行马克思主义劳动观教育和职业道德教育，更新就业观念；思想政治教学部门广泛开展社会实践教学，除了理论教学外，落实实践课，带领学生深入工厂车间、桥梁、天津港等参观、考察，亲眼看看大型工业制造壮观、精密、复杂的场面，参观大型基础设施，考察车间运转情况等，多种形式为学生提供体验机会、使学生在参观、考察过程中感受工匠文化，体会工匠精神的鼓舞力量，从而在实践锻炼中形成工匠精神。

高职院校应在学生工匠精神培育、工匠文化营造、工匠技能训练、参加技能大赛、工匠精神传承等方面做系统的规划。在中央大力在全社会弘扬劳动光荣、技能至上、工匠崇高的强国背景下，高职院校推动崇尚技能培育、弘扬工匠精神的工作必将结出丰硕果实，为工业强国战略的实施，为社会主义现代化国家建设，为中华民族伟大复兴输送社会亟需工业匠人。

三、校企联合培养工匠精神

调研发现高职院校和企业联合培养学生工匠精神合作方面还存在一些问题，以天津为例，本书考察了校企合作联合培育学生工匠精神的现状、存在的问题进行调研分析，并根据现实情况提出了对策。

（一）天津校企合作现状

天津高职院校众多，有数十万高职大学生，是培育未来大国工匠的重要基地。天津是重要工业城市，大型工业企业较多，比如滨海新区工厂、企业林立，高精尖科技企业不少，大飞机制造企业、风电设备企业、港机设备企业、港口作业等都能为学生实践锻炼提供便利。这为校企联合打造培育大学生技能平台提供了有利条件，二者的有机结合是培育大学生工匠精神的重要途径。

当前天津高等职业院校在培育大学生工匠精神方面做了不少工作，一是充分认识到培育高职大学生工匠精神的重要意义，是大学生人文素养的重要方面，对于提升大学生成为一名合格社会主义“匠人”打下了坚实思想基础。二是在教学方面，在思想政治理论课程里安排工匠精神专题，或通过大国工匠先进人物事迹穿插、渗透在相关内容里，进行工匠精神理论培育。三是校内有实习工厂，实训车间条件的高校，学生都经常到一线参观工匠精神展览，亲自感受工匠操作，工匠精神从思想到实践有亲身感受，能入脑入心。四是培育工匠精神，因疫情、安全等各种因素，学校一般不愿意组织学生到校外文化馆、展览馆等参观学习工匠精神宣传。五是校企融合方面做得不够，学校和企业构建培训平台的机制没能很好建立起来，学生缺乏到工厂、到生产一线见习机会。六是产教融合做得不理想，高职院校教学与工厂、企业就联合培训大学生缺乏有效沟通，合作机制没能很好建立，或运行不能持久，学生的工匠精神学习只停留在理论层面。七是学生将工匠精神当作一种思想理论，就如同社会主义核心价值观一样，记住他们的理论要求，不能在实践中处处践行，对工匠精神的深刻含义学生能说出来，就是说不能把它化作为一种精益求精的动手能力，一种工业标准来看待。

大学生只在校内学习理论，没有经过一线实践的操练，工匠精神不会形成技能意识，只会停留在观念层面。天津高职院校应加强和天津本地工厂、企业的合作，共建联合培养机制，给学生提供理论联系实际、动手锻炼的机会。通过校企合作，学生接触生产一线，亲自操作一下机床、流水线等，感受工业制造之美，体验工匠之伟大。可采用顶岗实习、校企联合培养、车间见习等形式，使学生尽早进入职业角色。在进入生产一线实践过程中，学生会亲身体会到工匠精神的魅力，自觉接受企业劳动文化，形成对工匠精神的理解和认同，从而将认识转化为行为自觉，内化为自己的职业精神。

（二）存在的不足及原因

天津高职院校培育工匠精神还存在诸多不足之处，比如课程思政进行工匠精神教育较弱，管理育人、服务育人不够，等等，存在的问题突出表现在校企合作机制上，这可以从三个维度来看：

1. 高职院校培育人才与企业对人才的需求不相符

高职教育的发展总体落后于市场需求，不能及时满足企业对高新技术人才的需求。相当一部分专业设置还停留在进行系统理论教学，对实践能力的培育不够重视，高职教育缺乏市场及时反应性，操作的实践性和企业、市场需求的针对性不强。尤其是新产品开发设计、市场服务能力有些专业较弱，培养的学生对企业缺乏吸引力，校企合作缺乏动力。高职院校学生所学技能与现代企业实际需求还有不少差距，达不到顶岗实习的要求，目前，校企合作层次仅处于企业接收高职学生进厂实习、见习上，在专业设置、培养目标、实训实操平台建设、实践教学体系等方面缺乏深度合作。

2. 企业对高职教育的发展参与不足

企业以追求利润为目的，对高职发展的兴趣主要看能否有需要的人才。企业参与高职教育发展，投资技能人才培养，要花一大笔钱，针对企业来说，是短期看不见效益的投资，会被视作一种损失。有些企业对校企合作缺乏兴趣，不能把企业与高职院校的合作看作企业定向选择人才和培育人才的途径，参与高职院校人才培养过程的深度不够，一方面怕给企业增加开支，对校企合作所需管理、吃住等方面的投入是一笔不小的数目，学生会在生产中因为不熟练生产出次品、废品，增加生产成本；另一方面，学生生产安全问题也很突出，学生在生产中安全意识淡薄，极易造成生产事故，医疗、保险这一项会增加企业不少开支。

3. 校企合作机制不健全

目前，天津企业与高职院校还没有健全的合作平台机制，校企合作只零散地发生在个别企业和部分院校之间。参与校企合作的企业中，大型企业、行业龙头不多，大部分企业规模不大，以中小企业居多，业内影响力不高，企业承载能力有限，导致合作层次不高。

校企合作还不能成为高职院校和企业谋求自身发展的内在动力。目前的校企合作是零星的、个别的，不规范的、短期的、主要靠领导个人关系建立和维系的，合作层次较低，没有完善的合作机制，无法保障合作的持续性，校企沟通交流平台没有搭建起来，学校对合作协议执行情况缺乏持续有效的监督，管理与考核方面缺乏有效措施，导致一些校企合作流于形式。

高职院校的运行机制、管理体制、教学模式、实践教学等还存在一定的瓶颈，没有做好校企合作的有效对接机制，不同程度影响校企合作。企业在校企合作中得不到实际利益，也是对校企合作不积极的原因，亟须完善校企长效合作机制。

（三）对策和建议

1. 加强教育主管部门对校企合作的领导

建立校企合作育人机制需要天津教委等有关部门主导和推动和大力支持，才能建立有效的合作机制，高水平的校企合作才能真正落地。根据天津工业发展对人才的需求和企业自身特点，天津市教育委员会和工业管理部门等要统筹高职院校和企业之间的合作方法、规模、实训标准等，学校分层次联系不同企业，有针对性开展校企合作。高职院校领导根据本校专业设置把握校企合作发展方向并积极联系大型企业集团，二级学院院长及实训教师具体联系合作企业并组织专业建设，专任教师联系车间或项目部并推进课程建设。实行定岗试训、见习参观、实操实训等多种形式的合作模式。推行产教融合发展、校企一体、理论学习和实践锻炼相结合，不断提升天津职业教育发展和人才培养水平。

2. 创新校企合作新机制

第一，高职院校的实训基地建设，走联合企业共建之路。企业提供场地、实训条件，负责学生实训期间的管理服务，校企共同投入，把实训基地建设列入高职教育发展规划，完全按照企业生产的标准进行建设，建设生产性实训基地，使实习、实训环境和企业生产环境相一致。依托企业，将校内实训室建在企业内，学生单纯的实训变成了车间生产的一部分，真实感受到生产的严格要求。企业和高职院校在实训课程开设上共同谋划，学生的实训课接近企业生产实际，学生的实训集中到企业采取顶岗实习、实训，甚至直接参与生产。教师到企业带队实习，企业技术能手、车间师傅到学校走进课堂，使学生的专业技能和企业岗位需求实时对接。

第二，校内实训基地工厂化。校办工厂、校内实训基地按照工厂车间的标准，建立生产型实训基地。学校提供场地、设备，企业派人指导管理，指导学生的实习、实训，校内实训场地就是一个生产车间，学生按照市场标准参与生产实习和实训，产品要拿到市场，或参与企业的零部件生产，成为企业流水线的一环。企业参与学校实训课程体系设置，师傅和教师手拉手带队学生实训，选派优秀学生到企业充实员工队伍，使高职院校校内实训更真实，学生实践能力得到切实提高。

第三，校企资源整合。企业利用自身优势，根据自身的生产经营需求，提出人才需求标准和专业开设要求。校企签订联合培养人才协议，共同制订培养方案和教学计划，将企业文化、市场需求、生产工艺、企业发展前景等引入高职课程。学校充分发挥教学优势，在理论课程上发力，将基础理论、基础专业知识传授好，给学生打下坚实的理论基础。学生的实践教学、实训操作到企业进行。企业全程参与人才培养、培训过程，校企各自发挥各自的资源优势，通过整合，打造联合培养人才的平台，使学生专业学习和技能提升同步，学生一毕业就能胜任企业岗位要求。

3. 加强校企深度合作

第一，将企业文化、职业文化、工匠精神等融入学校培育人才标准。高职院校是培育社会需要的高技能人才的摇篮，培育学生的适应社会的能力是高校立德树人的根本要求。高职不仅重视人才的技能培育，更应该注重学生的文化素养、社会适应能力的培育和锻造，学生在学校专业技能学习过程中，学校培育企业文化和企业家精神、工匠文化和工匠精神，必将有利于学生综合素养的提升，提高扎实生产一线的崇高精神境界。

第二，学校专业设置和企业岗位要对接。高职院校培养的学生能否实现高就业率，关键看专业是否满足企业需求。高职院校必须根据天津经济社会发展需求和企业对人才的岗位需求，及时调整专业设置，关闭传统专业，调整社会就业率低的专业，满足企业岗位需求，为天津经济社会发展提供有用人才，是高职院校专业设置的风向标。通过企业全过程参与高职院校专业课程设置，使校企合作在学校专业设置和企业岗位需求上实现有效对接，提高人才贡献率。

第三，学校专业教师和企业技术人员要对接。企业高级技术人员、工程师等承担合作院校的实践教学任务，与学校专业教师共同负责实践课程设置、学生实践指导，共同提高学生的技能水平。高职院校教师参与企业技术革新、产品开发，承担企业发展的横向科研项目，参与企业在职员工的提升培训计划。高职教师和企业工程技术人员在合作平台下实行双向流动，实现提高学生动手能力和企业员工综合素质的双重目的。通过校企合作，共建“双师型”教师队伍，共建人才联合培养机制，合力提高学生就业能力。

第三节　以培育工匠精神为核心推进产业工人队伍建设

培育产业工人的工匠精神是实施工业强国战略，推进经济高质量发展的重要举措，本书以天津产业工人为例，剖析产业工人工匠精神培育存在的问题，工匠精神具有的独特价值意蕴，培育工匠精神推动大国制造向强国制造转变，新时代要在营造劳动光荣社会氛围、弘扬劳模精神、在创企业工匠文化和完善保障机制等方面开拓工匠精神培育新路径。

一、产业工人工匠精神培育存在的问题

我国制造业常年位居世界第一，天津作为我国北方第二大经济中心，制造业发达。2016—2021 年，天津 GDP 逐年增长。天津大型工业企业较多，产业工人聚集，是我国工业发展规模的缩影。天津总共有 64 家上市公司，其中制造业的上市公司在天津不论是数量还是市值上都占有一定的优势。

针对产业工人工匠精神培育存在的问题，本书通过语音问卷调查系统，在天津工业企业内作了广泛深入的调研。此次调研，包括国有企业和非国有企业，包括产业工人集中的制造业，也有资本集中的房地产业等，调查的产业工人

具有一定代表性。企业中具有高级技能技术的产业工人比例不高,在产业工人中讲究工匠精神、追求产品质量品质的状况令人担忧。

调研发现,天津产业工人的精神面貌总体向好,普遍了解和认可中华传统工匠精神。中国特色社会主义新时代,广大产业工人干劲、闯劲、钻劲十足,普遍有参与企业改革发展和技术进步的积极愿望。出于关心自身工资福利待遇的增长,他们比较关心企业经济效益,维护企业的稳定和注意自身业务技能的提高,当然工匠精神培育存在的问题也是显而易见的。

1. 产业工人的社会存在感不强

在市场经济环境下,这些年网络经济的快速发展,不少工人不甘于在生产一线靠“十年磨一剑”的刻苦钻研精神追求技术进步实现人生价值,产业工人参与企业管理的机会实际较少。他们在企业和社会的政治参与度较低,产业工人国家主人翁地位的存在感有所下降。近年来,就业人员从传统制造业向服务业流动趋势加大。

2. 产业工人经济收入水平偏低

相对于高强度的生产劳动,产业工人的经济收入水平与劳动强度不成正比,工资收入偏低、劳保福利不健全,这会影响产业工人工匠精神培育。在一些单位,高级技术工人的收入也仅相当于同单位的中层管理人员或工程师水平,甚至还低于他们的收入水平。工人失业压力大,劳动时间长,技能培训和晋升机会少,法定权利时常被侵害等,这些降低了工人追求技艺的积极性。

3. 产业工人职业认同感不高

作为工人阶级的主力,产业工人自信心不足、严重缺乏自我职业认同感和自豪感。尤其在非国有制企业中,资本雇佣关系突出,让产业工人难免产生身份上的被雇佣感和经济上的被剥削感,产业工人国家领导阶级的身份和职业认同感弱化严重,工人身份在现今社会缺乏吸引力,工人职业不再是香饽饽。成功人士的社会评价标准是企业家,而不是一名工人。

4. 企业不重视工匠精神培育

中办国办2018年印发《关于提高技术工人待遇的意见》，要求企业积极开展产业工人培训。然而，在实践中企业是追求经济效益最大化的经济实体，不愿意花费资金和时间成本去培训产业工人，也担心工人培训后跳槽，企业不重视工人工匠精神培育。

二、新时代工匠精神的内涵

工匠精神是中华优秀传统文化中劳动文化的精髓，意蕴醇厚、历久弥新。它不仅包含精雕细琢的高超技艺，还蕴含精益求精的劳动态度和追求极致的敬业精神，更富有锐意开拓、勇于超越的创新精神。根据国家社保局统计，“目前我国技能劳动者超过1.65亿，仅占就业总人口量的21.3%。从技能人才结构上看，高技能人才约占27%，总量与经济高质量发展的要求有相当大的差距，比重也远低于西方一些制造业强国35%的水平”①。我国掌握高精尖技术的工人比例严重偏低，成为我国制造业升级发展的瓶颈所在。解决我国制造业转型升级的困境，就必须大力弘扬工匠精神，培育工匠人才。

劳模精神、劳动精神和工匠精神三者相得益彰，构成一个有机整体，是马克思主义劳动价值观的生动体现，是新时代产业工人锐意进取，开拓创新的强大精神支撑。弘扬工匠精神，一要倡导“劳模精神”，在工人队伍中凝聚热爱劳动、劳动光荣、争当劳模的价值观。在行业内形成以劳模为榜样，以“劳模精神”作为动力。二要发扬“劳动精神”，奉行艰苦奋斗、乐于奉献、吃苦耐劳的劳动观。在工人中树立劳动者是新时代最美的人的价值观念，发扬工人阶级不怕艰难困苦、攻坚克难的进取精神，做好劳动模范的带头作用，号召广大产业工人在实干中锻炼本领，在生产一线铸就精品，追求极品。三要传承“工匠精

① 李玉赋. 新的使命担当[M]. 北京：中国工人出版社，2017.

神”，在生产领域凝聚勇于突破、追求极致的职业精神，发扬专注执念、精益求精、严谨认真、追求极致的敬业精神，将专注、精致、完美、创新的“匠心”，在生产中化作生产力，在工作中鼓励产业工人发扬“干一行爱一行，钻一行精一行”的劳动品格。

三、弘扬工匠精神的当代价值

新时代推进工业强国战略，全面建设社会主义现代化国家，就必须大力弘扬工匠精神，打造一支技艺精湛、勇于开拓的产业工人队伍。

首先，传承工匠精神，是新时代产业工人的使命使然。产业工人是工人阶级队伍的主体，是传承中华传统工匠精神的主要承载力量。为提升我国工业制造水平，必须提高产业工人素质，传承中华传统匠心精神，奉行现代工匠精神，打造一支有守初心能担当、有技术会创新、有成就乐奉献的产业工人队伍，这是时代赋予产业工人的历史使命，是时代的要求。

其次，弘扬工匠精神，是提高产品国际竞争力的需要。发达国家非常重视工匠精神的培养，比如在日本和德国，非常重视培育工人工匠精神，这在提高工业制造水平上发挥着重要作用。我国推进产业结构升级，实现经济高质量发展要创造有国际竞争力的产品，这就需要弘扬工匠精神，促进我国工业制造赶超国际水平，推动我国产品走向国际市场。

再次，弘扬工匠精神，有利于产业工人职业道德的养成。工匠精神是制造业的精神旗帜，弘扬工匠精神的有利于引导工业制造行业调整心态、端正态度，潜心专业技术，创造精品，有利于爱岗敬业、热爱劳动、尊重职业的职业道德的养成。如果每个产业工人都发扬工匠精神、敬业精神和劳动精神，不但能够不断创造出高质量产品，而且会带动全社会形成热爱劳动、争创优品的劳动职业道德。

最后，弘扬工匠精神有利于提升国家形象。中国制造总体上还未达到国际最高水准，国际认可度不够高，特别是品牌知名度和产品信誉度还远未达到国际一流水平。弘扬工匠精神，在产品研发、加工工艺、营销策略的各个环节严格按照国际水准，打造中国品牌，不断提高我国产品在满足消费者的差异性和多样性的需求能力，减少消费外溢和扩大内需，从而改善国家经济循环。

四、培育产业工人工匠精神的对策

中华工匠文化、工匠精神是鼓舞广大产业工人不断革新、追求技术进步的精神动力，这种精神力量最终将转化为创造精良产品和提供优质服务的现实生产力。

（一）倡导劳动光荣社会价值观

通过开展教育、媒体宣传、典型示范等多种渠道引导产业工人对自身职业身份的认同感。不断加强对产业工人的思想教育引领，提升产业工人的文化自信。利用现代传媒手段，广泛宣传劳动模范、优秀工匠人才的成长之路，介绍他们的奋斗拼搏精神，充分发挥他们的示范带头效应，在全社会倡导劳动光荣、技术无价的价值观念，引导社会尊重劳动、崇尚工匠人才，形成劳动者最美、劳动最美、劳动创造一切的社会氛围。

（二）培育追求卓越的企业文化和工匠文化

培育追求卓越争创一流的企业文化，引导企业转向质量第一发展方向，坚决抛弃追求“快钱”发展思路。树立企业“打造百年老店”企业文化，打造精品、创新极品。培育产业工人肯于精钻细研、追求完美的工匠文化。全力培育产业工人对产品的专注、对技术的钻研、对职业的尊重之工匠文化；倡导产业工人践行能吃苦、肯钻研、勇创新、讲奉献的职业精神。激励产业工人不断提升技术创造精品。

（三）培育产业工人开拓创新意识

产业工人是生产一线的实操者，动手能力很强，充分发挥其对机器、设备和工艺非常熟悉优势，激发他们的创新热情，激励他们锐意进取、大胆创新，鼓励搞一些发明创造。一些发明虽“小”，哪怕一个小小的技术改进，往往很实用，能为企业直接创造价值。所以，政府、企业、工会组织等要通力激发广大产业工人创新创造的内生动力，引导他们不断推出精品。

（四）完善工匠精神的激励和保障机制

要完善“工匠精神”的激励制度和培育保障制度，搭建产业工人技能培训和不断学习的平台，将产业工人技能提升制度化、规范化；推进产业工人绩效工资制度改革，提高搞技术创新的产业工人和具有独门绝技的工人的收入水平；畅通产业工人参与企业管理体制，提高产业工人政治参与机会。不断提高产业工人的获得感、自豪感、荣誉感，在全社会推崇劳动最光荣、革新最时尚、工匠最美丽的社会氛围。

（五）充分发挥劳模的榜样力量

天津有很好的教育资源，如“天津市弘扬劳模精神劳动精神工匠精神教育展”，可以组织产业工人参观、学习。大力推介天津“时代楷模”张黎明等劳模典型，制作专题宣传片或微视频，大力宣传他们的先进事迹，通过广播电视和网络新媒体向职工网民播放，让全社会从现实工匠人物身上体悟劳模精神和工匠精神的鼓励力量，发挥劳模的模范带动作用。

（六）打造天津特色工匠品牌

结合天津优势，打造独具特色的工匠品牌形象。比如打造“海河工匠”人才品牌；举办“新时代创新创业之星”等天津工匠人才网上评选活动；创建工匠人才、技能大师工作室、劳模研究室等,为技术人才提供足够的劳动条件和创新交流平台。政府要对工业匠人、技术能手的培育在财政上大力支持,同时建立社会监督机制,规范产业工人职业培训。定期举办职业技能竞赛;完善产业工人职业晋升机制,不断激励产业工人技术水平的提高,把全市职工中的技能人员特别是高技能人才占比提升到更高水平。

结　语

构建现代企业文化，推动建立现代企业制度建立和完善，是新时代中国特色社会主义现代化建设的重中之重。从企业主体的视角，这就要提升产业工人的文化素养，为制造业发展提供根本动力。中华人民共和国成立初期，党和政府在提升广大产业工人思想文化素养方面做了有益探索，产业工人思想觉悟大幅度提升，为经济社会的恢复和发展提供了强大动力。工人由解放前的“苦力”一跃成为国家的主人，甚至成为一种“身份”的代名词，社会地位和优越感得到极大提高，这些是产业工人文化素养提升的成功的基本经验。提升产业工人文化素养，构建现代企业文化，促进制造业大发展。

党的二十大报告，为推进新型工业化建设，开启中国式现代化建设提供了指引和遵循。建设社会主义制造强国需要一支高素质的产业工人队伍。然而，产业工人的文化素养还存在诸多新问题，使企业文化建设离现代企业制度还有差距，影响了经济的转型升级。在提升产业工人文化素养方面，虽然时代不同、问题也不同，但是中华人民共和国成立初期的历史经验仍然可以提供借鉴。

以习近平同志为核心的党中央非常重视产业工人队伍建设，已经颁布了《新时期产业工人队伍建设改革方案》等重要文件，产业工人队伍建设将在党中央的坚强领导下，在党的二十大精神的鼓舞下开启系统化、制度化改革的大幕，以构建现代企业文化为中心的产业工人文化素养提升问题也将得到整体上的解决，从而为新时代推进中国特色社会主义事业，发挥产业工人队伍的积极性、创造性，为民族复兴中国梦的实现更好地贡献工人阶级的力量。

产业工人思想文化建设是产业工人队伍建设改革的重要环节，本书从工匠精神培育这一全新的视角论证新时代产业工人文化素养提升问题。成稿过程中得到了领导、导师、师姐以及同仁们的大力支持，部分吸收了他们的观点，本书对问题的论证是开放的,问题的探讨远没有实现初心,在今后的学习、生活中,我将以现实问题为导向,继续深入研究新时代的产业工人。例如,较高的文化修养、合理的分配制度、持续的培训机制、顺畅的晋升通道,等等,从理论和实践两个维度探索产业工人队伍建设改革有关问题,为丰富完善产业工人队伍建设理论继续不懈努力。

参考文献

（一）经典著作及文献选编

[1] 马克思恩格斯全集（第1,30卷）[M]. 北京：人民出版社，1995.

[2] 马克思恩格斯文集（第1—5,9卷）[M]. 北京：人民出版社，2009.

[3] 马克思恩格斯选集（第1—4卷）[M]. 北京：人民出版社，2012.

[4] 列宁专题全集（第33,35卷）[M]. 北京：人民出版社，1985.

[5] 列宁专题选集（第1卷）[M]. 北京：人民出版社，2012.

[6] 论辩证唯物主义和历史唯物主义. 列宁专题文集[M]. 北京：人民出版社，2009.

[7] 论无产阶级政党. 列宁专题文集[M]. 北京：人民出版社，2009.

[8] 论社会主义. 列宁专题文集[M]. 北京：人民出版社，2009.

[9] 论马克思主义. 列宁专题文集[M]. 北京：人民出版社，2009.

[10] 毛泽东选集（第1—4卷）[M]. 北京：人民出版社，1991.

[11] 刘少奇选集（上卷）[M]. 北京：人民出版社，1985.

[12] 刘少奇年谱（下卷）[M]. 北京：中央文献出版社，1996.

[13] 中共天津市委党史资料征集委员会. 刘少奇在天津[M]. 天津：天津人民出版社，1993.

[14] 邓小平文选（第1.2卷）[M]. 北京：人民出版社，1994.

[15] 邓小平文选（第3卷）[M]. 北京：人民出版社，1993.

[16] 中央文献研究室. 毛泽东、邓小平、江泽民论工人阶级[M]. 北京：中央文献出版社，2002.

[17] 习近平. 习近平谈治国理政（第一卷）[M]. 北京：外文出版社，2018 再版.

[18] 习近平. 习近平谈治国理政（第二卷）[M]. 北京：外文出版社，2017.

[19] 习近平. 习近平谈治国理政（第三卷）[M]. 北京：外文出版社，2020.

[20] 习近平. 习近平谈治国理政（第四卷）[M]. 北京：外文出版社，2022.

[21] 习近平. 习近平总书记系列重要讲话读本[M]. 北京：人民出版社，2016.

[22] 中共中央党史研究室. 中国共产党历史（第1—2卷）（全二册）[M]. 北京：中共党史出

版社,2011.

[23] 中共天津市委党史研究室. 中国共产党天津历史(第1—2卷)[M]. 北京:中共党史出版社,2005.

[24] 中共中央文献研究室. 刘少奇论新中国的经济建设[M]. 北京:中央文献出版社,2009.

[25] 中国社会科学院近代史所编. 中国工人阶级历史状况(第1卷)[M]. 北京:中共中央党校出版社,2004.

[26] 建国以来重要文献选编(1949—1965)[M]. 北京:中央文献出版社,2011.

[27] 中共中央关于构建社会主义和谐社会若干重大问题的决定[M]. 北京:人民出版社,2006.

[28] 中国共产党中央委员会关于建国以来党的若干历史问题的决议[M]. 北京:人民出版社,2009.

[29] 中共中央关于加强和改进党的作风建设若干问题的决定[M]. 北京:人民出版社,2001.

[30] 习近平. 论中国共产党历史[M]. 北京:中央文献出版社,2021.

[31] 习近平. 高举中国特色社会主义伟大旗帜 为全面建设社会主义现代化国家而团结奋斗——在中国共产党第二十次全国代表大会上的报告[M]. 北京:人民出版社,2022.

[32] 本书编写组. 中国共产党简史[M]. 北京:人民出版社中共党史出版社,2021.

[33] 推进产业工人队伍建设改革协调小组办公室. 产业工人队伍建设改革试点案例汇编(第一辑)[M]. 北京:中国工人出版社,2021.

[34] 推进产业工人队伍建设改革协调小组办公室. 产业工人队伍建设改革工作文件汇编[M]. 北京:中国工人出版社,2020.

[35] 推进产业工人队伍建设改革协调小组办公室. 产业工人队伍建设改革职工知识50问[M]. 北京:中国工人出版社,2022.

(二)中文译著

[1] [美]阿尔蒙德(Gabriel · A. Almond),西德尼 · 维巴. 公民文化——五个国家的政治态度和民主制度[M]. 徐湘林,等,译. 北京:东方出版社,2008.

[2] [美]塞缪尔 · P. 亨廷顿. 变化社会中的政治秩序[M]. 王冠华,刘为,等,译. 北京:生活 · 读书 · 新知三联书店,1989.

[3] [古希腊]亚里士多德. 政治学[M]. 吴寿彭,译. 北京:商务印书馆,1996.

[4] [美]阿尔蒙德(Gabriel·A. Almond),小G.宾厄姆·鲍威尔(G. Bingham Powell, Jr.).比较政治学:体系、过程和政策[M].曹沛霖、公婷,等,译.北京:东方出版社,2007.

[5] [美]阿尔蒙德(Gabriel·A. Almond),小G.宾厄姆·鲍威尔(G. Bingham Powell, Jr.),拉塞尔·J.多尔顿,等著,比较政治学:世界视角[M].顾肃、吕建高、向青山,译.北京:中国人民大学出版社,2014.

[6] [美]塞缪尔·P.亨廷顿.文明的冲突与世界秩序的重建[M].周琪、刘绯、张立平,等,译.北京:新华出版社,2010.

[7] [美]威廉·F.斯通.政治心理学[M].胡杰,译.哈尔滨:黑龙江人民出版社,1987.

[8] [美]卢希安·派伊,韦纳,科尔曼,等.政治发展中的危机与后果[M].转引自姚建宗.国外政治发展研究述评[J].政治学研究,1999(4).

[9] [英]弗兰克·帕金.马克斯·韦伯[M].刘东、谢维和,译.成都:四川人民出版社,1987.

[10] [美]威尔特·A.罗森堡姆.政治文化[M].陈鸿瑜,译.台北:桂冠股份有限公司,1984.

[11] [美]迈克尔·罗斯金.政治科学[M].林震,等,译.北京:华夏出版社,2001.

[12] [法]让-马克·夸克.合法性与政治[M].佟心平、王远飞,译.北京:中央编译出版社,2002.

[13] [美]西摩·马丁·李普赛特.政治人:政治的社会基础[M].张绍宗,译.上海:上海人民出版社,1997.

[14] [德]尤尔根·哈贝马斯.交往与社会进化[M].张博树,译.重庆:重庆出版社,1989.

[15] [德]尤尔根·哈贝马斯.合法性危机[M].刘北成、曹为东,译.上海:上海世纪出版集团,2009.

[16] [美]曼纽尔·卡斯特.认同的力量[M].夏铸九、黄丽玲,等译.北京:社会科学文献出版社,2003.

(三)中文著作

[1] 朱永跃,张书凤、邹家峰.新时代工匠型产业工人培养研究[M].北京:科学出版社,2021.

[2] 李忠义,马建辉.文化[M].北京:清华大学出版社,2015.

[3] 徐斌.中国特色社会主义制度的大众认同与完善发展[M].北京:人民出版社,2017年.

[4] 包永全.政治、国家、民族之"三重认同"研究初探[M].北京:社会科学文献出版社,2014.

[5] 史为民,等.政治认同与危机压力[M].北京:中国社会科学出版社,2014.
[6] 郭维平.社会主义核心价值观生成与认同研究[M].北京:学习出版社,2016.
[7] 推进产业工人队伍建设改革协调小组办公室.产业工人队伍建设改革职工知识50问[M].北京:中国工人出版社,2022.
[8] 师吉金.构建与嬗变:中国共产党与当代中国社会之变迁(1949—1957)[M].济南:济南出版社,2003.
[9] 伊焕斌.工匠精神与人才培养的供给侧结构性改革研究[M].北京:人民出版社,2018.
[10] 刘爱玉.选择:国企变革与工人生存行动[M].北京:社会科学文献出版社,2005.
[11] 郑一群.工匠精神:卓越员工的十项修炼[M].北京:新华出版社,2016.
[12] 陈周旺,汪仕凯.工人政治[M].上海:复旦大学出版社,2013.
[13] 唐玉良.工人运动史话[M].北京:社会科学文献出版社,2012.
[14] 赵腾.构建的认同[M].北京:社会科学文献出版社,2017.
[15] 庄启东.新中国工资史稿[M].北京:中国财政经济出版社,1986.
[16] 邵雷,陈向东.中国社会保障制度改革[M].北京:经济管理出版社,1991.
[17] 高爱娣.新中国工会史(1948 - 1998)[M].北京:中国经济出版社,1999.
[18] 柳可白,土玫.当代工人阶级地位与作用[M].北京:中国工人出版社,2007.
[19] 土永玺.中国工会史[M].北京:中共党史出版社,1992.
[20] 吕元礼.政治文化:转型与整合[M].南昌:江西人民出版社,1999.
[21] 张静.身份认同研究[M].上海:上海人民出版社,2006.
[22] 刘素新.解放初期的天津[M].北京:中共党史出版社,2009.
[23] 刘朋.新中国成立初期中国共产党执政范式研究[M].北京:中国社会科学出版社,2016.
[24] 肖东波,曹屯裕.新中国成立初期执政党建设研究[M].杭州:浙江大学出版社,2010.
[25] 张浩.新中国成立初期中国共产党城市工作研究[M].北京:人民出版社,2014.
[26] 齐霁.荡涤污泥浊水——新中国成立初期中国共产党对主要社会问题的治理[M].北京:中国社会科学出版社,2015.
[27] 肖东波.新中国成立初期中国共产党执政实践研究[M].北京:中央文献出版社,2013.
[28] 邢贲思.中国共产党执政规律研究[M].武汉:湖北人民出版社,2004.
[29] 薛焱.当代中国主流文化认同研究[M].北京:社会科学文献出版社,2016.

[30] 上海政治学会.政治认同与社会和谐[M].上海:上海人民出版社,2008.

[31] 曾楠.政治认同论[M].南昌:江西人民出版社,2017.

[32] 梁景和.社会文化与历史的思想交汇[M].北京:社会科学文献出版社,2015.

[33] 铁人学院编著.中国工业化发展道路与产业工人队伍建设研究[M].北京:中国工人出版社,2021.

[34] 毛忞歆,高凌.基于我国工会实践的产业工人幸福感提升研究[M].武汉:武汉大学出版社,2021.

[35]付守永.工匠精神:国战略行动路线图[M].北京:北京大学出版社,2018.

[36] 刘海军.当代中国工人阶级状况变化研究[M].北京:中国工人出版社,2021.

[37] 任秋君.大国工匠研究[M].上海:上海交通大学出版社,2019.

[38] 陈必华,淦爱品.劳模精神导论[M].上海:上海交通大学出版社,2020.

[39] 王成荣,张慧.工会与企业文化[M].北京:北京大学出版社,2017.

[40]刘东辉.弘扬企业文化 争做优秀员工[M].北京:企业管理出版社,2016.

[41]李文彪.新形势下施工企业思想政治工作与文化建设研究[M].长春:吉林大学出版社,2021.

[42]李玉斌.第八次中国职工状况调查[M].北京:中国工人出版社,2017.

[43]岳玲.建立现代技能体系——产业工人技能养成与规范化发展[M].北京:中国工人出版社,2021.

[44]张安顺.工会维护职工权益手册[M].北京:中国言实出版社,2019.

(四)档案资料

[1] X0068-Y-000030-1,41950 年关于救济失业工人宣传工作.

[2] X-0020-D-000033-2 棉纺织厂工人政治学习总结.

[3] X-0020-D-000033-4 纺织职工停工期间进行政治学习前的思想情况.

[4]X-0020-D-000033-6 天津纺织工人政治学习后的生产积极性.

[5] X0196-C-000371-002 修订我局 54 年工人福利中洗澡问题.

[6] X0196-C-000568-003 规定我局工人福利待遇.

[7] X-0020-D-000033-161951 年纺织工人对于“中国共产党”的认识情况.

[8] X0279-C-000371-058 我对接受党的领导和向工人阶级学习的几点体会.

[9] X0082-C-000591 天津市私营小型工业 1954 年 1—4 月季度职工统计表.

[10] X0053 – Y – 0005579 – 015 五四年以前合营企业生产工人工资.

[11] X0003 – Y – 006476 中共天津市委宣传部关于工人政治教育工作的计划.

[12] X0003 – Y – 006793 关于工人阶级政治教育工作、计划、报告、通知.

[13] X0198 – C – 000887 – 006 关于三校联合拟定产业工人学生助学金实施办法.

[14] X0003 – Y – 007240 市委宣传部关于经济宣传、工人政治教育.

[15] X0045 – Y – 000099 – 014 各厂降温工作检查报告 纺织工会.

[16] X0045 – Y – 000111 – 007 工会如何协助厂方改进企业管理.

[17] X0045 – Y – 000111 – 009 东亚企业公司职工脱产轮训工作总结.

[18] X0198 – C – 000887 – 005 校联合拟产业工人学生人民助学金困难补助办法.

[19] X0196 – C – 000178 – 003 关于市政工人福利问题的请核.

[20] X – 0020 – D – 000033 – 1 天津市纺织工人政治学习收获的初步总结.

[21] X0184 – Y – 000079 – 008 通知工人福利办法.

[22] X0098 – C – 000123 – 059 为工人福利问题报告由.

[23] X0104 – C – 001258 – 001 工业局技术学校、工农速成中学等职工学习的安排.

[24] X0104 – C – 002460 – 012 中纺二厂工人福利.

[25] X0124 – C – 000020 – 019 函复技工班脱产工人学员之劳保福利待遇问题.

[26] X0091 – Y – 000442 – 031 批复该局应改进猪鬃工厂工人福利卫生方面由.

[27] X0091 – Y – 000460 – 004 为我公司工厂工人福利金教育费提取事由.

[28] X0045 – Y – 000099 – 013 天津国棉各厂伙食改革工作总结(1953 年 12 月 31 日).

[29] X0091 – Y – 000600 – 053 通知合作社加工獾毛改进工人福利.

[30] X53 – 1 – C – 442 市府召开各区会议讨论工人新村存在问题报告 1952 – 12.

[31] X0045 – Y – 000099 – 018 天津国棉各厂伙食改革工作总结(1953 年 8 月 1 日)

[32] X0077 – Y – 000488 – 023 工人工资福利情况调查报告.

[33] X0044 – Y – 000313 – 002 天津市总工会工厂扫盲运动小结.

[34] X0198 – C – 000482 – 010 产业工人学生因病休学期间的助学金问题.

[35] X0045 – Y – 000099 – 013 伙食改革工作总结.

[36] X0044 – Y – 000315 – 003 天津市总工会文化部 1953 年工作总结.

[37] X77 – 2 – 21751951 天津市国公营企业调资方案(草稿).

[38] X0045 – Y – 000096 – 003 纺织业保护女工实施办法——纺织工会.

[39] X0045 – Y – 000099 – 009 劳动保险工作总结——纺织工会.

[40] X0045 – Y – 000099 – 008 纺织工会天津市委员会 1953 年劳动保护工作总结.

[41] X0045 – Y – 000099 – 011 各厂伙食专业经验交流会报告——纺织工会.

[42] X0045 – Y – 000099 – 012 伙食改革工作报告——纺织工会.

[43] X0047 – D – 000053 – 3（1951 年 9 月）中华火柴厂党的宣传工作检查报告.

[44] X0045 – Y – 000099 – 014 各厂降温工作检查报告——纺织工会.

[45] X0045 – Y – 000099 – 015 关于降温工作的九个建议——纺织工会.

[46] X0045 – Y – 000111 – 007 工会如何协助厂方改进企业管理——纺织工会.

[47] X0044 – Y – 000315 – 007 一九五三年政治教育工作总结.

[48] X3 – 8 – 4752 天津市 1953 – 3 私营工业调整工资工作总结.

[49] X0077 – Y – 0004888 – 014 天津市粮食局工人及福利情况.

[50] X0077 – Y – 0004888 – 015 天津市中植油厂工人福利情况.

[51] X0077 – Y – 0004888 – 016 天津市邮局工人福利情况.

[52] X0077 – Y – 0004888 – 017 天津市华北油脂公司工人福利情况.

[53] X0020 – C – 000042 各厂对工人进行政治教育的总结报告.

[54] X0020 – D – 000033 棉纺各厂工人政治学习情况总结经验介绍及通知.

[55] X0022 – D – 000023 工人工资标准问题岗位工资制度的几个问题.

[56] X0047 – D – 000053 1951 年各党委宣传部关于在工人中进行思想政治教育.

[57] X0198 – C – 000482 – 004 关于产业工人入学后按原工资 75% 发人民助学金.

[58] X0068 – Y – 000053 – 1 天津市失业工人救济委员会带动失业工人学徒方案.

[59] X0068 – Y – 000037 1951 年与各厂订立劳动失业工人学校合同.

[60] X44 – 1 – 174 一九五六年女工工作和保护工作、托儿、生活等工作报告、情况.

[61] X0069 – Y – 000010 河北省灾区县乡和社员对天津市工人阶级的感谢信.

[62] X0053 – Y – 000579 – 0011956 年天津市地方工业各局当前工资改革情况.

[63] X0053 – D – 002838 天津市工人业余中学及工人业余初等学校情况报告.

[64] X0068 – Y – 000027 天津市失业工人救济办法.

[65] X0068 – Y – 000030 1950 年关于救济失业工人宣传工作.

[66] X0082 – C – 000591 天津市私营小型工业 1954 年 1—4 月职工人数统计报表.

[67] X0279 – C – 000371 – 058 我对接受党的领导和向工人阶级学习问题的体会.

[68] X143－1－88 1956－1 第二轻工业局关于工资改革实施计划.
[69] X0070－C－000016 工人工徒请假奖惩办法.
[70] X0084－C－000213－017 失业工人第二文化学习班教学计划草案.
[71] X0053－Y－000214－010 关于不得随便占用工人文化学习时间的通知.
[72] X0053－Y－006793 关于工人阶级政治教育工作、计划、报告通知.
[73] X0084－C－000197－008 失业工人文化学习班教员问题.
[74] X0022－D－000023－2 1955 国务院关于改革和整顿国营工业企业工资制度的决定草案.
[75] X0053－C－000732－085 为照顾郊区产业工人的食油问题的提案.
[76] X0104－C－000496－004 转发中央高教部关于产业工人入学原工资计算办法.
[77] X0122－C－00058－016 关于产业工人经组织同意考入高校学习期间工资.
[78] X0124－C－000111－002 关于改进产业工人学生助学金问题的处理办法.
[79] X0084－C－000213－016 第二文化学习班目前工作计划初步意见.
[80] X－0020－D－000033－12 恒源纱厂在政治学习中的组织领导和典型.
[81] X0084－C－000213－018 失业工人第一文化学习班组织及干部部分分工.
[82] X0084－C－000552－013 天津市第一工人技术学校文化学习情况表.
[83] X0053－Y－000579－015 五四年以前合营企业生产工人工资.
[84] X44－1－350 五一年全年劳动保护工作总结.
[85] X0053－Y－000579－018 五四年以前合营工厂生产工人工资标准平衡意见.

(五)报纸文章

[1] 包心鉴.当代中国的政治认同[N].光明日报,2014－4－9(013).
[2] 习近平.党政主要负责同志要亲力亲为抓改革扑下身子抓落实[N].人民日报,2017－2－7(01).
[3] 习近平.在庆祝“五一”国际劳动节暨表彰全国劳动模范和先进工作者大会上的讲话[N].人民日报,2015－4－29(01).
[4] 中共中央、国务院.新时期产业工人队伍建设改革方案[N].人民日报,2017－06－20(01).
[5] 本报评论员.建设高素质的产业工人队伍[N].人民日报,2017－06－20(01).
[6] 习近平.坚定不移全面深化改革开放,脚踏实地推动经济社会发展[N].人民日报,2013－

07-23(01).
[7] 习近平.在全国劳动模范和先进工作者表彰大会上的讲话[N].人民日报,2020-11-25(02).
[8] 新华社.习近平在同中华全国总工会新一届领导班子成员集体谈话时强调:团结动员亿万职工积极建功新时代 开创我国工运事业和工会工作新局面[N].工人日报,2018-10-30(01).
[9] 王沪宁.展示新时代我国工人阶级团结奋斗新风采——在中国工会第十七次全国代表大会上致辞[N].工人日报,2018-10-23(01).

(六)期刊论文

[1] 王东明.企业文化建设与思想政治工作的融合思路初探[J].经济与社会发展研究,2020(4).
[2] 肖成祖.新时期企业文化建设存在的问题与对策[J].行政事业资产与财务,2015(04).
[3] 梁丽萍.政治认同的理论发展[J].浙江学刊,2012(1).
[4] 方旭光.政治认同——政治实践的范畴[J].兰州学刊,2006(9).
[5] 丁志刚,董洪乐.政治认同的层次分析[J].学习与探索,2010(5).
[6] 邓红,齐凯君.新中国建立之初政治认同的构建——以天津搬运工人为例(1949—1956)[J].河北大学学报(哲学社会科学版),2014(3).
[7] 梁丽辉,受志敏.新中国成立初期马克思主义大众化实证分析——以天津工人学哲学为例[J].学理论,2013(13).
[8] 李朝阳.建国初期中共保持自身纯洁性的探索[J].安徽师范大学学报,2012(7).
[9]匡瑛.智能化背景下"工匠精神"的时代意蕴与培育路径[J].教育发展研究,2018(1).
[10] 董一冰,刘静.新中国成立初期党和政府解决失业问题的对策及启示[J].理论探讨,2014(5).
[11] 李葳.新中国成立初期党对工人干部的培养与提拔[J].学术论坛,2013(3).
[12] 金欣.新中国成立初期《人民日报》对工人政治宣传的三大内涵[J].党史文苑,2014(7).
[13] 邓红,梁丽辉.新旧交替时期天津工人的政治学习运动[J].河北学刊,2013(1).
[14] 任云仙.新国家与旧工人:新中国成立之初的中国工会[J].党史研究与教学,2014(6).
[15] 李坤凤.政治认同研究综述[J].南方论刊,2016(12).

[16] 周晓光. 1949—1956 年中国共产党的思想政治教育论析[J]. 中国林业教育,2012(3).
[17] 薛中国. 关于“政治认同”的一点认识. http://www.gmw.cn/01gmrb/2007-03/31/content_582173.htm.
[18] 丁丽. 民国时期天津产业工人劳动保障问题探析[J]. 兰州学刊,2014(7).
[19] 王春玺. 提高工人政治认同与职业认同的路径选择[J]. 中国劳动关系学院学报,2008(4).
[20] 王敏. 探究企业文化建设与思想政治工作的有效融合[J]. 企业文化(中旬刊),2019(2).
[21] 钱闻明. 基于行业标准的新时代工匠精神培育路径研究[J]. 江苏高教,2018(11).
[22] 邓凯文. 情感认同:培育社会主义核心价值观的着力点[J]. 广西社会科学,2016(12).
[23] 丁丽. 民国时期天津产业工人劳动保障问题探析[J]. 兰州学刊,2014(7).
[24] 李珂. 制度化培养大国工匠的实践路径探析[J]. 中国职业技术教育,2018(6).
[25] 彭正德. 论政治认同的内涵、结构与功能[J]. 湖南师范大学社会科学学报,2014(5).
[26] 邓玉菲. 中国传统工匠精神及其当代继承[J]. 安徽行政学院报,2013(2).
[27] 沈文浩. 新时代商业企业文化建设存在的问题及策略选择[J]. 中国商论,2018(17).
[28] 王先俊,胡倩燕. 建国初期中国共产党巩固执政基础的历史考察[J]. 当代中国史研究,2006(3).
[29] 庄西真. 多维视角下的工匠精神:内涵剖析与解读[J]. 中国高教研究,2017(5).
[30] 孔德永. 政治认同的逻辑[J]. 山东大学学报,2007(1).
[31] 郑庆杰. 多元与分化:改制企业的工人身份认同与生产政治[J]. 中共福建省委党校学报,2014(8).
[32] 冀豆豆. 以企业文化引领公司发展的思考[J]. 商场现代化,2021(10).
[33] 丁忠甫. 论政治认同与合法性的关系[J]. 湖南第一师范学报,2005(6).
[34] 刘惠,胡建. 论政治认同的含义、类型与特征[J]. 昌吉学院学报,2014(2).
[35] 管廷莲. 论社会主义核心价值体系政治认同的实现逻辑[J]. 求索,2011(5).
[36] 喻包庆. 论当代中国的政治认同危机及其解决路径[J]. 广西师范大学学报(哲学社会科学版),2012(6).
[37] 梅洪. 论高职学生工匠精神的培育[J]. 职教论坛,2016(25).
[38] 杨勇,娄淑华. 论政治认同[J]. 喀什师范学院学报,2008(1).

[39] 汤艳. 高等职业教育中工匠精神的培育[J]. 南通大学学报(社会科学版),2017(1).
[40] 查国硕. 工匠精神的现代价值意蕴[J]. 职教论坛,2016(7).
[41] 姜汉荣. 势之所趋:工匠精神的时代意义与内涵解构[J]. 中国职业技术教育,2016(16).
[42] 程海涛. 工匠精神的缺失与职业院校的使命[J]. 职教论坛,2016(22).
[43] 袁玉芳. 建国初期中国民众政治认同的困境与重构[J]. 柳州师专学报,2012(4).
[44] 任云仙. 新国家与旧工人:新中国成立之初的中国工会[J]. 党史研究与教学,2014(6).
[45] 王春玺. 提高工人政治认同与职业认同的路径选择[J]. 中国劳动关系学院学报,2008(2).
[46] 胡建,刘惠. 论政治认同的来源及其形成[J]. 昌吉学院学报,2013(5).
[47] 李素华. 政治认同的辨析[J]. 当代亚太,2005(12).
[48] 高洁. 思想政治教育视角下国企企业文化建设探究[J]. 现代企业文化,2019(04).
[49] 邱柏生. 浅析我国政治心理学研究的现状[J]. 复旦学报,1996(4).
[50] 吴科旭. 工匠精神与技能型人才职业素养:诉求、价值与路径[J]. 继续教育研究,2018(1).

(七)学位论文

[1] 刘海军. 企业文化要素对内部控制影响实证研究[D]. 大连:大连理工大学,2019.
[2] 邹婷婷. 人文精神视角下中国近代民族企业文化探究[D]. 广州:中山大学,2020.
[3] 方旭光. 政治认同的基础理论研究[D]. 上海:复旦大学,2006.
[4] 王海亮. 当代中国劳模精神研究[D]. 哈尔滨:哈尔滨理工大学,2019.
[5] 邓玉菲. 中国传统工匠精神及其当代继承[D]. 曲阜:曲阜师范大学,2019.
[6] 胡建. 当代中国公民政治认同的理论与实践研究[D]. 西安:西南交通大学,2011.
[7] 梁丽辉. 新旧更迭的中巨变:建国初期天津工人研究(1949—1956)[D]. 天津:南开大学,2012.
[8] 戴均. 当代中国转型社会的政治认同研究——基于价值分析的视角[D]. 西安:陕西师范大学,2012.
[9] 李素华. 对政治认同的功能和资源分析[D]. 上海:复旦大学,2005.
[10] 孔德永. 当代中国社会转型时期的政治认同问题研究[D]. 济南:山东大学,2006.
[11] 李淑玲. 智能制造背景下的工匠精神维度结构研究[D]. 北京:首都经济贸易大

学,2020.

[12] 杜佳. 社会化媒体环境下公民政治认同教育研究[D]. 北京:中国矿业大学(北京),2015.

[13] 张文财. 基于工匠精神视域下高职院校技能型人才培养[D]. 上海:华东理工大学,2018.

[14] 李志远. 工匠精神研究[D]. 长沙:湖南师范大学,2019.

[15] 陈柳青. 天津工人经济收入与生活状况考察(1930—1956)[D]. 天津:天津大学,2009.

[16] 陈伶浪. 新时代弘扬劳模精神研究[D]. 长春:吉林大学,2020.

[17] 张建建. 新中国成立初期(1949—1965)工人政治认同研究——以郑州地区为例[D]. 河南大学,2015.

(八)英文文献

[1] Richard Jenkins. *Social Identity*. London & New York:Routledge. 2004.

[2] Byrge C, Chao y. T. Embodied creativity training: Effects on creative self - efficacy and creative production [J]. *Thinking Skills and Creativity*, 2015, (16).

[3] Eirn. how - craftsman - spirit - elevates - leaning [DB\OL]. https://www. yarno. com. au/blog/2017 - 3 - 28.

[4] Sparkman R. *Strategic workforce planning Developing Optimized Talent Strategies for Future* [M]. Growth Kogan Page, 2018.

[5] Bandura A, Locke EA. Negative self - efficacy and goal effects revisited[J]. *Journal of Applied Psychology*, 2003, 88(1).

[6] Jackie Sheehan. *Chinese workers: A New History*, London, Routledge, 1998.

[7] The Craftsman—A Reflection of the JapaneseSpirit[DB\OL]. http://att - japan. net/en/archives/322. 2018 - 3 - 5.

附　　录

附录一　中华传统工匠精神的当代价值及培育研究调查问卷

一、基本信息

1. 性别(　　)

A. 男　　　　B. 女

2. 您的专业属于:(　　)

A. 文科类　　　　B. 理工科类

二、选择题

1. 您对传统工艺的工匠精神的了解程度:(　　)(单选题)

A. 不了解　　　　B. 有一定的了解　C. 非常了解

2. 您了解中国传统的工匠精神有哪些特点?(　　)(多选题)

A. 精益求精,对自己的产品精雕细琢　B. 严谨,一丝不苟

C. 爱岗敬业　　D. 技艺高超　　E. 耐心专注　　F. 勇于创新

3. 您认为工匠精神对于当代大学生自身的发展和适应社会的需求来说重要吗?(　　)(单选题)

A. 不重要　　B. 一般重要　　C. 非常重要　　D. 不知道

4. 您认为传统工匠精神与现代职业能力的关系是？（　　）（单选题）

A. 非常紧密　　B. 紧密　　C. 不紧密　　D. 不知道

5. 您认为培养工匠精神主要应该是在哪里？（　　）（单选题）

A. 学校　　B. 家庭　　C. 工作单位

6. 您对学校的工匠精神培育是否满意？（　　）（单选题）

A. 满意　　B. 一般　　C. 不满意

7. 在学校您获得工匠精神教育的途径主要是（　　）（单选题）

A. 思想政治课　　B. 专业课　　C. 非思政类公共基础课

8. 您觉得高校各门课程与工匠精神培育的关系应该是（　　）（单选题）

A. 工匠精神培育只限于思政课程，与专业课程无关

B. 工匠精神培育只限于专业课程，与思政课程无关

C. 思政类课程和专业类课程都应该培育学生工匠精神

D. 说不清

9. 您比较认同“课程思政”本质含义的下列哪些说法（　　）（多选题）

A. 只要是教学活动，都有思政教育任务，只不过角度深浅不同而已

B. “课程思政”目的是构建全员、全程、全课程育人格局

C. “课程思政”是把所有育人要素整合起来，是一种综合教育理念

D. “课程思政”在育人方面无所不能、无所不包

10. 您认为在专业课和非思政类公共基础课教师在教学中工匠精神教育（　　）（单选题）

A. 很有必要　　B. 有必要　　C. 没必要

11. 您的专业课和非思政类公共基础课教师会在课堂上穿插工匠精神教育的内容吗（　　）（单选题）

A. 经常会　　B. 偶尔会　　C. 不会

12. 您认为哪些教学环节最应该加强工匠精神培养（　　）（多选题）【最多选择 3 项】

A. 入学教育　　B. 专业指导　　C. 思想政治教育

D. 专业课程　　E. 专业实践训练　F. 毕业综合实训

13. 您认为最能体现专业课老师进行工匠精神培育优势的因素是什么？(　　)(单选题)

A. 易于将专业课内容与工匠精神培育结合

B. 与学生接触时间久，学生易于接受

C. 易形成共鸣，感召力强　　D. 没有任何优势

14. 您认为专业课教师进行工匠精神培育最大的不足是什么？(　　)(单选题)

A. 专业课教师对工匠精神理论认识不够系统

B. 未能做到专业课与工匠精神培育的有机结合

C. 推行时易落入俗套，表面化，价值低

D. 非常好，没有不足

15. 您认为最能体现思政课老师进行工匠精神培育优势的因素是什么？(　　)(单选题)

A. 思政课教学内容易于与工匠精神培育结合

B. 思政课教师关于工匠精神教育内容理论水平高

C. 易形成共鸣，感召力强

D. 没有任何优势

16. 您认为思政课教师进行工匠精神培育最大的不足是什么？(　　)(单选题)

A. 思政课教师难以与学生学习的相关专业知识相结合

B. 未能做到思政课与工匠精神培育的有机结合

C. 推行时易落入俗套，表面化，价值低

D. 非常好，没有不足

17. 您希望老师应该通过哪些方法对你进行工匠精神培育(　　)(多选题)

A. 课堂教学　　B. 实验室教学　　C. 社会实践活动　D. 日常交流

18. 您认为下列哪些形式对您的工匠精神教育影响最大？（　　）（最多选择3项）

A. 理论知识　　B. 案例故事　　C. 课堂活动

D. 同学分享　　E. 教师点评　　F. 课堂讨论

19. 你认为思政课程与课程思政协同培育学生工匠精神的过程中最大的阻碍因素是什么？（　　）（多选题）

A. 部分专业课教师偏重于专业知识传授,忽视对学生工匠精神的培育

B. 教学资源整合力度不够

C. 教师教学水平不高

D. 政治课教师与非思政课教师沟通较少

E. 思政课与非思政课各自独立的评价体系

三、在提高思政课程与课程思政协同培育大学生中华传统工匠精神的水平上,请谈谈您的一些建议。

附录二　企业工匠精神语音问卷调查系统著作权登记证书

中华人民共和国国家版权局

计算机软件著作权登记证书

证书号：软著登字第9126978号

软 件 名 称：企业工匠精神语音问卷调查系统 V1.0

著 作 权 人：天津职业技术师范大学(中国职业培训指导教师进修中心)

开发完成日期：2021年07月20日

首次发表日期：2021年09月16日

权利取得方式：原始取得

权 利 范 围：全部权利

登 记 号：2022SR0172779

根据《计算机软件保护条例》和《计算机软件著作权登记办法》的规定，经中国版权保护中心审核，对以上事项予以登记。

中华人民共和国国家版权局 计算机软件著作权登记专用章

No. 08228415

2022年01月26日

附录三　资政报告企业采纳证明

证　明

兹证明天津职业技术师范大学张水勇同志主持的2021年度天津市教委立项重点调研课题《中华传统工匠精神的当代价值及培育研究》《课题编号：JYDY-20211030》中部分建议被我公司采纳，在推进公司与职业院校开展产教融合、深度对接等方面推广应用，为深化校企合作，促进京津冀经济社会协同发展奠定了理论基础。

特此证明

化学工业第一勘察设计院有限公司

2022 年 9 月 8 日

附录四　工匠精神培育存在的问题及对策——以天津市产业工人为例

张水勇*

（天津职业技术师范大学马克思主义学院 天津 300222）

摘　要：培育产业工人的工匠精神是实施工业强国战略，推进经济高质量发展的重要举措，文章以天津产业工人为例，剖析产业工人工匠精神培育存在的问题，工匠精神具有的独特价值意蕴，培育工匠精神推动大国制造向强国制造转变，新时代要在营造劳动光荣社会氛围、弘扬劳模精神、开创企业工匠文化和完善保障机制等方面开拓工匠精神培育新路径。

关键词：产业工人，工匠精神，培育，问题，对策

中华优秀传统文化博大精深，饱含着敬业爱岗、追求至善至美的匠心精神。新时代实现经济高质量发展就要传承和发扬工匠精神，培育产业工人队伍。习近平总书记曾在劳模座谈会上强调："在工厂车间，就要弘扬'工匠精神'，精心打磨每一个零部件，生产优质的产品。"②2017 年国务院报告就经济发展提出："质量之魂，存于匠心。要大力弘扬工匠精神，厚植工匠文化，崇尚精益求精，培育众多"中国工匠，打造更多享誉世界的'中国品牌'，推动中国经济发展进入质量时代。"③在 2019 年的第 45 届世界技能大赛参赛总结大会上，习近平总书记

---

* 作者简介：张水勇，男，（1977—　），汉族，河南驻马店人，天津职业技术师范大学马克思主义学院讲师，法学博士，研究方向为马克思主义中国化理论研究。

* 基金项目：2021 年度天津市教育工作重点调研课题"中华传统工匠精神的当代价值及培育研究"（JYDY－20211030）阶段成果。

② 习近平. 习近平在知识分子、劳动模范、青年代表座谈会上的讲话[N]. 人民日报，2016－04－30（02）.

③ 李克强. 政府工作报告[N]. 人民日报，2017－03－06（02）.

再次强调:“劳动者素质对一个国家、一个民族发展至关重要,要在全社会弘扬精益求精的工匠精神,激励广大青年走技能成才、技能报国之路。”①国家的发展、时代的进步召唤工匠精神。培育产业工人工匠精神是企业提高核心竞争力的重要途径,是推进经济高质量发展的精神动力。

一、产业工人工匠精神培育存在的问题

我国制造业常年位居世界第一,天津作为我国北方第二大经济中心,制造业发达。2016—2021 年,天津 GDP 逐年增长。“2021 年 GDP 达到 15695.05 亿元,名义增速为 11.44%,全国排名第十一位。”②天津大型工业企业较多,产业工人聚集,是我国工业发展规模的缩影。天津总共有 64 家上市公司,其中制造业的上市公司在天津不论是数量还是市值上都占有一定的优势。

针对产业工人工匠精神培育存在的问题,文章通过语音问卷调查系统,在天津工业企业内作了广泛深入的调研。此次调研,包括国有企业和非国有企业,包括产业工人集中的制造业,也有资本集中的房地产业等,调查的产业工人具有一定代表性。企业中具有高级技能技术的产业工人比例不高,在职工中讲究工匠精神、追求产品质量品质的状况令人担忧。

调研发现,天津产业工人的精神面貌总体向好,普遍了解和认可中华传统工匠精神。中国特色社会主义新时代,广大产业工人干劲、闯劲、钻劲十足,普遍有参与企业改革发展和技术进步的积极愿望。出于关心自身工资福利待遇的增长,他们比较关心企业经济效益,维护企业的稳定和注意自身业务技能的提高,当然工匠精神培育存在的问题也是显而易见的:

第一,产业工人的社会存在感不强。在市场经济环境下,这些年网络经济

---

① 弘扬精益求精的工匠精神 激励广大青年走技能成才技能报国之路_中国习观_人民网.(2019-09-24)[2022-02-14]. http://guoqing.china.com.cn/2019zgxg/2019-09/24/content_75238051.html?a=true&f=pad.

② 腾讯网 2021 天津 GDP.(2022-01-24)[2022-02-14]. https://new.qq.com/rain/a/20220124A0BBP700.html.

的快速发展,不少工人不甘于在生产一线靠“十年磨一剑”的刻苦钻研精神追求技术进步实现人生价值,产业工人参与企业管理的机会实际较少。他们在企业和社会的政治参与度较低,产业工人国家主人翁地位的存在感有所下降。近年来,就业人员从传统制造业向服务业流动趋势加大。

第二,产业工人经济收入水平偏低。相对于高强度的生产劳动,产业工人的经济收入水平与劳动强度不成正比,工资收入偏低、劳保福利不健全,这会影响产业工人工匠精神培育。在一些单位,高级技术工人的收入也仅相当于同单位的中层管理人员或工程师水平,甚至还低于他们的收入水平。工人失业压力大,劳动时间长,技能培训和晋升机会少,法定权利时常被侵害等,这些降低了工人追求技艺的积极性。

第三,产业工人职业认同感不高。作为工人阶级的主力,产业工人自信心不足、严重缺乏自我职业认同感和自豪感。尤其在非国有制企业中,资本雇佣关系突出,让产业工人难免产生身份上的被雇佣感和经济上的被剥削感,产业工人国家领导阶级的身份和职业认同感弱化严重,工人身份在现今社会缺乏吸引力,工人职业不再是香饽饽。成功人士的社会评价标准是企业家,而不是一名工人。

第四,企业不重视工匠精神培育。中办国办 2018 年印发《关于提高技术工人待遇的意见》,要求企业积极开展产业工人培训。然而,在实践中企业是追求经济效益最大化的经济实体,不愿意花费资金和时间成本去培训产业工人,也担心工人培训后跳槽,企业不重视工人工匠精神培育。

二、新时代工匠精神的内涵

工匠精神是中华优秀传统文化中劳动文化的精髓,意蕴醇厚、历久弥新。它不仅包含精雕细琢的高超技艺,还蕴含精益求精的劳动态度和追求极致的敬业精神,更富有锐意开拓、勇于超越的创新精神。根据国家社保局统计,“目前我国技能劳动者超过 1.65 亿,仅占就业总人口量的 21.3%。从技能人才结构上看，高技能人才约占27%，总量与经济高质量发展的要求有相当大的差距，比重也远低于西方一些制造业强国35%的水平。”①我国掌握高精尖技术的工人比例严重偏低，成为我国制造业升级发展的瓶颈所在。解决我国制造业转型升级的困境，就必须大力弘扬工匠精神，培育工匠人才。

劳模精神、劳动精神和工匠精神三者相得益彰，构成一个有机整体，是马克思主义劳动价值观的生动体现，是新时代产业工人锐意进取，开拓创新的强大精神支撑。弘扬工匠精神，一要倡导“劳模精神”，在工人队伍中凝聚热爱劳动、劳动光荣、争当劳模的价值观。在行业内形成以劳模为榜样，以“劳模精神”作为动力；二要发扬“劳动精神”，奉行艰苦奋斗、乐于奉献、吃苦耐劳的劳动观。在工人中树立劳动者是新时代最美的人价值观念，发扬工人阶级不怕艰难困苦、攻坚克难的进取精神，做好劳动模范的带头作用，号召广大产业工人在实干中锻炼本领，在生产一线铸就精品，追求极品；三要传承“工匠精神”，在生产领域凝聚勇于突破、追求极致的职业精神，发扬专注执念、精益求精、严谨认真、追求极致的敬业精神，将专注、精致、完美、创新的“匠心”，在生产中化作生产力，在工作中鼓励产业工人发扬“干一行爱一行，钻一行精一行”的劳动品格。

三、弘扬工匠精神的当代价值

新时代推进工业强国战略，全面建设社会主义现代化国家，就必须大力弘扬工匠精神，打造一支技艺精湛、勇于开拓的产业工人队伍。

首先，传承工匠精神，是新时代产业工人的使命使然。产业工人是工人阶级队伍的主体，是传承中华传统工匠精神的主要承载力量。为提升我国工业制造水平，必须提高产业工人素质，传承中华传统匠心精神，奉行现代工匠精神，打造一支有守初心能担当、有技术会创新、有成就乐奉献的产业工人队伍，这是时代赋予产业工人的历史使命，是时代的要求。

---

① 李玉赋.新的使命担当[M].北京：中国工人出版社，2017.

其次，弘扬工匠精神，是提高产品国际竞争力的需要。发达国家非常重视工匠精神的培养，比如在日本和德国，非常重视培育工人工匠精神，这在提高工业制造水平上发挥着重要作用。我国推进产业结构升级，实现经济高质量发展要创造有国际竞争力的产品，这就需要弘扬工匠精神，促进我国工业制造赶超国际水平，推动我国产品走向国际市场。

再次，弘扬工匠精神，有利于产业工人职业道德的养成。工匠精神是制造业的精神旗帜，弘扬工匠精神的有利于引导工业制造行业调整心态、端正态度，潜心专业技术，创造精品，有利于爱岗敬业、热爱劳动、尊重职业的职业道德的养成。如果每个产业工人都发扬工匠精神、敬业精业和劳动精神，不但能够不断创造出高质量产品，而且会带动全社会形成热爱劳动、争创优品的劳动职业道德。

最后，弘扬工匠精神有利于提升国家形象。中国制造总体上还未达到国际最高水准，国际认可度不够高，特别是品牌知名度和产品信誉度还远未达到国际一流水平。弘扬工匠精神，在产品研发、加工工艺、营销策略的各个环节严格按照国际水准，打造中国品牌，不断提高我国产品在满足消费者的差异性和多样性的需求能力，减少消费外溢和扩大内需，从而改善国家经济循环。

四、培育产业工人工匠精神的对策

中华工匠文化、工匠精神是鼓舞广大产业工人不断革新、追求技术进步的精神动力，这种精神力量最终将转化为创造精良产品和提供优质服务的现实生产力。

（一）倡导劳动光荣社会价值观

通过开展教育、媒体宣传、典型示范等多种渠道引导产业工人对自身职业身份的认同感。不断加强对产业工人的思想教育引领，提升产业工人的文化自信。利用现代传媒手段，广泛宣传劳动模范、优秀工匠人才的成长之路，介绍他们的奋斗拼搏精神，充分发挥他们的示范带头效应，在全社会倡导劳动光荣、技术无价的价值观念，引导社会尊重劳动、崇尚工匠人才，形成劳动者最美、劳动最美、劳动创造一切的社会氛围。

（二）培育追求卓越的企业文化和工匠文化

培育追求卓越争创一流的企业文化，引导企业转向质量第一发展方向，坚决抛弃追求“快钱”发展思路。树立企业“打造百年老店”企业文化，打造精品、创新极品。培育产业工人肯于精钻细研、追求完美的工匠文化。全力培育产业工人对产品的专注、对技术的钻研、对职业的尊重之工匠文化；倡导产业工人践行能吃苦、肯钻研、勇创新、讲奉献的职业精神。激励产业工人不断提升技术创造精品。

（三）培育产业工人开拓创新意识

产业工人是生产一线的实操者，动手能力很强，充分发挥其对机器、设备和工艺非常熟悉优势，激发他们的创新热情，激励他们锐意进取、大胆创新，鼓励搞一些发明创造。一些发明虽“小”，哪怕一个小小的技术改进，往往很实用，能为企业直接创造价值。所以，政府、企业、工会组织等要通力激发广大产业工人创新创造的内生动力，引导他们不断推出精品。

（四）完善工匠精神的激励和保障机制

要完善“工匠精神”的激励制度和培育保障制度，搭建产业工人技能培训和不断学习的平台，将产业工人技能提升制度化、规范化；推进产业工人绩效工资制度改革，提高搞技术创新的产业工人和具有独门绝技的工人的收入水平；畅通产业工人参与企业管理体制，提高产业工人政治参与机会。不断提高产业工人的获得感、自豪感、荣誉感，在全社会推崇劳动最光荣、革新最时尚、工匠最美丽的社会氛围。

（五）充分发挥劳模的榜样力量

天津有很好的教育资源，如“天津市弘扬劳模精神劳动精神工匠精神教育展”，可以组织产业工人参观、学习。大力推介天津“时代楷模”张黎明等劳模典型，制作专题宣传片或微视频，大力宣传他们的先进事迹，通过广播电视和网络新媒体向职工网民播放，让全社会从现实工匠人物身上体悟劳模精神和工匠精神的鼓励力量，发挥劳模的模范带动作用。

（六）打造天津特色工匠品牌

结合天津优势，打造独具特色的工匠品牌形象。比如打造“海河工匠”人才品牌；举办“新时代创新创业之星”等天津工匠人才网上评选活动；创建工匠人才、技能大师工作室、劳模研究室等，为技术人才提供足够的劳动条件和创新交流平台。政府要对工业匠人、技术能手的培育在财政上大力支持，同时建立社会监督机制，规范产业工人职业培训。定期举办职业技能竞赛；完善产业工人职业晋升机制，不断激励产业工人技术水平的提高，把全市职工中的技能人员特别是高技能人才占比提升到更高水平。

［基金项目：2021 年度天津市教育工作重点，调研课题“中华传统工匠精神的当代价值及培育研究”（JYDY－20211030）阶段成果］

附录五　浅谈高素质产业工人队伍保障新型工业化建设

作者:张水勇(天津职业技术师范大学马克思主义学院讲师,天津市中国特色社会主义理论体系研究中心研究员)

打造高素质产业工人队伍是新时代加快制造强国、质量强国建设的必备人才基础工程,是推进新型工业化创新发展的重要保障。

工人阶级要担起不断提升制造业水平,推动我国经济高质量发展,实现制造强国目标的历史使命。

产业工人在实施创新驱动发展战略、提高企业核心竞争力方面发挥关键作用。在新时代要培育产业工人责任感,鼓励产业工人向科技创新的星辰大海冲锋陷阵,向世界尖端制造技术开拓进取。教育引导产业工人扎根在生产一线同样能够创造伟业,实现自己的人生价值。

建设一支觉悟高有担当、既能坚守生产一线又能锐意创新的新时代产业工人队伍,是时代所需、发展所需。要创新工作思路,提高产业工人的政治觉悟水平。

新时代提高产业工人思想觉悟,要积极培育产业工人的劳动精神、工匠精神和劳模精神,营造劳动光荣的社会风尚、精益求精的敬业风气和勇于创新的文化氛围。引导广大产业工人树立劳动创造所需的一切财富,在平凡的劳动岗位上实现伟大梦想,展现国家主人翁风采。宣传教育产业工人在推动制造强国、质量强国建设中发挥主力军作用,工业强国战略将成为产业工人展示自己精湛技艺的平台。

要坚持用党的最新理论武装产业工人头脑,大力开展铸牢中华民族共同体意识教育、社会主义核心价值观教育，加强产业工人爱国主义、集体主义、社会主义教育，打造积极进取、团结互助的职工文化，要激起产业工人中华民族伟大复兴的历史责任感。要加强正确舆论引导，利用高尚精神塑造，推出更多增强产业工人精神力量的优秀作品，指引产业工人树立建设现代化强国的坚定信念。要加强思想政治引领，打造产业工人健康向上的精神家园，提升产业工人的归属感。

实施制造强国战略要完善产业工人的职业激励机制。要健全产业工人工资增长机制，产业工人的收入高低与其掌握的技能水平直接挂钩。建立和完善产业工人职业晋升机制，打通职业升迁的“断头路”、打破事业发展的“天花板”，使部分能力强的产业工人进入管理部门，激发他们的拼搏精神，让他们的职业生涯有希望、有人生追求，工作有成就感、获得感。

推进新型工业化需要提升产业工人的科技素质，打造一支技能型和创新型的产业工人大军。广泛开展技术革命、鼓励发明创造、举办职工技能竞赛等活动，创办劳模和工匠创新活动室，释放他们创造潜能。加强产业工人技能培训，要更加注重“产教融合”“校企合作”，鼓励高职院校、科研机构、骨干企业共建产业工人培训—实践—提升一体化平台，使培训内容契合产业工人成长需要、符合企业发展需要。

建设现代化产业体系，要提升产业工人文化素养。注重发挥产业工人凝心聚力的作用，着力宣传教育产业工人在推动高质量发展、参与自主创新方面发挥的突出作用，引导广大产业工人“强国复兴有我”的责任担当，展现新时代产业工人的国家主人翁精神。

［基金项目：2019 年度天津市哲学社会科学规划项目（TJDJ19 － 006）阶段性研究成果；本文原载于光明网 2022 － 11 － 08］

附录六　生产制造企业产业工人培养调研提纲

尊敬的领导：

您好！非常抱歉打扰您！鉴于贵公司的社会声誉和影响力，课题组选择贵公司为调研对象，旨在了解贵公司在高素质产业工人培养方面采取的先进措施，为课题研究提供实践经验，衷心感谢您的大力支持！

1. 公司的一线产业工人同有多少人？高技能产业工人占比有多少？每年从哪些渠道招聘新的工人？一般每年招聘多少人？

2. 围绕产业工人的工匠精神和思想觉悟的培养，公司在产业工人的招聘、培训、技能考核、绩效考核、薪酬、职业晋升管理等方面有哪些制度、独特做法和经验？

3. 公司在产业工人培养方面是否与职业院校、高校等有过合作？若有合作，您认为合作效果如何？

4. 公司在高技能产业工人培养方面是否获得过政府有关部门的肯定和支持？效果如何？

5. 公司在产业工人的工匠精神和文化素质培养方面尚面临哪些难题？需要政府、高校等给予哪些支持？

6. 当前产业工人文化素养提升方面的评价标准存在哪些问题？如何改进？

7. 如何理解现代学徒制？其实施在实践中可能会面临哪些障碍？如何改进？

［天津职业技术师范大学马克思主义学院（TJDJ19－006）课题组］

附录七　制造企业高素质产业工人培养状况调查问卷

尊敬的女士/先生：

您好：非常感谢您百忙中参加我们的问卷调研！

本问卷调研旨在了解制造企业产业工人的高素质培养状况，为课题研究和政府决策提供科学依据，本问卷不记名填写或语音回答，不涉及企业的商业机密，并严格按照《中华人民共和国统计法》的有关规定为您保密，调查结果仅作学术研究之用。您的回答对于我们的研究具有重要的参考价值，为了保证科学研究的质量，我们期待您真实地表达自己的想法。衷心感谢您的支持与合作！

一、基本信息（请将选项对应的字母、数字序号填写在（　　）内或语音回答。

1. 您所在公司性质（　　）。

A. 国有企业　B. 民营企业　C. 外商独资企业　D. 中外合资企业

E. 其他（请说明）

2. 您所在公司所属行业（　　）。

（1）农副食品加工业

（2）食品制造业

（3）酒、饮料和精制茶制造业

（4）烟草制品业

（5）纺织业

(6)纺织服装、服饰业

(7)皮革、毛皮、羽毛及其制品和制鞋业

(8)木材加工业,竹、木、藤、棕、草制品业

(9)家具制造业

(10)造纸和纸制品业

(11)印刷和记录媒介复制业

(12)文教、工美体育和娱乐用品制造业

(13)石油加工、炼焦大化和核燃料加工业

(14)化学原料和化学制品制造业

(15)医药制造业

(16)化学纤维制造业

(17)橡胶和塑料制品业

(18)非金属矿物制品业

(19)黑色金属冶炼和压延加工业

(20)有色金属冶炼和压延加工业

(21)金属制品业

(22)通用设备制造业

(23)专用设备制造业

(24)汽车制造业

(25)铁路、船舶、航空航天和其他运输设备制造业

(26)电气机械和器材制造业

(27)计算机、通信和其他电子设备制造业

(28)仪器仪表制造业

(29)其他制造业

(30)废弃资源综合利用业

(31)金属制品、机械和设备修理业

3. 您所在公司成立时间(　　)。

A. 1 年及以下　　B. 2—5 年　　C. 6—9 年　　D. 10 年及以上

4. 您所在公司员工人数(　　)。

A. 100 人以下　B. 100—300 人　C. 301—500 人　D. 501 人及以上

5. 您所在公司高级技能人才(高级技师、技师、高级工)在产业工人队伍中所占的比例(　　)。

A. 10%(含)以内　　B. 10%~20%(含)

C. 20%~30%(含)　　D. 30%以上

二、产业工人培养现状[请将选项对应的字母填写在(　　)内或语音回答]

1. 您认为产业工人最重要的品质是(　　)。(多选题,最多选 5 项)

A. 敬业精神　B. 诚实　C. 责任心　D. 主动性　E. 团队合作精神

F. 吃苦耐劳　G. 忠诚　H. 创新精神　I. 尊师重道　J. 精益求精

K. 其他(请说明):

2. 您认为产业工人最重要的能力是(　　)。(可多选,最多选 3 项)

A. 创新能力　B. 沟通能力　C. 学习能力　D. 协作能力

E. 专业技能　F. 社交能力　G. 其他(请说明):

3. 您所在公司对新招聘的产业工人,岗前培训内容主要有(　　)。(多选题,最多选 3 项)

A. 公司概况　B. 公司制度　C. 岗位操作技能　D. 安全管理

E. 工作态度　F. 公司文化　G. 理论知识　H. 沟通能力

I. 团队精神　J. 其他(请说明):

4. 您所在公司对产业工人的在岗培训,较为重视的内容是(　　)。(多选题,最多选 3 项)

A. 公司概况　B. 公司制度　C. 岗位操作技能　D. 安全管理

E. 工作态度　F. 公司文化　G. 学历教育　H. 理论知识

L. 沟通能力　J. 团队精神　K. 其他(请说明):

5. 您所在公司产业工人培训采用的主要方式有(　　)。(多选题)

A. 师带徒　B. 专家讲授　C. 观摩学习　D. 员工自学

E. 岗位练兵　F. 岗位轮换　G. 参加技能大赛　H. 其他(请说明):

6. 您所在公司对产业工人参加学历教育的支持态度(　　)。

A. 非常支持　B. 比较支持　C. 中立　D. 较不支持　E. 非常不支持

7. 您所在公司对产业工人参加政府组织的各级技能大赛的支持态度(　　)。

A. 非常支持　B. 比较支持　C. 中立　D. 较不支持　E. 非常不支持

8. 您所在公司对产业工人参加政府组织的技能培训的支持态度(　　)。

A. 非常支持　B. 比较支持　C. 中立　D. 较不支持　E. 非常不支持

9. 对于产业工人获得的职业资格认证,您认为哪种途径的含金量最高(　　)。

A. 人力资源和社会保障局组织的认证　B. 行业协会组织的认证

C. 公司内部认证　D. 其他(请说明):

10. 产业工人参加公司外部的技能培训并获得认证后,公司会如何对待(　　)。(多选题)

A. 补贴培训费用　B. 提高工资待遇　C. 职务(级)晋升时作为重要参考

D. 没有激励　E. 重新进行认定　F. 其他(请说明):

11. 您所在公司用于产业工人培训的经费占企业总培训经费的比例为(　　)。

A. 10%(含)以下　B. 10%~20%(含)

C. 20%~30%(含)　D. 30%以上

12. 总体而言,您所在公司对产业工人培训的重视程度(　　)。

A. 很重视　B. 比较重视　C. 一般重视　D. 不太重视　E. 很不重视

13. 总体而言,您所在公司内部举办的产业工人培训的效果(　　)。

A. 很好　B. 较好　C. 一般　D. 较差　E. 很差

14. 您认为影响公司内部举办的产业工人培训效果的关键因素有(　　)。(多选题,最多选 3 项)

A. 培训师的素质　B. 产业工人参与培训的积极性

C. 培训时间安排　　D. 培训的方式方法　　E. 培训内容

F. 培训资料与设备　　G. 其他(请说明):

15. 您所在公司对产业工人的绩效考核重点关注(　　)。(多选题)

A. 产品的产量　　B. 产品的质量　　C. 工作态度　　D. 团队协作

E. 创新　　F. 工作效率　　G. 成本　　H. 其他请说明):

16. 您所在公司对哪些产业工人建立了明确的职业生涯规划(　　)。(多选题)

A. 高级技师(以上)　　B. 技师　　C. 高级工　　D. 中级工

E. 初级工　　F. 都没有

17. 您所在公司产业工人三年内晋升到管理岗的可能性(　　),五年内晋升到管理岗的可能性(　　)。

A. 很大　　B. 较大　　C. 一般　　D. 较小　　E. 很小

18. 您所在公司技能岗和对应的管理岗(如高级技师和车间主任)相比,其薪酬水平(　　)。

A. 偏高　　B. 差不多　　C. 偏低

19. 您所在公司对高素质产业工人的激励方式包括(　　)。(多选题)

A. 荣誉表彰　　B. 奖金　　C. 晋升管理层　　D. 股票期权

E. 发展性培训教育　　F. 其他(请说明):

20. 您认为影响公司产业工人培养的主要因素有(　　)。(多选题,最多选3项)

A. 产业工人自身缺乏动力　　B. 缺乏高水平的师资

C. 公司培养经费投入不足　　D. 产业工人流失风险高

E. 公司缺乏工匠文化氛围　　F. 缺乏先进的设备

G. 其他(请说明):

21. 您所在公司产业工人近三年的年均流失率约为(　　)。

A. 5%(含)以下　　B. 5%~10%(含)　　C. 10%~20%(含)

D. 20%~30%(含)　　E. 30%以上

22. 您认为影响公司产业工人流失最关键的内部因素是(　　)。(多选题,最多选 3 项)

A. 工作环境　B. 薪酬福利　C. 发展机会　D. 领导方式

E. 成就感　F. 公司文化　G. 其他(请说明):

23. 您认为当前高职院校毕业生最缺乏的素质是(　　)。(多选题,最多选 5 项)

A. 基础知识　B. 专业知识　C. 专业技能　D. 学习能力

E. 实践经验　F. 合作精神　G. 责任感　H. 创新精神

L. 尊师重道　J. 精益求精　K. 吃苦耐劳　L. 其他(请说明):

24. 您认为高职院校在技能人才培养方面存在哪些问题(　　)。(多选题)

A. 培养目标、培养模式与企业实际需求有一定差距

B. 缺乏有效的培养条件(师资、设施等)

C. 校企合作效果不佳

D. 重视专业知识和技能的培养,忽视了工匠精神的培养

E. 部分学生的学习积极性不高

F. 其他(请说明):

25. 您所在公司对校企合作培养产业工人的支持态度(　　)。

A. 非常支持　B. 比较支持　C. 中立　D. 较不支持

E. 非常不支持

26. 您所在公司对于和高职院校采用"订单式"人才培养模式的态度(　　)。

A. 非常支持　B. 比较支持　C. 中立　D. 较不支持

E. 非常不支持

21. 您所在公司近年来开展校企合作培养产业工人的情况(　　)。

A. 与 1 所学校合作　B. 与 2 所学校合作　C. 与 3 所学校合作

D. 与 4 所及以上学校合作　E. 没有合作

28. 您所在公司的产业工人校企合作培养效果如何(　　)。

A. 没有合作　B. 效果很好　C. 效果较好　D. 效果一般

E. 效果较差　　F. 效果很差

29. 您认为制约校企合作培养产业工人的关键因素有(　　)。(多选题)

A. 培养的人才留不住　　B. 学生安全风险大

C. 企业正常生产受到影响　　D. 学生管理成本高

E. 对公司缺乏有效的激励　　F. 其他(请说明):

30. 您认为政府在引导校企合作培养产业工人方面做得如何(　　)。

A. 很好　　B. 较好　　C. 一般　　D. 较差　　E. 很差

31. 您认为当前各级政府部门举办的技能大赛存在的问题是什么(　　)。(多选题,最多选 3 项)

A. 规模不够　　B. 宣传不够　　C. 评奖名额少　　D. 奖金较少

E. 公平性不够　　F. 举办频率较低　　G. 评选程序不合理

H. 其他(请说明):

32. 公司产业工人参加政府组织的技能培训,政府部门给予的经费补贴力度(　　)。

A. 很大　　B. 较大　　C. 一般　　D. 较小　　E. 很小

33. 对于政府出台的以下政策,您认为在产业工人的引进和培养方面需要改进的有(　　)。(多选题,最多选 3 项)

A. 技能人才培养补贴　　B. 高技能人才培养税费减免支持

C. 技能人才引进补贴　　D. 政府部门的技能人才培养措施

E. 支持校企合作培养的政策　　F. 技能人才职业技能认定制度

G. 鼓励企业认定技能人才的政策　　H. 其他(请说明):

34. 您认为公司当前在产业工人人培养中尚面临哪些问题或有什么建议?(至少写 1 个)

(1)

(2)

(3)

附录八　资政报告

作者:张水勇(天津职业技术师范大学马克思主义学院讲师,天津市中国特色社会主义理论体系研究中心研究员)

笔者主持2021年度天津市教委立项重点调研课题《中华传统工匠精神的当代价值及培育研究》(课题编号:JYDY-20211030),通过走访、调研,发现高职院校学生工匠精神培育在学校和企业的合作方面还存在一些问题,报告对当前天津校企合作联合培育学生工匠精神的现状、存在的问题进行调研分析,并根据现实情况提出了对策。

一、发展现状

天津高职院校众多,有数十万高职大学生,是培育未来大国工匠的重要基地。天津是重要工业城市,大型工业企业较多,比如滨海新区工厂、企业林立,高精尖科技企业不少,大飞机制造企业、风电设备企业、港机设备企业、港口作业等都能为学生实践锻炼提供便利。这为校企联合打造培育大学生技能平台提供了有利条件,二者的有机结合是培育大学生工匠精神的重要途径。

当前天津高等职业院校在培育大学生工匠精神方面做了不少工作,一是,充分认识到培育高职大学生工匠精神的重要意义,是大学生人文素养的重要方面,对于提升大学生成为一名合格社会主义"匠人"打下了坚实思想基础。二是,在教学方面,在思想政治理论课程里安排工匠精神专题,或通过大国工匠先进人物事迹穿插、渗透在相关内容里,进行工匠精神理论培育。三是,校内有实习工厂,实训车间条件的高校,学生都经常到一线参观工匠精神展览,亲自感受工匠操作,工匠精神从思想到实践有亲身感受,能入脑入心。四是,培育工匠精神，因疫情、安全等各种因素，学校一般不愿意组织学生到校外文化馆、展览馆等参观学习工匠精神宣传。五是，校企融合方面做得不够，学校和企业构建培训平台的机制没能很好建立起来，学生缺乏到工厂、到生产一线见习机会。六是，产教融合做得不理想，高职院校教学与工厂、企业就联合培训大学生缺乏有效沟通，合作机制没能很好建立，或运行不能持久，学生的工匠精神学习只停留在理论层面。七是，学生将工匠精神当作一种思想理论，就如同社会主义核心价值观一样，记住他们的理论要求，不能在实践中处处践行，对工匠精神的深刻含义学生能说出来，就是说不能把它化作为一种精益求精的动手能力，一种工业标准来看待。

大学生只在校内学习理论，没有经过一线实践的操练，工匠精神不会形成技能意识，只会停留在观念层面。天津高职院校应加强和天津本地工厂、企业的合作，共建联合培养机制，给学生提供理论联系实际、动手锻炼的机会。通过校企合作，学生接触生产一线，亲自操作一下机床、流水线等，感受工业制造之美，体验工匠之伟大。可采用顶岗实习、校企联合培养、车间见习等形式，使学生尽早进入职业角色。在进入生产一线实践过程中，学生会亲身体会到工匠精神的魅力，自觉接受企业劳动文化，形成对工匠精神的理解和认同，从而将认识转化为行为自觉，内化为自己的职业精神。

二、存在的不足及原因

天津高职院校培育工匠精神还存在诸多不足之处，比如课程思政进行工匠精神教育较弱，管理育人、服务育人不够，等等，存在的问题突出表现在校企合作机制上，这可以从三个维度来看：

第一，高职院校培育人才与企业对人才的需求不相符。高职教育的发展总体落后于市场需求，不能及时满足企业对高新技术人才的需求。相当一部分专业设置还停留在进行系统理论教学，对实践能力的培育不够重视，高职教育缺乏市场及时反应性，操作的实践性和企业、市场需求的针对性不强。尤其是新产品开发设计、市场服务能力有些专业较弱，培养的学生对企业缺乏吸引力，校企合作缺乏动力。高职院校学生所学技能与现代企业实际需求还有不少差距，达不到顶岗实习的要求，目前，校企合作层次仅停留在企业接收高职学生进厂实习、见习上，在专业设置、培养目标、实训实操平台建设、实践教学体系等方面缺乏深度合作。

第二，企业对高职教育的发展参与不足。企业以追求利润为目的，对高职发展的兴趣主要看能否有需要的人才。企业参与高职教育发展，投资技能人才培养，要花一大笔钱，针对企业来说，是短期看不见效益的投资，会被视作一种损失。有些企业对校企合作缺乏兴趣，不能把企业与高职院校的合作看作企业定向选择人才和培育人才的途径，参与高职院校人才培养过程的深度不够，一方面怕给企业增加开支，对校企合作所需管理、吃住等方面的投入是一笔不小的数目；学生会在生产中因为不熟练生产出次品、废品，增加生产成本。另一方面，学生生产安全问题也很突出，学生在生产中安全意识淡薄，极易造成生产事故，医疗、保险这一项会增加企业不少开支。

第三，校企合作机制不健全。目前，天津企业与高职院校还没有健全的合作平台机制，校企合作只零散地发生在个别企业和部分院校之间。参与校企合作的企业中，大型企业、行业龙头不多，大部分企业规模不大，以中小企业居多，业内影响力不高，企业承载能力有限，导致合作层次不高。

校企合作还不能成为高职院校和企业谋求自身发展的内在动力。目前的校企合作是零星的、个别的，不规范的、短期的、主要靠领导个人关系建立和维系的，合作层次较低，没有完善的合作机制，无法保障合作的持续性，校企沟通交流平台没有搭建起来，学校对合作协议执行情况缺乏持续有效的监督，管理与考核方面缺乏有效措施，导致一些校企合作流于形式。

高职院校的运行机制、管理体制、教学模式、实践教学等还存在一定的瓶颈，没有做好校企合作的有效对接机制，不同程度影响校企合作。企业在校企合作中得不到实际利益，也是对校企合作不积极的原因，亟需完善校企长效合作机制。

三、对策和建议

（一）加强教育主管部门对校企合作的领导

建立校企合作育人机制需要天津教委等有关部门主导和推动和大力支持，才能建立有效的合作机制，高水平的校企合作才能真正落地。根据天津工业发展对人才的需求和企业自身特点，教委和工业管理部门等要统筹高职院校和企业之间的合作方法、规模、实训标准等，学校分层次联系不同企业，有针对性开展校企合作。高职院校领导根据本校专业设置把握校企合作发展方向并积极联系大型企业集团，二级学院院长及实训教师具体联系合作企业并组织专业建设，专任教师联系车间或项目部并推进课程建设。实行定岗试训、见习参观、实操实训等多种形式的合作模式。推行产教融合发展、校企一体、理论学习和实践锻炼相结合，不断提升天津职业教育发展和人才培养水平。

（二）探索校企合作新机制

第一，高职院校的实训基地建设，走联合企业共建之路。企业提供场地、实训条件，负责学生实训期间的管理服务，校企共同投入，把实训基地建设列入高职教育发展规划，完全按照企业生产的标准进行建设，建设生产性实训基地，使实习、实训环境和企业生产环境相一致。依托企业，将校内实训室建在企业内，学生单纯的实训变成了车间生产的一部分，真实感受到生产的严格要求。企业和高职院校在实训课程开设上共同谋划，学生的实训课接近企业生产实际，学生的实训集中到企业采取顶岗实习、实训，甚至直接参与生产。教师到企业带队实习，企业技术能手、车间师傅到学校走进课堂，使学生的专业技能和企业岗位需求实时对接。

第二，校内实训基地工厂化。校办工厂、校内实训基地按照工厂车间的标准，建立生产型实训基地。学校提供场地、设备，企业派人指导管理，指导学生的实习、实训,校内实训场地就是一个生产车间,学生按照市场标准参与生产实习和实训,产品要拿到市场,或参与企业的零部件生产,成为企业流水线的一环。企业参与学校实训课程体系设置,师傅和教师手拉手带队学生实训,选派优秀学生到企业充实员工队伍,使高职院校校内实训更真实,学生实践能力得到切实提高。

第三,校企资源整合。企业利用自身优势,根据自身的生产经营需求,提出人才需求标准和专业开设要求。校企签订联合培养人才协议,共同制定培养方案和教学计划,将企业文化、市场需求、生产工艺、企业发展前景等引入高职课程。学校充分发挥教学优势,在理论课程上发力,将基础理论、基础专业知识传授好,给学生打下坚实的理论基础。学生的实践教学、实训操作到企业进行。企业全程参与人才培养、培训过程,校企各自发挥各自的资源优势,通过整合,打造联合培养人才的平台,使学生专业学习和技能提升同步,学生一毕业就能胜任企业岗位要求。

(三)加强校企深度合作

第一,将企业文化、职业文化、工匠精神等融入学校培育人才标准。高职院校是培育社会需要的高技能人才的摇篮,培育学生的适应社会的能力是高校立德树人的根本要求。高职不仅重视人才的技能培育,更应该注重学生的文化素养、社会适应能力的培育和锻造,学生在学校专业技能学习过程中,学校培育企业文化和企业家精神、工匠文化和工匠精神,必将有利于学生综合素养的提升,提高扎实生产一线的崇高精神境界。

第二,学校专业设置和企业岗位要对接。高职院校培养的学生能否实现高就业率,关键看专业是否满足企业需求。高职院校必须根据天津经济社会发展需求和企业对人才的岗位需求,及时调整专业设置,关闭传统专业,调整社会就业率低的专业,满足企业岗位需求,为天津经济社会发展提供有用人才,是高职院校专业设置的风向标。通过企业全过程参与高职院校专业课程设置,使校企合作在学校专业设置和企业岗位需求上实现有效对接,提高人才贡献率。

第三,学校专业教师和企业技术人员要对接。企业高级技术人员、工程师等承担合作院校的实践教学任务,与学校专业教师共同负责实践课程设置、学生实践指导,共同提高学生的技能水平。高职院校教师参与企业技术革新、产品开发,承担企业发展的横向科研项目,参与企业在职员工的提升培训计划。高职教师和企业工程技术人员在合作平台下实行双向流动,实现提高学生动手能力和企业员工综合素质的双重目的。通过校企合作,共建“双师型”教师队伍,共建人才联合培养机制,合力提高学生就业能力。

附录九　坚持“两个结合”，不断开辟马克思主义中国化时代化新境界

作者：张水勇（天津职业技术师范大学马克思主义学院讲师，天津市中国特色社会主义理论体系研究中心研究员）

习近平总书记在党的二十大报告中指出：“只有把马克思主义基本原理同中国具体实际相结合、同中华优秀传统文化相结合，坚持运用辩证唯物主义和历史唯物主义，才能正确回答时代和实践提出的重大问题，才能始终保持马克思主义蓬勃生机和旺盛活力。”①

习近平总书记关于“两个结合”的重要论述，从理论高度深化了马克思主义中国化时代化的内涵，深刻揭示了马克思主义在中国创新发展的现实路径和内在规律，是我们党百年来思想建党、理论强党历史经验的深刻总结。对新时代不断推进理论创新，谱写马克思主义中国化时代化新篇章指明了方向。

党自成立以来，始终坚持把马克思主义普遍原理同中国具体革命、建设和改革实际相结合，同中华优秀传统文化相结合，团结带领中国人民开辟了伟大道路、创造了伟大事业、取得了伟大成就。

习近平总书记在党的二十大报告中强调：“马克思主义是我们立党立国、兴党兴国的根本指导思想。实践告诉我们，中国共产党为什么能，中国特色社会主义为什么好，归根到底是马克思主义行，是中国化时代化的马克思主义行。”②这个“行”体现在马克思主义同中国具体实际和中华优秀传统文化相结合的过

---

① 习近平. 高举中国特色社会主义伟大旗帜 为全面建设社会主义现代化国家而团结奋斗——在中国共产党第二十次全国代表大会上的报告[M]. 北京：人民出版社，2022：17.

② 习近平. 高举中国特色社会主义伟大旗帜 为全面建设社会主义现代化国家而团结奋斗——在中国共产党第二十次全国代表大会上的报告[M]. 北京：人民出版社，2022：16.

程之中。

一、党自成立以来，不断推进马克思主义基本原理同中国具体实际相结合

马克思主义是关于自然、人类社会和思维的完整的科学理论体系，创造性地揭示了人类社会发展的一般规律，指明了人类未来发展方向，是指导无产阶级革命和建设的行动指南。马克思主义是真理，而不是教条，究竟该怎样对待马克思主义？我们党经历过一个艰难的过程，在革命和建设时期，党内曾有过两种错误的思想倾向，一种是教条主义思想倾向，即脱离具体革命和建设实践，简单机械理解马克思主义，不从具体实际出发，而是从本本出发；另一种是“实用主义”错误倾向，信奉“有用即真理”，对马克思主义理论断章取义，曲解马克思主义基本原理。这两种错误思想倾向都曾给革命和建设造成极大的混乱和严重损失。以毛泽东为主要代表的中国共产党人注重调查研究，深入农民群众中，调查分析农民问题，正确判断中国革命形势，开创了“农村包围城市，武装夺取政权”的革命道路。这是把马克思主义普遍原理同中国具体革命实际相结合的光辉典范。在社会主义建设时期，我们党取得了巨大成就，但也经历了多次挫折，付出了极大代价，走了一段超越历史发展阶段、急于求成、冒进式发展的弯路，其根本原因就在于脱离了经济社会发展的具体实际。

在中国特色社会主义建设新的历史时期，以邓小平为主要代表的中国共产党人在探索社会主义现代化建设道路的实践中，从时代新变化、世界新格局、中国新情况出发，坚持把马克思主义基本原理同改革开放和现代化建设实践相结合，创立了邓小平理论，成功开创了中国特色社会主义理论体系；以江泽民为主要代表的中国共产党人坚持与时俱进，创造性回答了一系列重大问题，深化了对中国特色社会主义的认识，形成“三个代表”重要思想，实现了中国特色社会主义理论体系的跨世纪发展；以胡锦涛为代表的中国共产党人坚持把马克思主义基本原理同当代中国实际和时代特征相结合，继续深化对社会主义建设规律的

认识,形成科学发展观,推动了中国特色社会主义理论体系在新世纪的新发展。

正如习近平总书记在党的二十大报告中指出:“我们坚持以马克思主义为指导,是要运用其科学的世界观和方法论解决中国的问题,而不是要背诵和重复其具体结论和词句,更不能把马克思主义当成一成不变的教条。”①

二、党自成立以来,不断推进马克思主义同中华优秀传统文化相结合

中华优秀传统文化是中华民族的根和魂,是全世界中华儿女共同的精神基因和独特的精神标识,是中华民族的精神血脉,是中华民族凝聚力的源泉,是中国特色社会主义植根的文化沃土。习近平总书记在党的二十大报告中强调:“坚持和发展马克思主义,必须同中华优秀传统文化相结合。只有根植本国、本民族文化沃土,马克思主义真理之树才能根深叶茂。中华优秀传统文化源远流长、博大精深,是中华文明的智慧结晶,其中蕴含的天下为公、民为邦本、为政以德、革故鼎新、任人唯贤、天人合一、自强不息、厚德载物、讲信修睦、亲仁善邻等,是中国人民在长期的生产生活中积累的宇宙观、天下观、社会观、道德观的重要体现,同科学社会主义价值观主张具有高度契合性。”②

党自成立以来,不论在哪个历史阶段,都十分注重传统文化的时代价值,注重吸收中华传统文化中的优秀因子,在解决时代课题过程中凝心聚力。马克思主义因根植于中华优秀传统文化沃土而带有鲜明的“中国特色”,中华优秀传统文化因汲取马克思主义而展现亮丽的“时代魔力”,正是在这种双向融合中,才创造性地发展出了中国马克思主义哲学。在新民主主义革命时期,毛泽东把马克思主义唯物史观和中国传统文化中的“民为邦本”思想相结合,创造性提出了

① 习近平.高举中国特色社会主义伟大旗帜 为全面建设社会主义现代化国家而团结奋斗——在中国共产党第二十次全国代表大会上的报告[M].北京:人民出版社,2022:17.

② 习近平.高举中国特色社会主义伟大旗帜 为全面建设社会主义现代化国家而团结奋斗——在中国共产党第二十次全国代表大会上的报告[M].北京:人民出版社,2022:18.

"人民群众是历史的创造者"的著名论断,把马克思主义认识论与中华传统文化中的"实事求是"思想相结合,创造性诠释实事求是主义马克思主义的思想路线。

在社会主义建设新时期,邓小平基于儒家经典汉书《礼记·礼运》中关于古代小康社会的描述,继承了古代"小康"思想的精华并赋予新的内涵,提出建设"小康社会"发展目标,将其界定为中国式的现代化。江泽民在党的十五大上首次将"继承历史文化优秀传统"写入社会主义初级阶段文化纲领。胡锦涛赋予中国传统"民本"思想以时代内涵,把"以人为本"作为科学发展观的核心。中国共产党人坚持将马克思主义与中华传统优秀文化相融合,创立了中国特色社会主义理论体系,深刻地改变了中国,改变了中国人民的精神风貌。

中华优秀传统文化因吸取马克思主义养分而激发出强大生命活力,马克思主义因扎根中华优秀传统文化的丰厚沃土之中才得以在中国生根发芽、开出绚烂的花朵。

三、习近平新时代中国特色社会主义思想是"两个结合"的典范

党的十八大以来,面对国内外形势新变化和实践新要求,以习近平同志为核心的党中央坚持把马克思主义基本原理同中国具体实际相结合,深刻总结并充分运用党成立以来的历史经验,紧紧围绕新时代坚持和发展什么样的中国特色社会主义、怎样坚持和发展中国特色社会主义,建设什么样的社会主义现代化强国、怎样全面建成社会主义现代化强国,建设什么样的长期执政的马克思主义政党、怎样建设长期执政的马克思主义政党等关系党和国家事业发展的一系列重大理论和实践问题,进行了深邃的思考和科学判断,开创性地提出一系列新理念新思想新战略,以全新视野深化了对中国共产党执政规律、社会主义建设规律和人类社会发展规律的认识,创立了习近平新时代中国特色社会主义思想,与时俱进地发展马克思主义,谱写了马克思主义中国化时代化在新时代

的新篇章。

习近平总书记从中华优秀传统文化作为中华民族的文化基因与精神家园出发，注重文化建设要汲取中华优秀传统文化的历史智慧，将传统文化、革命文化、社会主义先进文化作为一个有机的整体，发挥优秀传统文化在培育和践行社会主义核心价值观中的作用。习近平总书记强调文化自信是更基础、更广泛、更深厚的自信，是更基本、更深沉、更持久的力量。推动中华优秀传统文化创造性转化、创新性发展，就是马克思主义基本原理同中华优秀传统文化相结合的新形式，使中华优秀传统文化紧跟时代脉搏，不断增强和发挥文化自信的历史穿透力、文化感染力和精神感召力。

习近平总书记根据时代发展特征，从传统文化中创造性提炼概括出许多重大理念和思想。例如，以人民为中心，就汲取了传统文化中天下为公、民为邦本、为政以德等治国理念；关于生态文明建设思想吸收了天人合一、道法自然的传统思想；确定新时代好干部时，吸收借鉴了古人任人唯贤、选贤与能、正己修身、以德为先等思想标准；推动构建人类命运共同体思想，则融入了和而不同、协和万邦、讲信修睦、亲仁善邻等中华优秀传统文化中“天下为公”的政治观，等等。

习近平新时代中国特色社会主义思想是新时代全面建设社会主义现代化的根本指针，是中华优秀传统文化的时代精华，是坚持“两个结合”的典范。

四、增强实现“两个结合”的理论自觉，不断开辟马克思主义中国化时代化新境界

当前，世界百年未有之大变局加速演进，新征程上我们党肩负的使命任务艰巨繁重、面对的风险挑战复杂严峻，给我们党治国理政带来了新的考验，也给理论创新提出新的更高要求。“两个结合”是及时回答时代和实践提出的重大问题，永葆马克思主义理论之树常青的根本途径。我们要认真贯彻党的二十大精神，更加自觉地坚持“两个结合”，不断开辟马克思主义中国化时代化新境界。

第一，要学习马克思主义、信仰马克思主义，自觉运用马克思主义基本原理解决社会实践中出现的新问题、新情况，坚持运用马克思主义立场、观点和方法观察时代、解读时代、引领时代，结合社会主义现代化建设实践不断推进理论创新。

第二，要认清世情、国情和党情。要立足百年未有之大变局谋划发展；基于党面临的新任务、新形势推进党的建设伟大工程；要着眼于实现社会主义现代化，研究农村农民问题，探究产业工人及新社会阶层面临的各种问题，找出解决问题的新办法。

第三，推动中华优秀传统文化创造性转化和创新性发展。基于当代中国马克思主义的发展视域，深入挖掘中华优秀传统文化中丰富的哲学思想、价值观念、人文精神、道德理念的新时代价值，详细阐发中华文化讲仁爱、重民本、守诚信、崇正义、尚和合、求大同的时代新意，形成具有中国特色、中国气派和中国风格的当代中国马克思主义。

习近平总书记在党的二十大报告中强调："继续推进实践基础上的理论创新，首先要把握好新时代中国特色社会主义思想的世界观和方法论，坚持好、运用好贯穿其中的立场观点方法。"①据此，推进马克思主义中国化时代化要站稳人民立场，要立足中华优秀传统文化，要着力守正创新，要着眼于问题的解决，要坚持系统观念的关键统筹点，坚持胸怀天下的重要站位点。

"两个结合"是在新的时代环境和国际形势下，站在新的理论高度，以更宽广的理论视野将"马克思主义中国化时代化"的命题从实践上升为规律性认识，体现了马克思主义中国化时代化的理论自觉。在新征程上，我们要进一步增强实现"两个结合"的理论自觉，不断开辟马克思主义中国化时代化新境界。

［基金项目：2019 年度天津市哲学社会科学规划项目（TJDJ19 - 006）阶段性研究成果］

① 习近平. 高举中国特色社会主义伟大旗帜 为全面建设社会主义现代化国家而团结奋斗——在中国共产党第二十次全国代表大会上的报告［M］. 北京：人民出版社，2022(10)：30.

附录十　高职院校工匠精神培育路径探索

张水勇*

（天津职业技术师范大学马克思主义学院，天津 300222）

摘　　要：培育高素质产业工人后备大军，要从高职院校大学生抓起。开展大学生工匠精神培育是重要一环，这方面还存在着诸多问题，比如教育机制不健全，大学生专业素质不能满足社会需求，校企合作运行不畅等。要把工匠精神融入思想政治课教学中，对学生进行理论教育、思想引领；要深化高职院校与企业联手合作，推动产教融合发展，打造学生实训平台，培育大学生的实践能力，锻炼大学生的专业操作技能。理论与实践相结合，重视实践能力培养，为贯彻落实科教兴国战略，人才强国战略，为新型工业化发展储备优质产业工人。

关 键 词：培育，产业工人，工匠精神，校企合作

基金项目：2022 年度天津职业技术师范大学“十四五”思想政治理论课教学改革创新研究项目“工匠精神融入思想政治理论课教学的路径和机制研究”（编号：XXC007180208）阶段性成果；天津市 2019 社科规划课题“新时代天津市产业工人政治认同问题研究”（编号：TJDJ19－006）阶段性成果。

人才是实施制造业高质量发展的关键。高职院校大学生是产业工人后备大军，培育工匠精神必须从源头抓起，要加强传统工匠精神的培育，提升高职院校人才培养水平，让精益求精、追求卓越的工匠精神在高职院校大学生心中落地生根，才能为社会主义输送具有工匠精神的工业匠人，才能实现“中国制造”

* 作者简介：张水勇（1977—　）男，河南驻马店人，法学博士，天津职业技术师范大学马克思主义学院讲师，主要研究方向马克思主义中国化研究。

向“中国智造”跃进。校企联合、优势互补、深化合作，在更高层次上培养企业和社会亟须的各类技能人才，是打造新型工业化建设所需高素质产业工人后备力量的重要途径。“深入实施人才强国战略。培养造就大批德才兼备的高素质人才，是国家和民族发展的长远大计。”①为贯彻落实党的二十大精神，解决人才储备缺口，高职院校和企业联手培育学生工匠精神，为社会输出高质量产业工人后备力量是推动制造业高质量发展的关键。

一、高职院校培养学生工匠精神的现状

我国高职院校众多，有数百万高职大学生，是培育未来大国工匠的重要人才基础。大城市尤其是工业城市，大型工业企业较多，特别是产业密集的工业园区，比如滨海新区工厂、企业林立，高精尖科技企业不少，大飞机制造企业、风电设备企业、港机设备企业、港口作业等都能为学生实践锻炼提供便利。这为校企联合打造培育大学生技能平台提供了有利条件，二者的有机结合是培育大学生工匠精神的重要途径。

当前高等职业院校在培育大学生工匠精神方面做了不少工作，一是，充分认识到培育高职大学生工匠精神的重要意义，是大学生人文素养的重要方面，对于提升大学生成为一名合格社会主义“匠人”打下了坚实思想基础；二是，在教学方面，在思想政治理论课程里安排工匠精神专题，或通过大国工匠先进人物事迹穿插、渗透在相关内容里，进行工匠精神理论培育；三是，校内有实习工厂，实训车间条件的高校，学生都经常到一线参观工匠精神展览，亲自感受工匠操作，工匠精神从思想到实践有亲身感受，能入脑入心；四是，培育工匠精神，因疫情、安全等各种因素，学校一般不愿意组织学生到校外文化馆、展览馆等参观学习工匠精神宣传；五是，校企融合方面做得不够，学校和企业构建培训平台的机制没能很好建立起来，学生缺乏到工厂、到生产一线见习机会；六是，产教融

① 习近平. 高举中国特色社会主义伟大旗帜 为全面建设社会主义现代化国家而团结奋斗——在中国共产党第二十次全国代表大会上的报告[M]，北京：人民出版社，2022：33.

合做得不理想，高职院校教学与工厂、企业就联合培训大学生缺乏有效沟通，合作机制没能很好建立，或运行不能持久，学生的工匠精神学习只停留在理论层面；七是，学生将工匠精神当作一种思想理论，就如同社会主义核心价值观一样，记住他们的理论要求，不能在实践中处处践行，对工匠精神的深刻含义学生能说出来，就是说不能把它化作为一种精益求精的动手能力，一种工业标准来看待。

大学生只在校内学习理论，没有经过一线实践的操练，工匠精神不会形成技能意识，只会停留在观念层面。高职院校应加强和本地工厂、企业的合作，共建联合培养机制，给学生提供理论联系实际、动手锻炼的机会。通过校企合作，学生接触生产一线，亲自操作一下机床、流水线等，感受工业制造之美，体验工匠之伟大。可采用顶岗实习、校企联合培养、车间见习等形式，使学生尽早进入职业角色。在进入生产一线实践过程中，学生会亲身体会到工匠精神的魅力，自觉接受企业劳动文化，形成对工匠精神的理解和认同，从而将认识转化为行为自觉，内化为自己的职业精神。

二、高职院校大学生工匠精神培养存在的问题

根据有关调查发现，高职院校在培育学生工匠精神工作中还存在诸多不足之处，比如课程思政进行工匠精神教育较弱，管理育人、服务育人不够，专业课教师不注重培育学生工匠精神，学校没有系统制度保障，思想政治课教师忽视学生专业技能特色，学生校外实践锻炼机会少，等等，主要问题表现在以下几个方面：

（一）学校教育机制不健全

1.对培育“工匠精神”的重要性和必要性缺乏认识

“一切美好梦想的实现，都需要强大的精神激励，都需要付出不懈的艰苦努

力。实现中国梦,不仅要在物质上强大起来,更要在精神上强大起来。"[①]学校主导精神是工匠精神是学生毕业后到企业才应该培育的精神,在校期间只负责学好专业课就行,不重视工匠精神的培育,教学上没有相应的安排。虽说课程思政建设已经实施多年,但是仍有少部分专业课教师对课程思政缺乏正确认识,片面地认为专业课只是负责传授专业知识和技能,没有进行思想政治教育的必要性,进行包括"工匠精神"在内的思想教育是思想政治理论课的教学任务。工匠精神培育就成了思想政治课的"分内"之事。

2. 学习培训机制不健全制约培育大学生"工匠精神"

首先,高职院校缺乏完善的制度保障。要做好培育"工匠精神"的任务,只靠思想政治理论教学难以完成。学校要做好"顶层设计",从教学安排、工程实训、社会实践、技能比赛等制定相关完善配套政策,二级学院负责落实,为工匠精神培育提供制度保障。而现实看,高职院校存在制度不全面,培育效果不明显情况。其次,缺乏必要的激励机制和惩罚措施。工匠精神培育需要专业课教师学习掌握必要的思想政治理论基本知识、掌握党和国家政策,在专业课教学和思想政治教育之间找到最合适的切入点,这些备课任务都需要付出大量时间和精力。如果缺少相应的奖惩机制,难以激发专业课教师进行工匠精神培育的积极性。对参加技能比赛和取得奖项的学生本人和指导教师都要予以奖励,在评优评先中予以优先。

3. 思想政治课教师忽视学生专业技能特色

思想政治理论课教师需要对所教学生的专业知识背景有所了解,并据此找到开展工匠精神培育的最佳契合点,所举工匠精神案例最好结合学生专业特点来搜集和设计,这要和专业课教师多交流、实现教学资源共享。但是在实践中,两类教师分属于不同的部门,在日常教学工作中难有交集,甚至大部分专业课教师和思想政治课教师之间互不认识、缺乏沟通,更谈不上交流教学经验、分析教学效果,协调培育工匠精神的目的很难实现。

---

① 陈必华,淦爱品. 劳模精神导论[M]. 上海:上海交通大学出版社,2020:156.

(二)大学生专业素质不能满足社会需求

1. 学生校外实践锻炼机会不够

“当前,我国人力资源供求存在较大结构性矛盾:一方面,企业转型升级急需大批专业化的高技能产业工人;另一方面,大部分产业工人专业培训率低,技术技能水平不能满足企业生产需要。”①培育大学生工匠精神需要带领学生到工厂车间、建筑工地、设计制造基地等参观,甚至参与实践劳动,才能更好地体验工匠精神的实质。高职院校考虑安全问题、经费问题、与企业生产单位沟通问题等,没有为学生开设实践基地,学生外出实践锻炼的机会非常少,学生不能见识现代制造的“高精尖”,领略大国工匠风范,只能在校内学习,甚至只在课堂上收到老师的讲解,这对于学生工匠精神的把握是不够的。

2. 大学生所学专业不能满足企业对人才的需求

“支撑企业生产发展的大批技术工人,主要是由职业院校培养的。职业院校是培养高技能人才的基础平台。”②但现实是高职教育的发展总体落后于市场需求,不能及时满足企业对高新技术人才的需求。相当一部分专业设置还停留在进行系统理论教学,对实践能力的培育不够重视,高职教育缺乏市场及时反应性,操作的实践性和企业、市场需求的针对性不强。尤其是新产品开发设计、市场服务能力有些专业较弱,培养的学生对企业缺乏吸引力,校企合作缺乏动力。高职院校学生所学技能与现代企业实际需求还有一定的距离,达不到顶岗实习的要求,目前,校企合作层次仅停留在企业接收高职学生进厂实习、见习上,在专业设置、培养目标、实训实操平台建设、实践教学体系等方面缺乏深度合作。

---

① 推进产业工人队伍建设改革协调小组办公室. 产业工人队伍建设改革职工知识 50 问[M]. 北京:中国工人出版社,2022:59.

② 任秋君. 大国工匠研究[M]. 上海:上海交通大学出版社,2019:4。

(三)校企合作机制运行不畅

校企合作机制上也存在突出的问题表现。目前,企业与高职院校还没有健全的合作平台机制,校企合作只零散地发生在个别企业和部分院校之间。参与校企合作的企业中,大型企业、行业龙头不多,大部分企业规模不大,以中小企业居多,业内影响力不高,企业承载能力有限,导致合作层次不高。

1. 企业对高职教育的发展参与不足

企业以追求利润为目的,对高职发展的兴趣主要看能否有需要的人才。企业参与高职教育发展,投资技能人才培养,要花一大笔钱,针对企业来说,是短期看不见效益的投资,会被视作一种损失。有些企业对校企合作缺乏兴趣,不能把企业与高职院校的合作看作企业定向选择人才和培育人才的途径,参与高职院校人才培养过程的深度不够,一方面怕给企业增加开支,对校企合作所需管理、吃住等方面的投入是一笔不小的数目;学生会在生产中因为不熟练生产出次品、废品,增加生产成本。另一方面,学生生产安全问题也很突出,学生在生产中安全意识淡薄,极易造成生产事故,医疗、保险这一项会增加企业不少开支。

2. 校企合作还不能成为高职院校和企业谋求自身发展的内在动力

目前的校企合作是零星的、个别的,不规范的、短期的、主要靠领导个人关系建立和维系的,合作层次较低,没有完善的合作机制,无法保障合作的持续性,校企沟通交流平台没有搭建起来,学校对合作协议执行情况缺乏持续有效的监督,管理与考核方面缺乏有效措施,导致一些校企合作流于形式。

高职院校的运行机制、管理体制、教学模式、实践教学等还存在一定的瓶颈,没有做好校企合作的有效对接机制,不同程度影响校企合作。企业在校企合作中得不到实际利益,也是对校企合作不积极的原因,亟需完善校企长效合作机制。

三、高职院校大学生工匠精神培养的路径探索

（一）将工匠精神融入思想政治理论课教学

在思想政治课上要充分挖掘中华优秀传统文化中的匠人故事，提高工匠精神的说服力，塑造独特现代工匠文化；树立以“匠”为荣的观念。我国传统文化中存在着轻视体力劳动者、轻视“匠人”的错误观念。高职院校可以邀请职业教育研究机构、专门学会等专家进校园举办文化论坛、工匠精神讲座、大国工匠展览等，宣讲工匠精神的历史演进、创新成就、典型人物、精彩案例，要大力宣讲工匠精神的重要性，教育学生要崇尚劳动、敬业守信、精益求精、勇于创新，立志成长为一名掌握核心技术工业匠人。“劳动精神与劳模精神、工匠精神相互包容、相互依存。”[①]邀请市劳模、一线技术大师、工匠能手进校开展讲座，和学生交流高级技工人才的独特价值；走进课堂宣传大国工匠的事迹、传播“中国基建狂魔”特色施工工艺，还可以邀请一些优秀毕业生代表返校与学生交流经验，以鲜活的成功范例激励学生，开展主题工匠精神教育活动推崇匠人匠心精神，树立学生“尊崇技艺、精益求精”的职业精神，提升学生及家长对“工匠精神”的认可，培养学生对做一名优秀工匠的职业认同感。

思想政治课教师往往缺乏对专业知识的了解，在进行工匠精神教育时，所选择的案例与学生所学专业联系不紧密，导致学生缺乏代入感，难以引起学习兴趣，影响工匠精神培育效果。在《思想道德修养与法律基础》课上积极融入工匠精神教育；在《毛泽东思想和中国特色社会主义理论体系概论》课程中讲解中国发展过程中涌现的大国工匠典型事迹，将工匠精神融入中国精神、民族精神的学习中；在《中国近代史纲要》课中充分挖掘大国工匠先进人物的先进事迹，以历史人物让学生领略我国工业匠人。高职院校开设的课程中，如数控、机电、

---

① 赵浚，田鹏颖.新时代劳动精神的科学内涵与培育路径[J].思想理论教育，2019(9)：100.

焊接、模具、机器人等理工科专业开设的实训课程较多，可以联合天津部分工业企业共建实训基地，给学生参观见习，甚至动手实践提供平台，为学生能亲自操作机床设备或参与制作模具、器件提供机会，能与工匠大师交流学习，切磋技艺绝活，大学生通过实训课体验工匠精神的含义，在实践中培育大学生的精品意识和创新意识。

（二）加强教育主管部门对校企合作的领导

建立校企合作育人机制需要教育主管部门等有关部门主导和推动和大力支持，才能建立有效的合作机制，高水平的校企合作才能真正落地。“制定激励企业参与校企合作的政策措施等，通过提高校企合作成效，使学生躬行践履、知行合一、实现从知识、技能，到素养、精神的高度融合，真正落实工匠精神培育。”①根据工业企业发展对人才的需求和企业自身特点，教育部门和工业管理部门等要统筹高职院校和企业之间的合作方法、规模、实训标准等，学校分层次联系不同企业，有针对性开展校企合作。高职院校领导根据本校专业设置把握校企合作发展方向并积极联系大型企业集团，二级学院院长及实训教师具体联系合作企业并组织专业建设，专任教师联系车间或项目部并推进课程建设。实行定岗试训、见习参观、实操实训等多种形式的合作模式。推行产教融合发展、校企一体、理论学习和实践锻炼相结合，不断提升天津职业教育发展和人才培养水平。

（三）探索校企合作新机制

1. 高职院校的实训基地建设，走联合企业共建之路

企业提供场地、实训条件，负责学生实训期间的管理服务，校企共同投入，把实训基地建设列入高职教育发展规划，完全按照企业生产的标准进行建设，

① 尹焕斌. 工匠精神与人才培养的供给侧结构性改革研究[M]. 北京：人民出版社，2018：66 页.

建设生产性实训基地，使实习、实训环境和企业生产环境相一致。依托企业，将校内实训室建在企业内，学生单纯的实训变成了车间生产的一部分，真实感受到生产的严格要求。企业和高职院校在实训课程开设上共同谋划，学生的实训课接近企业生产实际，学生的实训集中到企业采取顶岗实习、实训，甚至直接参与生产。教师到企业带队实习，企业技术能手、车间师傅到学校走进课堂，使学生的专业技能和企业岗位需求实时对接。

2. 校内实训基地工厂化

校办工厂、校内实训基地按照工厂车间的标准，建立生产型实训基地。学校提供场地、设备，企业派人指导管理，指导学生的实习、实训，校内实训场地就是一个生产车间，学生按照市场标准参与生产实习和实训，产品要拿到市场，或参与企业的零部件生产，成为企业流水线的一环。企业参与学校实训课程体系设置，师傅和教师手拉手带队学生实训，选派优秀学生到企业充实员工队伍，使高职院校校内实训更真实，学生实践能力得到切实提高。学校除了理论成绩考核，还严格按照企业在健康、安全和环保等方面要求考核学生，让学生成长为企业“准员工”。

考核学生。

3. 校企资源整合

企业利用自身优势，根据自身的生产经营需求，提出人才需求标准和专业开设要求。校企签订联合培养人才协议，共同制定培养方案和教学计划，将企业文化、市场需求、生产工艺、企业发展前景等引入高职课程。学校充分发挥教学优势，在理论课程上发力，将基础理论、基础专业知识传授好，给学生打下坚实的理论基础。学生的实践教学、实训操作到企业进行。企业全程参与人才培养、培训过程，校企各自发挥各自的资源优势，通过整合，打造联合培养人才的平台，使学生专业学习和技能提升同步，学生一毕业就能胜任企业岗位要求。

(四)深化校企合作、推动产教融合发展

1. 将企业文化、职业文化、工匠精神等融入学校培育人才标准

高职院校是培育高技能人才的摇篮,培育学生的适应社会的能力是高校立德树人的根本要求。高职不仅重视人才的技能培育,更应该注重学生的文化素养、社会适应能力的培育和锻造。学校在学生培育专业技能的同时,还培养学生企业文化和企业家精神、工匠文化和工匠精神,提高扎实生产一线的崇高精神境界。

2. 学校专业设置和企业岗位要对接

高职院校培养的学生能否实现高就业率,关键看专业是否满足企业需求。高职院校必须根据天津经济社会发展需求和企业对人才的岗位需求,及时调整专业设置,关闭传统专业,调整社会就业率低的专业,满足企业岗位需求,为天津经济社会发展提供有用人才,是高职院校专业设置的风向标。通过开设订单班等措施,企业全过程参与高职院校专业课程设置,使校企合作在学校专业设置和企业岗位需求上实现有效对接,提高人才贡献率。

3. 学校专业教师和企业技术人员要对接

企业高级技术人员、工程师等承担合作院校的实践教学任务,与学校专业教师共同负责实践课程设置、学生实践指导,共同提高学生的技能水平。高职院校教师参与企业技术革新、产品开发,承担企业发展的横向科研项目,参与企业在职员工的提升培训计划。高职教师和企业工程技术人员在合作平台下实行双向流动,实现提高学生动手能力和企业员工综合素质的双重目的。通过校企合作,共建“双师型”教师队伍,共建人才联合培养机制,形成招生即招工、上课即上岗、毕业即就业,合力提高学生就业能力。

附录十一　传承茶文化实践特色，践行社会主义核心价值观

张水勇*

（天津师范大学马克思主义学院，天津 300387）

摘　要：如何才能更好地将茶文化与社会主义核心价值观应用相结合，就需要我们在集中发挥文化优势的前提下，通过融入和诠释具体的实践特征，从而实现社会主义核心价值观的有效传承与感知。本文立足实践特色，深层次解析茶文化，以实现整个茶文化传承发展的理想效果，同时又以社会主义核心价值观的具体内涵理解切入，通过探究茶文化与社会主义核心价值观之间的共性所在，从而更好实现社会主义核心价值观的有力践行。

关键词：传承体系，茶文化，实践特色，践行机制，社会主义，社会主义核心价值观

社会主义核心价值观是当前整个社会文明高度完善之后的重要内容和价值产物，对于当前价值观培养来说，其中所向我们展现的不仅是具体的文化内容，同时也是基于精神理念前提下的创新表述。我们也应该看到在践行社会主义核心价值观过程中，由于缺乏足够的文化元素融入，从而忽略了直接生动的形象诠释，影响了该价值观的理解与认知。

一、立足实践特色，深层次解析茶文化

对于茶文化体系来说，其中包含了诸多元素，这些文化元素反映的是茶文

---

* 作者简介：张水勇（1977—　），男，河南驻马店人，博士生，研究方向：马克思主义中国化。

化的发展与认知历程,也实现了对茶文化精神思维的深度融合。我们在对茶文化机制进行深层次分析,不难看出茶文化的发展历程,正是基于长期实践所形成的文化机制。

(一)茶文化出现的基础前提是实践"尝试"

今天,我们依旧能够从茶文化中,感受到大胆"尝试"的精神,可以说该文化体系,在具体的精神启迪过程中,具有极为重要的价值。客观地看,茶文化发展日益成熟的历程,实际上,恰恰也是大众饮茶习惯不断完善,且对茶文化理解日益成熟的时代表现。所以,我们更好应用整个茶文化体系的前提,则是对茶文化的发展历程,形成清晰认知。茶如何被人们所发现,并且具体融入于社会大众的生活习惯之中,这实际上都是人们不断尝试的结果。神农氏尝百草,这一"尝"的过程,就生动形象地表达了整个茶文化不断发展,且日益完善的历程。

(二)茶文化发展的关键所在是"实践"应用

茶文化虽然是一种文化理念和意识思维,但是真正意义上让茶文化始终得以发展的关键前提在于该文化体系与实践体系之间的关联,并没有发生变化。而且随着实践色彩不断完善,茶文化也实现了价值最大化呈现。茶文化是在具体应用过程中,所形成的具体文化机制,其中实践色彩,更是其始终保持应用活力和价值的关键所在。对于茶文化本身来说,之所以能够在任何时期,都被大众所认可,并且在今天发展成为世界性元素,其最重要的"法宝"就是该文化体系始终以发展的理念、实践的特色,诠释其自身价值。

二、社会主义核心价值观的具体内涵理解

社会主义核心价值观是对社会共识的价值理念阐述,其中对于公平正义,爱国和谐,乃至我国传统文化、大众生活等多个视角,都进行了充分具体的阐述与表达。可以说,社会主义核心价值观是基于我国实际情况前提下,所形成的

正确价值理念。这一价值观中呈现的是我国社会转型发展进行中,大众所把握的重要内涵。

社会主义核心价值观作为我国社会发展的重要理念,可以说,这一价值观是当前我们更好处理社会发展各项事务的关键前提,因此做好社会主义核心价值观的具体践行就极为重要。因此,当前如果我们想要更为理性的认知和开展社会主义核心价值观理念的具体理解和践行实施,就需要我们充分认识到社会主义核心价值观中所包含的内涵以及诸多影响因素。

当然,如果想要更好理解这一价值观,就必须着重从以下两个视角来具体切入和展现:其一,该价值观的最大优势在于其中所倡导的诸多理念和价值内涵,实际上都是来自于实践之中,并且这些理念都能最终在整个实践中予以检验。所以,来自实践,并且能够积极作用于实践活动之中,就决定了该价值观应用的价值优势所在。其二,这一价值观,实际上也是从大众群体关注视角所提出的价值理念,因此其中所包含的各种理念都能够经得起检验。

三、茶文化与社会主义核心价值观之间的共性所在

茶文化传承与核心价值观践行之间,有着密切关联性。在我国茶文化机制中,我们所能够具体感知到的不仅仅是人文理念和科学思想,乃至礼仪文化,这与当前社会主义核心价值观所诠释的精神理念有着本质上的一致性。当然,对于我国茶文化体系来说,其中最具有观赏性的就是茶艺表演艺术,该表演艺术中,其更多是通过具体的实践表演,从而将我国茶文化体系中所彰显的诸多理念都予以立体化呈现与表达。

事实上,在社会主义核心价值观践行与培养过程中,我们看到其存在相关难点,尤其是多数人自身对社会主义核心价值观的理解并不形象,这就影响了对于该价值观理念的认知和切实感知。对于社会主义核心价值观来说,想要实现最佳践行效果,就需要通过文化内涵的集中诠释,加上行为理念上的具体感知,从而实现整个社会主义核心价值观的有效理解与应用。

对于我国茶文化本身来说,其更多是在具体交流过程中,所形成的文化机制,其中所传递和表达的不仅仅是大众认同,更重要的是一种文化观。尤其是对于茶文化本身而言,其是作为基于大众认同前提下,所形成的文化意识和价值理念。

四、基于茶文化前提的社会主义核心价值观践行机制

从我国茶文化的形成背景看,整个文化体系内的点点滴滴,最终都是基于实践体验所形成的。尤其是在该文化体系内所包含和诠释的人文特色和精神理念,都需要在具体的实践中来感知与体会。当前我们在品读茶文化时,不能只在客观的“形式”上了解该文化,更重要的是通过深入其中,从而探究其中所表达的精神。茶文化的实践特色,从另外一个角度看,正是因为该文化是在具体实践活动中所造就的,因此不能脱离具体的文化内涵和形式。

社会主义核心价值观是基于我国传统文化前提背景下,所汇总形成的文化机制。客观的看,社会主义核心价值观的具体践行,更多是基于心态引导的重要诉求,所以筛选、应用合适而完善的文化思维,将对社会主义核心价值观的培养与引导产生关键影响。

结合茶文化的实践特征看,其中所向我们具体表达,将不仅是其作为文化应用的客观优势所在,同时更为关键的是,其恰恰也是对大众的思维理念引导和思想培养等活动,起到成熟引导的重要文化素材。因此,在当前社会主义核心价值观具体践行过程中,如果想要茶文化理念的合理融入,其更需要参与者在客观参与的前提下,通过立足文化特色,从而对社会主义核心价值观形成突出、客观的理解,同时实现从内涵理念到具体实践前提下的重要诠释和表达。

如果想要更好利用茶文化的实践特色,来具体践行社会主义核心价值观,那么其中所需要具体表达和展现的就是茶文化的应用优势,尤其是我们能够从茶文化中感受到浓厚的自由气息和文化氛围环境,这都是社会主义核心价值观所倡导的。如何才能更好地传播、践行社会主义核心价值观,就需要我们在理

性认知茶文化内涵的关键前提下，形成全面、科学的研究思维和认知视角，来进行集中、成熟地传播与转化。比如可以借助采茶歌艺术的欢快曲调对整个茶文化内涵进行传递和展现，进而使其能够更容易地被社会大众所认可和接受。同时也可以通过具体的茶文化理念展现，加上茶文化故事的挖掘，从而让大众对正确价值观的塑造形成合理帮助。

社会主义核心价值观具体践行过程中，必须认识到茶文化形式的多样化，茶文化资源的丰富立体性，乃至茶文化体系的深厚性，这些内容都是当前我们在具体引导大众参与社会主义核心价值观践行过程中的关键内涵。立足时代特征对整个社会主义核心价值观的表现方式进行具体优化，恰恰也是当前整个社会主义核心价值观实现最佳应用效果的关键所在。特别是结合当前具体的时代特征看，整个社会主义核心价值观践行过程中，不可能脱离整个社会环境的氛围影响。所以，实践特色展现与诠释表达，更重要的是自身价值观优势的集中体现。

五、结语

在当前社会主义核心价值观塑造过程中，我们认识到由于缺乏合理完善的文化应用载体，从而影响和限制了社会大众对该价值观具体内涵的理解与认识，直接影响了价值观整体的应用价值。我们认为社会主义核心价值观践行活动作为一项内涵丰富，具体要求相对较高的综合活动，其对具体的践行方案，以及践行理念乃至整个价值观的优势展现等等，都有着至关重要的诉求。客观地看，这也为当前社会主义核心价值观的应用价值展现，提供了核心动力。

附录十二　学习《国务院办公厅关于深化产教融合若干意见》的体会

本书的宗旨在于探求培育产业工人文化素养的内涵和路径，培育大量高素质人才，必须从学校抓起，深化实施产教融合，将教育目标、人才质量和产业需求紧密衔接，为社会培育适应新型工业化建设的人才。在写作过程中深刻解读了《国务院办公厅关于深化产教融合若干意见》（简称意见），成为探究高职院校人才培养路径的重要政策支撑。

一、《意见》总体要求是推动高校人才培养供给侧结构性改革，更好地和产业需求侧结构改革相互照应，供给双方全方位融合，为培养大批高素质创新人才和技术技能人才提供保障

（一）指导思想

全面贯彻党的十九大精神，坚持以习近平新时代中国特色社会主义思想为指导，紧紧围绕统筹推进“五位一体”总体布局和协调推进“四个全面”战略布局，坚持以人民为中心，坚持新发展理念，认真落实党中央、国务院关于教育综合改革的决策部署，深化职业教育、高等教育等改革，发挥企业重要主体作用，促进人才培养供给侧和产业需求侧结构要素全方位融合，培养大批高素质创新人才和技术技能人才，为加快建设实体经济、科技创新、现代金融、人力资源协同发展的产业体系，增强产业核心竞争力，汇聚发展新动能提供有力支撑。

（二）原则和目标

统筹协调，共同推进。将产教融合作为促进经济社会协调发展的重要举措，融入经济转型升级各环节，贯穿人才开发全过程，形成政府企业学校行业社

会协同推进的工作格局。

服务需求，优化结构。面向产业和区域发展需求，完善教育资源布局，加快人才培养结构调整，创新教育组织形态，促进教育和产业联动发展。

校企协同，合作育人。充分调动企业参与产教融合的积极性和主动性，强化政策引导，鼓励先行先试，促进供需对接和流程再造，构建校企合作长效机制。

深化产教融合的主要目标是，逐步提高行业企业参与办学程度，健全多元化办学体制，全面推行校企协同育人，用十年左右时间，教育和产业统筹融合、良性互动的发展格局总体形成，需求导向的人才培养模式健全完善，人才教育供给与产业需求重大结构性矛盾基本解决，职业教育、高等教育对经济发展和产业升级的贡献显著增强。

二、《意见》强调统筹发展产教融合和社会经济发展，协调推进职业教育与经济发展，为构建职业教育和产业统筹融合发展格局谋篇布局

（一）同步规划产教融合与经济社会发展

制定实施经济社会发展规划，以及区域发展、产业发展、城市建设和重大生产力布局规划，要明确产教融合发展要求，将教育优先、人才先行融入各项政策。结合实施创新驱动发展、新型城镇化、制造强国战略，统筹优化教育和产业结构，同步规划产教融合发展政策措施、支持方式、实现途径和重大项目。

（二）统筹职业教育与区域发展布局

按照国家区域发展总体战略和主体功能区规划，优化职业教育布局，引导职业教育资源逐步向产业和人口集聚区集中。面向脱贫攻坚主战场，积极推进贫困地区学生到城市优质职业学校求学。加强东部对口西部、城市支援农村职

业教育扶贫。支持中部打造全国重要的先进制造业职业教育基地。支持东北等老工业基地振兴发展急需的职业教育。加强京津冀、长江经济带城市间协同合作,引导各地结合区域功能、产业特点探索差别化职业教育发展路径。

(三)促进高等教育融入国家创新体系和新型城镇化建设

完善世界一流大学和一流学科建设推进机制,注重发挥对国家和区域创新中心发展的支撑引领作用。健全高等学校与行业骨干企业、中小微创业型企业紧密协同的创新生态系统,增强创新中心集聚人才资源、牵引产业升级能力。适应以城市群为主体的新型城镇化发展,合理布局高等教育资源,增强中小城市产业承载和创新能力,构建梯次有序、功能互补、资源共享、合作紧密的产教融合网络。

(四)推动学科专业建设与产业转型升级相适应

建立紧密对接产业链、创新链的学科专业体系。大力发展现代农业、智能制造、高端装备、新一代信息技术、生物医药、节能环保、新能源、新材料以及研发设计、数字创意、现代交通运输、高效物流、融资租赁、电子商务、服务外包等产业急需紧缺学科专业。积极支持家政、健康、养老、文化、旅游等社会领域专业发展,推进标准化、规范化、品牌化建设。加强智慧城市、智能建筑等城市可持续发展能力相关专业建设。大力支持集成电路、航空发动机及燃气轮机、网络安全、人工智能等事关国家战略、国家安全等学科专业建设。适应新一轮科技革命和产业变革及新经济发展,促进学科专业交叉融合,加快推进新工科建设。

(五)健全需求导向的人才培养结构调整机制

加快推进教育"放管服"改革,注重发挥市场机制配置非基本公共教育资源作用,强化就业市场对人才供给的有效调节。进一步完善高校毕业生就业质量年度报告发布制度,注重发挥行业组织人才需求预测、用人单位职业能力评价作用，把市场供求比例、就业质量作为学校设置调整学科专业、确定培养规模的重要依据。新增研究生招生计划向承担国家重大战略任务、积极推行校企协同育人的高校和学科倾斜。严格实行专业预警和退出机制，引导学校对设置雷同、就业连续不达标专业，及时调减或停止招生。

三、《意见》重视多种形式、多种路径发挥企业在发展产教融合教育模式过程中的主体作用

（一）拓宽企业参与途径

鼓励企业以独资、合资、合作等方式依法参与举办职业教育、高等教育。坚持准入条件透明化、审批范围最小化，细化标准、简化流程、优化服务，改进办学准入条件和审批环节。通过购买服务、委托管理等，支持企业参与公办职业学校办学。鼓励有条件的地区探索推进职业学校股份制、混合所有制改革，允许企业以资本、技术、管理等要素依法参与办学并享有相应权利。

（二）深化“引企入教”改革

支持引导企业深度参与职业学校、高等学校教育教学改革，多种方式参与学校专业规划、教材开发、教学设计、课程设置、实习实训，促进企业需求融入人才培养环节。推行面向企业真实生产环境的任务式培养模式。职业学校新设专业原则上应有相关行业企业参与。鼓励企业依托或联合职业学校、高等学校设立产业学院和企业工作室、实验室、创新基地、实践基地。

（三）开展生产性实习实训

健全学生到企业实习实训制度。鼓励以引企驻校、引校进企、校企一体等方式，吸引优势企业与学校共建共享生产性实训基地。支持各地依托学校建设行业或区域性实训基地，带动中小微企业参与校企合作。通过探索购买服务、

落实税收政策等方式,鼓励企业直接接收学生实习实训。推进实习实训规范化,保障学生享有获得合理报酬等合法权益。

(四)以企业为主体推进协同创新和成果转化

支持企业、学校、科研院所围绕产业关键技术、核心工艺和共性问题开展协同创新,加快基础研究成果向产业技术转化。引导高校将企业生产一线实际需求作为工程技术研究选题的重要来源。完善财政科技计划管理,高校、科研机构牵头申请的应用型、工程技术研究项目原则上应有行业企业参与并制订成果转化方案。完善高校科研后评价体系,将成果转化作为项目和人才评价重要内容。继续加强企业技术中心和高校技术创新平台建设,鼓励企业和高校共建产业技术实验室、中试和工程化基地。利用产业投资基金支持高校创新成果和核心技术产业化。

(五)强化企业职工在岗教育培训

落实企业职工培训制度,足额提取教育培训经费,确保教育培训经费60%以上用于一线职工。创新教育培训方式,鼓励企业向职业学校、高等学校和培训机构购买培训服务。鼓励有条件的企业开展职工技能竞赛,对参加培训提升技能等级的职工予以奖励或补贴。支持企业一线骨干技术人员技能提升,加强产能严重过剩行业转岗就业人员再就业培训。将不按规定提取使用教育培训经费并拒不改正的行为记入企业信用记录。

(六)发挥骨干企业引领作用

鼓励区域、行业骨干企业联合职业学校、高等学校共同组建产教融合集团(联盟),带动中小企业参与,推进实体化运作。注重发挥国有企业特别是中央企业示范带头作用,支持各类企业依法参与校企合作。结合推进国有企业改革,支持有条件的国有企业继续办好做强职业学校。

四、《意见》从工匠精神融入基础教育、产教协调育人、师资队伍建设、学校教育改革等方面全面推进产教融合人才培养模式改革

（一）将工匠精神培育融入基础教育

将动手实践内容纳入中小学相关课程和学生综合素质评价。加强学校劳动教育，开展生产实践体验，支持学校聘请劳动模范和高技能人才兼职授课。组织开展“大国工匠进校园”活动。鼓励有条件的普通中学开设职业类选修课程，鼓励职业学校实训基地向普通中学开放。鼓励有条件的地方在大型企业、产业园区周边试点建设普职融通的综合高中。

（二）推进产教协同育人

坚持职业教育校企合作、工学结合的办学制度，推进职业学校和企业联盟、与行业联合、同园区联结。大力发展校企双制、工学一体的技工教育。深化全日制职业学校办学体制改革，在技术性、实践性较强的专业，全面推行现代学徒制和企业新型学徒制，推动学校招生与企业招工相衔接，校企育人“双重主体”，学生学徒“双重身份”，学校、企业和学生三方权利义务关系明晰。实践性教学课时不少于总课时的50%。

健全高等教育学术人才和应用人才分类培养体系，提高应用型人才培养比重。推动高水平大学加强创新创业人才培养，为学生提供多样化成长路径。大力支持应用型本科和行业特色类高校建设，紧密围绕产业需求，强化实践教学，完善以应用型人才为主的培养体系。推进专业学位研究生产学结合培养模式改革，增强复合型人才培养能力。

（三）加强产教融合师资队伍建设

支持企业技术和管理人才到学校任教，鼓励有条件的地方探索产业教师

(导师)特设岗位计划。探索符合职业教育和应用型高校特点的教师资格标准和专业技术职务(职称)评聘办法。允许职业学校和高等学校依法依规自主聘请兼职教师和确定兼职报酬。推动职业学校、应用型本科高校与大中型企业合作建设“双师型”教师培养培训基地。完善职业学校和高等学校教师实践假期制度,支持在职教师定期到企业实践锻炼。

(四)完善考试招生配套改革

加快高等职业学校分类招考,完善“文化素质+职业技能”评价方式。适度提高高等学校招收职业教育毕业生比例,建立复合型、创新型技术技能人才系统培养制度。逐步提高高等学校招收有工作实践经历人员的比例。

(五)加快学校治理结构改革

建立健全职业学校和高等学校理事会制度,鼓励引入行业企业、科研院所、社会组织等多方参与。推动学校优化内部治理,充分体现一线教学科研机构自主权,积极发展跨学科、跨专业教学和科研组织。

(六)创新教育培训服务供给

鼓励教育培训机构、行业企业联合开发优质教育资源,大力支持“互联网+教育培训”发展。支持有条件的社会组织整合校企资源,开发立体化、可选择的产业技术课程和职业培训包。推动探索高校和行业企业课程学分转换互认,允许和鼓励高校向行业企业和社会培训机构购买创新创业、前沿技术课程和教学服务。

五、《意见》强调产教融合教育模式要面向社会、面向市场,促进产教供需双向直接对接

(一)强化行业协调指导

行业主管部门要加强引导,通过职能转移、授权委托等方式,积极支持行业

组织制定深化产教融合工作计划，开展人才需求预测、校企合作对接、教育教学指导、职业技能鉴定等服务。

（二）规范发展市场服务组织

鼓励地方政府、行业企业、学校通过购买服务、合作设立等方式，积极培育市场导向、对接供需、精准服务、规范运作的产教融合服务组织（企业）。支持利用市场合作和产业分工，提供专业化服务，构建校企利益共同体，形成稳定互惠的合作机制，促进校企紧密联结。

（三）打造信息服务平台

鼓励运用云计算、大数据等信息技术，建设市场化、专业化、开放共享的产教融合信息服务平台。依托平台汇聚区域和行业人才供需、校企合作、项目研发、技术服务等各类供求信息，向各类主体提供精准化产教融合信息发布、检索、推荐和相关增值服务。

（四）健全社会第三方评价

积极支持社会第三方机构开展产教融合效能评价，健全统计评价体系。强化监测评价结果运用，作为绩效考核、投入引导、试点开展、表彰激励的重要依据。

六、《意见》强调要完善产教融发展配套政策支持体系，推进搭建平台、财税金融支持、用地审批等全方位保障体系建立

（一）实施产教融合发展工程

“十三五”期间，支持一批中高等职业学校加强校企合作，共建共享技术技能实训设施。开展高水平应用型本科高校建设试点，加强产教融合实训环境、

平台和载体建设。支持中西部普通本科高校面向产业需求，重点强化实践教学环节建设。支持世界一流大学和一流学科建设高校加强学科、人才、科研与产业互动，推进合作育人、协同创新和成果转化。

（二）落实财税用地等政策

优化政府投入，完善体现职业学校、应用型高校和行业特色类专业办学特点和成本的职业教育、高等教育拨款机制。职业学校、高等学校科研人员依法取得的科技成果转化奖励收入不纳入绩效工资，不纳入单位工资总额基数。各级财政、税务部门要把深化产教融合作为落实结构性减税政策，推进降成本、补短板的重要举措，落实社会力量举办教育有关财税政策，积极支持职业教育发展和企业参与办学。企业投资或与政府合作建设职业学校、高等学校的建设用地，按科教用地管理，符合《划拨用地目录》的，可通过划拨方式供地，鼓励企业自愿以出让、租赁方式取得土地。

（三）强化金融支持

鼓励金融机构按照风险可控、商业可持续原则支持产教融合项目。利用中国政企合作投资基金和国际金融组织、外国政府贷款，积极支持符合条件的产教融合项目建设。遵循相关程序、规则和章程，推动亚洲基础设施投资银行、丝路基金在业务领域内将"一带一路"职业教育项目纳入支持范围。引导银行业金融机构创新服务模式，开发适合产教融合项目特点的多元化融资品种，做好政府和社会资本合作模式的配套金融服务。积极支持符合条件的企业在资本市场进行股权融资，发行标准化债权产品，加大产教融合实训基地项目投资。加快发展学生实习责任保险和人身意外伤害保险，鼓励保险公司对现代学徒制、企业新型学徒制保险专门确定费率。

（四）开展产教融合建设试点

根据国家区域发展战略和产业布局，支持若干有较强代表性、影响力和改革意愿的城市、行业、企业开展试点。在认真总结试点经验基础上,鼓励第三方开展产教融合型城市和企业建设评价,完善支持激励政策。

(五)加强国际交流合作

鼓励职业学校、高等学校引进海外高层次人才和优质教育资源,开发符合国情、国际开放的校企合作培养人才和协同创新模式。探索构建应用技术教育创新国际合作网络,推动一批中外院校和企业结对联合培养国际化应用型人才。鼓励职业教育、高等教育参与配合"一带一路"建设和国际产能合作。

七、《意见》强调实施产教融合要加强组织领导,推动教育、财政、工业等相关部门联动协调,做好宣传等

(一)强化工作协调

加强组织领导,建立发展改革、教育、人力资源社会保障、财政、工业和信息化等部门密切配合,有关行业主管部门、国有资产监督管理部门积极参与的工作协调机制,加强协同联动,推进工作落实。各省级人民政府要结合本地实际制定具体实施办法。

(二)营造良好环境

做好宣传动员和舆论引导,加快收入分配、企业用人制度以及学校编制、教学科研管理等配套改革,引导形成学校主动服务经济社会发展、企业重视"投资于人"的普遍共识,积极营造全社会充分理解、积极支持、主动参与产教融合的良好氛围。